[Wissen für die Praxis]

Weiterführend empfehlen wir:

Unbegleitete minderjährige Flüchtlinge
ISBN 978-3-8029-7651-3

Aufenthaltsrecht und Sozialleistungen für Geflüchtete
ISBN 978-3-8029-7652-0

Drittstaatsangehörige: Familiennachzug – Bleiberechte
ISBN 978-3-8029-1892-6

Arbeitsmarktzugang für Ausländer
ISBN 978-3-8029-7547-9

Wegweiser Rechtsänderungen im Ausländerrecht
ISBN 978-3-8029-1325-9

Ausländerrecht, Migrations- und Flüchtlingsrecht
ISBN 978-3-8029-2079-0

Wir freuen uns über Ihr Interesse an diesem Buch. Gerne stellen wir Ihnen zusätzliche Informationen zu diesem Programmsegment zur Verfügung.

Bitte sprechen Sie uns an:

E-Mail: WALHALLA@WALHALLA.de
http://www.WALHALLA.de

Walhalla Fachverlag · Haus an der Eisernen Brücke · 93042 Regensburg
Telefon 0941 5684-0 · Telefax 0941 5684-111

Stephan Hocks

Asylverfahren und Flüchtlingsschutz

Ein praktischer Leitfaden für die berufliche und ehrenamtliche Begleitung und Beratung von Flüchtlingen

Bibliografische Information der Deutschen Nationalbibliothek
Die Deutsche Nationalbibliothek verzeichnet diese Publikation in der Deutschen Nationalbibliografie; detaillierte bibliografische Daten sind im Internet über http://dnb.dnb.de abrufbar.

Zitiervorschlag:
Stephan Hocks, Asylverfahren und Flüchtlingsschutz
Walhalla Fachverlag, Regensburg 2018

Hinweis: Unsere Werke sind stets bemüht, Sie nach bestem Wissen zu informieren. Alle Angaben in diesem Buch sind sorgfältig zusammengetragen und geprüft. Durch Neuerungen in der Gesetzgebung, Rechtsprechung sowie durch den Zeitablauf ergeben sich zwangsläufig Änderungen. Bitte haben Sie deshalb Verständnis dafür, dass wir für die Vollständigkeit und Richtigkeit des Inhalts keine Haftung übernehmen.
Bearbeitungsstand: Oktober 2017

© Walhalla u. Praetoria Verlag GmbH & Co. KG, Regensburg
Alle Rechte, insbesondere das Recht der Vervielfältigung und Verbreitung sowie der Übersetzung, vorbehalten. Kein Teil des Werkes darf in irgendeiner Form (durch Fotokopie, Datentransfer oder ein anderes Verfahren) ohne schriftliche Genehmigung des Verlages reproduziert oder unter Verwendung elektronischer Systeme gespeichert, verarbeitet, vervielfältigt oder verbreitet werden.
Produktion: Walhalla Fachverlag, 93042 Regensburg
Printed in Germany
ISBN 978-3-8029-7650-6

Schnellübersicht

Vorwort	19	
Abkürzungsverzeichnis	21	
Einführung: Aufenthaltsrechtliche Grundlagen	23	I
Die wichtigsten Änderungen im Asylrecht seit Herbst 2015	49	II
Die verschiedenen Schutzstatus (Verfolgungs- und Abschiebeschutzgründe)	57	III
Folgen und Wegfall der Anerkennung	91	IV
Asylantragstellung, Verteilung und gestatteter Aufenthalt	127	V
Mitwirkungspflichten und Rücknahmefiktion	151	VI
Unzulässige Asylanträge wegen Berührung mit einem anderen Staat	161	VII
Das Anerkennungsverfahren und die Anhörung zu den Verfolgungsgründen	193	VIII
Soziale Rechte des Antragstellers während des Verfahrens	217	IX
Erwerbstätigkeit, Ausbildung und Studium während des Asylverfahrens	223	X
Die Entscheidung des Bundesamtes über den Asylantrag	229	XI

XII	Das gerichtliche Verfahren gegen die Ablehnung durch das Bundesamt	243
XIII	Der Folgeantrag (§ 71 AsylG)	259
XIV	Rechtsstellung von Personen aus sicheren Herkunftsstaaten und von unbegleiteten minderjährigen Flüchtlingen (UMF)	265
XV	Literaturverzeichnis	269
XVI	Stichwortverzeichnis	271

Gesamtinhaltsübersicht

Vorwort 19
Abkürzungsverzeichnis 21

I.	**Einführung: Aufenthaltsrechtliche Grundlagen**	**23**
1.	Asylrecht als besonderer Teil des Aufenthaltsrechts	24
2.	Grundunterscheidung des Aufenthaltsrechts: Deutsche und Ausländer	24
2.1	Reichweite der Unterscheidung	24
2.2	Ausländer mit besonderen Rechten	25
3.	Voraussetzungen für die Erteilung eines Aufenthaltstitels (§ 5 AufenthG)	27
3.1	Grundlage	27
3.2	Allgemeine Erteilungsvoraussetzungen nach § 5 AufenthG	28
3.3	Zugelassene Aufenthaltszwecke	28
3.4	Anspruch auf Erteilung und Ermessensentscheidung	29
3.5	Niederlassungserlaubnis und Daueraufenthalt	30
4.	Grundbegriffe des Aufenthaltsrechts	30
4.1	Bedeutung für die Beratung	30
4.2	Aufenthaltstitel	31
4.3	Fiktionsbescheinigung	32
4.4	Ausreisepflicht und Abschiebung	33
4.5	Aussetzung der Abschiebung: Duldung	38
4.6	Ausweisung und Abschiebung	45
4.7	Aufenthaltsgestattung und Ankunftsnachweis	46
5.	Zusammenfassung: Die verschiedenen Situationen des Aufenthalts	46

II.	**Die wichtigsten Änderungen im Asylrecht seit Herbst 2015**	**49**
1.	Die Rechtsquellen des Asylrechts	50
2.	Wichtige Änderungen seit Herbst 2015	51
2.1	Überblick	51
2.2	Die einzelnen Regelungen	53
3.	Geplante Änderungen	55
III.	**Die verschiedenen Schutzstatus (Verfolgungs- und Abschiebeschutzgründe)**	**57**
1.	Der Inhalt des Schutzantrages	59
2.	Grundrecht auf Asyl (Art. 16a Abs. 1 GG)	60
3.	Flüchtlingseigenschaft nach der Genfer Konvention (§ 3 AsylG, § 60 Abs. 1 AufenthG)	61
3.1	Grundsatz des Non-Refoulement (Grundsatz der Nichtzurückweisung von Verfolgten)	61
3.2	Begründete Furcht vor Verfolgung	62
3.3	Keine Vorverfolgung (vor der Flucht) erforderlich	62
3.4	Sogenannte Nachfluchtgründe	64
3.5	Verfolgungshandlungen	66
3.6	Verfolgungsgründe	67
3.7	Verknüpfung zwischen Verfolgungsgrund und Verfolgungshandlung	74
3.8	Staatliche und nichtstaatliche Verfolgung	75
3.9	Inländische Fluchtalternative	75
3.10	Ausschlussgründe	77
3.11	Widerruf und Rücknahme	78
3.12	Die Bewertung von Flüchtlingsschicksalen syrischer Staatsangehöriger	79
3.13	Zusammenfassung und Checkliste	80
4.	Der subsidiäre Schutz (§ 4 AsylG)	80
4.1	Grundgedanke: Drohen eines ernsthaften Schadens	80

4.2	Die drei Varianten eines ernsthaften Schadens	81
4.3	Interner Schutz und Ausschlussgründe	85
5.	Die nationalen Abschiebungsverbote (§ 60 Abs. 5 und 7 AufenthG)	85
5.1	Die Voraussetzungen des nationalen Abschiebeschutzes	85
5.2	Abschiebeschutz bei drohenden Menschenrechtsverletzungen (§ 60 Abs. 5 AufenthG)	86
5.3	Abschiebeschutz nach § 60 Abs. 7 AufenthG	88
5.4	Fazit	90
6.	Übersicht: Die verschiedenen Schutztatbestände	90
IV.	**Folgen und Wegfall der Anerkennung**	**91**
1.	Die Aufenthaltserlaubnis	93
1.1	Grundsatz	93
1.2	Einschränkungen und Bedingungen	94
1.3	Sonderfall: der „antragsunabhängige Aufenthalt" bei § 25 Abs. 1 und 2 AufenthG	94
2.	Passerteilung	95
2.1	Grundsatz der Passpflicht	95
2.2	Der Flüchtlingspass	96
2.3	Reiseausweis für Ausländer („grauer Pass")	97
2.4	Schutzzuerkennung und Reiseausweis	98
3.	Die Wohnsitzbeschränkung für Schutzberechtigte (§ 12a AufenthG)	99
3.1	Offizielles Ziel der Regelung	99
3.2	Die vier Formen der Wohnsitzbeschränkung des § 12a AufenthG	100
3.3	Ausnahmen von der Wohnsitzbeschränkung	101
3.4	„Altfälle"	101
3.5	Konsequenzen bei einer Verletzung der Wohnsitzbeschränkung	101

4.	Der Familiennachzug zu Schutzberechtigten	102
4.1	Grundsatz des Familiennachzugs	102
4.2	Familiennachzug zu anerkannten Flüchtlingen und Asylberechtigten	104
4.3	Familiennachzug zu subsidiär Schutzberechtigten	105
4.4	Familiennachzug und nationale Abschiebungsverbote	106
4.5	Elternnachzug (§ 36 Abs. 1 AufenthG)	107
4.6	Familiennachzug und Schutzberechtigung: Übersicht	107
4.7	Das Verfahren des Familiennachzugs	108
5.	Familienasyl und internationaler Schutz bei Familien (§ 26 AsylG)	110
5.1	Begriff des Familienasyls bzw. internationaler Familienschutz	110
5.2	Familienschutz für Ehegatten	112
5.3	Familienschutz für minderjährige ledige Kinder (§ 26 Abs. 2 AsylG)	113
5.4	Familienschutz für Eltern und Geschwister von Anerkannten (§ 26 Abs. 3 AsylG)	114
6.	Erlöschen, Widerruf und Rücknahme der Schutzberechtigung	115
6.1	Erlöschen der Flüchtlingsanerkennung und Asylberechtigung	115
6.2	Widerruf der Schutzberechtigung	117
6.3	Rücknahme	118
6.4	Schaubild	119
7.	Aufenthaltsverfestigung bei Schutzberechtigten	120
7.1	Grundsatz	120
7.2	Die unbefristete Aufenthaltserlaubnis	120
7.3	Die Einbürgerung	123

V.	Asylantragstellung, Verteilung und gestatteter Aufenthalt..	127
1.	Der Asylantrag (§ 13 AsylG)...	128
1.1	Inhalt des Asylantrags...	128
1.2	Die Beschränkung des Asylantrags	129
1.3	Zuständige Behörde...	131
1.4	Die persönliche und örtliche Dimension der Antragstellung...	132
2.	Die Asylantragstellung...	134
2.1	Die beiden Wege der Asylantragstellung: persönlich und schriftlich	134
2.2	Der Ablauf der persönlichen Antragstellung.....................	136
2.3	Die schriftliche Antragstellung...	139
3.	Der gestattete Aufenthalt	140
3.1	„Vorwirkung des Flüchtlingsschutzes"	140
3.2	Beginn des gestatteten Aufenthalts....................................	140
3.3	Die Dokumente des gestatteten Aufenthalts.....................	141
3.4	Mobilität während des gestatteten Aufenthalts................	142
3.5	Das Ende des gestatteten Aufenthalts	143
4.	Die Rücknahme des Asylantrags	144
4.1	Grundsatz..	144
4.2	Zeitliche Dimension der Rücknahme und ihre Folgen.....	144
5.	Auswirkungen der Asylantragstellung auf das Aufenthaltsrecht	145
5.1	Erlöschen bestimmter Aufenthaltstitel durch Asylantragstellung	145
5.2	Titelerteilungssperre während des Asylverfahrens..........	146
5.3	Titelerteilungssperre nach einer Ablehnung des Asylantrags	148
VI.	Mitwirkungspflichten und Rücknahmefiktion	151
1.	Grundsatz..	152

2.	Wichtige Pflichten und Sanktionen	152
2.1	Schaubild	152
2.2	Erläuterungen zu dem Schaubild	155
3.	Duldungspflichten gegenüber einer Durchsuchung (§ 15 Abs. 4 AsylG)	155
4.	Erkennungsdienstliche Behandlung (§ 16 AsylG)	156
5.	Die Rücknahmefiktion nach § 33 AsylG	156
5.1	Voraussetzungen und Folgen der Rücknahmefiktion	156
5.2	Die Fiktion des Nichtbetreibens	156
5.3	Der Einstellungsbescheid nach § 33 AsylG	157
5.4	Rechtsmittel gegen den Einstellungsbescheid	158
5.5	Der „Restart" – das besondere Wiederaufnahmeverfahren nach § 33 Abs. 5 AsylG	158
VII.	**Unzulässige Asylanträge wegen Berührung mit einem anderen Staat**	**161**
1.	Unzulässige Asylanträge nach § 29 AsylG	162
1.1	Was sind unzulässige Asylanträge?	162
1.2	Unzulässige Asylanträge mit Berührung eines Drittstaates	163
1.3	Andere unzulässige Asylanträge	164
2.	Unzulässige Anträge wegen anderweitiger Zuständigkeit aufgrund der Dublin-III-VO	164
2.1	Die Dublin-III-VO	164
2.2	Die Dublin-Kriterien	171
2.3	Zuständigkeit bei mehrmalig gestellten Asylanträgen	175
2.4	Die Pflicht zum Selbsteintritt	176
2.5	Das Dublin-Verfahren	177
2.6	Der „Dublin-Bescheid"	180
2.7	Überstellungsfrist und Überstellung	181
2.8	Tipps für die Beratung mit „Dublin-Fällen"	186

3.	Unzulässige Anträge wegen Schutz in der EU	186
3.1	Grundsatz	186
3.2	Inhalt des „Drittstaatenbescheides"	187
3.3	Rechtsmittel gegen einen Drittstaatenbescheid	187
4.	Unzulässige Anträge wegen Schutz in einem sonstigen Staat (§ 29 Abs. 1 Nr. 4 AsylG)	189
5.	Unzulässige Zweitanträge	190
5.1	Begriff	190
5.2	Prüfungsschema bei einem Zweitantrag	190
5.3	Der Bescheid bei erfolglosem Zweitantrag	191
5.4	Rechtsmittel	191
VIII.	**Das Anerkennungsverfahren und die Anhörung zu den Verfolgungsgründen**	**193**
1.	Die Entscheidung des Bundesamts über Asyl und internationalen Schutz	195
1.1	Prüfungsmaßstab: Verfolgung oder ernsthafter Schaden bei Rückkehr	195
1.2	Beweiserleichterungen	195
1.3	Rechtliche Würdigung	195
2.	Der Geflüchtete zwischen Darlegungslast und Amtsermittlungsgrundsatz	196
2.1	Darlegungslast	196
2.2	Amtsermittlungsgrundsatz	196
2.3	Die konkrete Darlegungslast im Einzelfall	197
2.4	Aussage- und Auskunftsverweigerungsrechte	198
2.5	Verspätetes Vorbringen	198
3.	Die Anhörung von Minderjährigen	200
3.1	Das Mindestalter für eine Anhörung	200
3.2	Die Person des Anhörers/der Anhörerin bei UMF	200
4.	Die Durchführung der Anhörung beim Bundesamt	200

4.1	Die Ladung zur Anhörung	200
4.2	Unmittelbarkeit und Vertraulichkeit der Anhörung	201
4.3	Dolmetscher oder Sprachmittler	201
4.4	Inhalt und Ablauf der Anhörung	202
5.	Der glaubhafte Vortrag in der Anhörung	205
5.1	Glaubhaftigkeit und Glaubwürdigkeit	205
5.2	Die einzelnen Kriterien für die Glaubhaftigkeit	206
6.	Vorbereitung und Begleitung bei der Anhörung	209
6.1	Wesentliche Hinweise und Ratschläge	209
6.2	Die Ermittlung der Verfolgungsgründe in der Beratung	210
6.3	Die Vorbereitung auf mögliche Fragen in der Anhörung	211
6.4	Die Einflussmöglichkeiten während der Anhörung	214
IX.	**Soziale Rechte des Antragstellers während des Verfahrens**	**217**
1.	Grundsatz: physisches und soziokulturelles Existenzminimum	218
2.	Sozialleistungen während des Verfahrens	218
2.1	Prinzip	218
2.2	Sachleistungsprinzip während der Wohnpflicht in der Erstaufnahmeeinrichtung	218
2.3	Leistungen nach dem Transfer	219
2.4	Leistungen nach dem Wechsel in die „Analogleistungen"	219
3.	Medizinische Leistungen während des Verfahrens	219
3.1	Während der ersten 15 Monate des gestatteten Aufenthalts	219
3.2	Nach 15 Monaten (bei Wechsel in die Analogleistungen)	220
4.	Zugang zu Integrationskursen während des Verfahrens	220

5.	Leistungskürzungen bei mangelnder Mitwirkung und anderen Gründen	220
6.	Exkurs: Leistungen für Anerkannte	221
X.	**Erwerbstätigkeit, Ausbildung und Studium während des Asylverfahrens**	**223**
1.	Grundsatz: Liberalisierung bei Erwerbstätigkeit, Ausbildung und Studium	224
2.	Gestattung der Erwerbstätigkeit (§ 61 AsylG)	224
2.1	Erwerbsverbot während der Zeit der Wohnpflicht/ während der ersten drei Monate	224
2.2	Erwerbsverbot für Personen aus sicheren Herkunftsstaaten im Asylverfahren	224
2.3	Möglichkeit einer Beschäftigung nach Ablauf von drei Monaten (und Ablauf der Wohnpflicht)	225
2.4	Wegfall der Einschränkungen nach 15 Monaten	226
3.	Berufsausbildung	226
4.	Studium	227
4.1	Grundsatz	227
4.2	Studium ist keine Erwerbstätigkeit	227
4.3	Mobilität und Studium	227
4.4	Anerkennung der Studienvoraussetzungen	227
4.5	Studienfinanzierung	228
4.6	Wechsel in einen Studienaufenthalt	228
XI.	**Die Entscheidung des Bundesamtes über den Asylantrag**	**229**
1.	Der Bescheid des Bundesamtes	230
1.1	Formerfordernisse an den Bescheid	230
1.2	Bestandskraft einer Entscheidung	230
1.3	Die Zustellung des Bundesamtsbescheides	230
2.	Inhalt des Bundesamtsbescheides	231

2.1	Übersicht	231
2.2	Wichtige Informationen für einen Anwalt	233
3.	Die Formulierung in ablehnenden Entscheidungen	233
3.1	Vollständige Ablehnung des Schutzersuchens mit Abschiebungsandrohung in den Herkunftsstaat	233
3.2	Ablehnung des Schutzantrags als „offensichtlich unbegründet"	234
3.3	Der Dublin-Bescheid	237
3.4	Ablehnung wegen des Vorliegens eines Schutzstatus in einem Drittstaat	238
4.	Beispiele für positive Bescheide	239
4.1	Zuerkennung der Flüchtlingseigenschaft	239
4.2	Anerkennung als subsidiär Schutzberechtigter	240
4.3	Feststellung von Abschiebeverboten nach § 60 Abs. 5 oder 7 AufenthG	240
XII.	**Das gerichtliche Verfahren gegen die Ablehnung durch das Bundesamt**	**243**
1.	Grundrecht auf effektiven Rechtsschutz	244
1.1	Die Klageerhebung bei unabhängigen Gerichten	244
1.2	Die Rechtsmittelbelehrung	244
1.3	Die zuständigen Verwaltungsgerichte	245
1.4	Die Entscheidungskompetenz der Verwaltungsgerichte	246
1.5	Beschwerde beim Bundesverfassungsgericht oder beim Europäischen Gerichtshof für Menschenrechte (EGMR)	246
2.	Das gerichtliche Verfahren	247
2.1	Die fristgerechte Klageerhebung	247
2.2	Die Klageerhebung	248
2.3	Die Klagebegründung	249
2.4	Die mündliche Verhandlung	251
2.5	Das Urteil	253
2.6	Der Eilantrag	254

3.	Antrag auf Zulassung der Berufung nach einem negativen Urteil	255
4.	Vorgehen nach einem positiven Gerichtsverfahren	256
XIII.	**Der Folgeantrag (§ 71 AsylG)**	**259**
1.	Zweiteiligkeit des Verfahrens	260
1.1	Begriff des Folgeantrags	260
1.2	Beschränkung der Gründe	260
1.3	Antragstellung	260
1.4	Status während des Verfahrens	261
2.	Prüfung der Wiederaufnahmegründe	261
2.1	Wiederaufnahmegründe	261
2.2	Ohne grobes Verschulden (§ 51 Abs. 2 VwVfG)	262
2.3	Frist von drei Monaten (§ 51 Abs. 3 VwVfG)	262
3.	Bescheid und Rechtsmittel	263
3.1	Der Bescheid bei einer Ablehnung des Wiederaufgreifens	263
3.2	Rechtsmittel	263
3.3	Die Begründung des Rechtsmittels	263
3.4	Besonderheiten bei Folgeanträgen auf der Grundlage von selbstgeschaffenen Nachfluchtgründen (§ 28 Abs. 2 AsylG)	264
XIV.	**Rechtsstellung von Personen aus sicheren Herkunftsstaaten und von unbegleiteten minderjährigen Flüchtlingen (UMF)**	**265**
1.	Personen aus sicheren Herkunftsstaaten	266
1.1	Grundlage	266
1.2	Die sicheren Herkunftsstaaten	266
1.3	Die Vermutung in § 29a AsylG	266
1.4	Einschränkungen im Asylverfahren	267
2.	Unbegleitete minderjährige Flüchtlinge	267

2.1	Begriff	267
2.2	Unterbringung und Verteilung	267
2.3	Rechte im Verfahren	268
XV.	**Literaturverzeichnis**	**269**
XVI.	**Stichwortverzeichnis**	**271**

Vorwort

Das Asyl- und Flüchtlingsrecht ist eine komplizierte Materie. Seinen Grund hat das darin, dass hier verschiedene rechtliche Vorgaben unterschiedlicher Art und Herkunft zusammenspielen, die auch zu verschiedenen Zeiten entstanden sind. Hinzu kommt, dass einige Vorschriften gerade erst aufgrund der großen Flüchtlingszuwanderung 2015 und 2016 neu eingeführt worden sind. Das aber macht die Beschäftigung mit dieser Materie gleichzeitig auch interessant. Wenige Rechtsgebiete zeichnen sich so sehr durch das Neben- und Übereinander von völkerrechtlichen, europäischen und nationalen Regelungen aus. Und wo sonst liegen Menschenrecht und Verwaltungsrecht so nah beieinander. Das ist dem Umstand geschuldet, dass es um nichts weniger als um menschliche Schicksale geht und darum, die betroffenen Menschen international und individuell zu schützen. Denn gemeinsam ist diesen Regelungen der Gedanke, dass die Abschiebung eines Ausländers rechtlich nicht erlaubt sein kann, wenn in dem betreffenden Herkunftsland Umstände herrschen, die zu einer lebensbedrohlichen Situation, einer menschenrechtswidrigen Behandlung oder gar der Verfolgung führen.

Kompliziert ist aber nicht nur das Asylrecht, sondern bereits die Begrifflichkeit. Wenn wir hier vom Asyl sprechen, meinen wir ganz allgemein diesen Schutz, wie er einem bedrohten Ausländer zuteil wird. Man sollte aber deswegen besser „Flüchtlingsrecht" sagen. Die Bezeichnung „Asylrecht" trifft nicht mehr zu. Denn Asyl nach Art. 16a GG wird nur noch in den wenigsten Fällen zuerkannt. Das hängt mit der Neuregelung aus dem Jahr 1993 zusammen, damals wurde der Schutzbereich des Asylrechts eingeschränkt. Nur mehr wer direkt – auf dem Luftweg – und nicht über den Umweg der als sicher eingestuften Nachbarstaaten in die Bundesrepublik eingereist ist, kommt in den Genuss des grundgesetzlichen Asylrechts. Wer auf dem Landweg einreist, dem bleibt die – rechtlich gleichwertige – Flüchtlingsanerkennung nach der Genfer Konvention, wie sie auch in § 3 AsylG und § 60 Abs. 1 AufenthG ihren gesetzlichen Niederschlag gefunden hat. Dieser Flüchtlingsschutz, verbunden mit dem „blauen Pass", ist das, was die Menschen heute anstreben, wenn sie einen Asylantrag stellen. Treffender ist es also, vom Schutzantrag und vom Flüchtlingsrecht zu sprechen. Der Gesetzgeber hat mit dem „Asylgesetz" aber 2015 weiter an dieser Begrifflichkeit festgehalten. Und auch in der öffentlichen Diskussion wird diese Materie unter diesem Begriff verhandelt. Diesem Umstand trägt der Titel dieses Buches Rechnung, wenn vom „Flüchtlingsrecht" und weiter vom „Asylverfahren" die Rede ist.

Für vielfältige Hilfe bedanke ich mich bei Laura Hilb (Universität Gießen, Refugee Law Clinic), Lea Rosenberg und Yannik Giebel. Ferner möchte ich meine beiden Kollegen aus der Kanzlei, Rechtsanwalt Dominik Bender und Rechtsanwalt Dr. Jonathan Leuschner, erwähnen, die die Entstehung dieses Buch mit ihren vielen Hinweisen und der nötigen Kritik konstruktiv begleitet haben. Auch ihnen gilt mein Dank.

Frankfurt am Main, im Oktober 2017

Stephan Hocks

Abkürzungsverzeichnis

Abs.	Absatz
Art.	Artikel
AsylbLG	Asylbewerberleistungsgesetz
AsylG	Asylgesetz
AsylVfG	Asylverfahrensgesetz
AufenthG	Aufenthaltsgesetz
AufenthV	Aufenthaltsverordnung
Az.	Aktenzeichen
BAföG	Bundesausbildungsförderungsgesetz
BAMF	Bundesamt für Migration und Flüchtlinge (Nürnberg)
BeschV	Beschäftigungsverordnung
BGB	Bürgerliches Gesetzbuch
BKA	Bundeskriminalamt (Wiesbaden)
BND	Bundesnachrichtendienst (Bonn)
BÜMA	Bescheinigung über die Meldung als Asylsuchender
BVerfG	Bundesverfassungsgericht (Karlsruhe)
BVerwG	Bundesverwaltungsgericht (Leipzig)
BvL	Normenkontrollverfahren in Aktenzeichen des BVerfG
Dublin-III-VO/ Dublin-VO/ Dublin (nicht Dublin-IV)	Verordnung (EU) 604/2013
EASY	Erstaufnahme-Asyl-System
ED	Erkennungsdienst
EG	Europäische Gemeinschaft
EGMR	Europäischer Gerichtshof für Menschenrechte (Straßburg)
EMRK	Europäische Menschenrechtskonvention
EU	Europäische Union
EuGH	Europäischer Gerichtshof (Luxemburg)
EURODAC	European Dactyloscopy
FreizügG/EU	Freizügigkeitsgesetz/EU
GFK	Abkommen über die Rechtsstellung von Flüchtlingen „Genfer Flüchtlingskonvention"
GG	Grundgesetz der Bundesrepublik Deutschland
Hartz-IV	Arbeitslosengeld II
ICT-Karte	Intra-Company-Transfers-Karte
IRG	Gesetz über den internationalen Rechtsverkehr in Strafsachen (Bund)
Kap.	Kapitel

lit.	Littera, lat., Buchstabe
LuftsichG	Luftsicherheitsgesetz
QRL	Richtlinie 2011/95/EU „Qualifikationsrichtlinie"
RDG	Rechtsdienstleistungsgesetz
SGB	Sozialgesetzbuch
StAG	Staatsangehörigkeitsgesetz
StGB	Strafgesetzbuch
Straßburger Übereinkommen	Europäisches Übereinkommen über den Übergang der Verantwortung für Flüchtlinge vom 16.10.1980
UMF	Unbegleiteter minderjähriger Flüchtling
USA	Vereinigte Staaten von Amerika
VwGO	Verwaltungsgerichtsordnung
VwVfG	Verwaltungsverfahrensgesetz
ZPO	Zivilprozessordnung

I. Einführung: Aufenthaltsrechtliche Grundlagen

1.	Asylrecht als besonderer Teil des Aufenthaltsrechts.......	24
2.	Grundunterscheidung des Aufenthaltsrechts: Deutsche und Ausländer	24
2.1	Reichweite der Unterscheidung	24
2.2	Ausländer mit besonderen Rechten	25
3.	Voraussetzungen für die Erteilung eines Aufenthaltstitels (§ 5 AufenthG)....................................	27
3.1	Grundlage	27
3.2	Allgemeine Erteilungsvoraussetzungen nach § 5 AufenthG	28
3.3	Zugelassene Aufenthaltszwecke	28
3.4	Anspruch auf Erteilung und Ermessensentscheidung.....	29
3.5	Niederlassungserlaubnis und Daueraufenthalt	30
4.	Grundbegriffe des Aufenthaltsrechts...............................	30
4.1	Bedeutung für die Beratung	30
4.2	Aufenthaltstitel	31
4.3	Fiktionsbescheinigung	32
4.4	Ausreisepflicht und Abschiebung	33
4.5	Aussetzung der Abschiebung: Duldung	38
4.6	Ausweisung und Abschiebung	45
4.7	Aufenthaltsgestattung und Ankunftsnachweis	46
5.	Zusammenfassung: Die verschiedenen Situationen des Aufenthalts	46

I. Einführung: Aufenthaltsrechtliche Grundlagen

1. Asylrecht als besonderer Teil des Aufenthaltsrechts

Das Asylrecht ist ein besonderer Teil des Aufenthaltsrechts. Ein Sonderbereich freilich, der andere Fragestellungen hat als das Aufenthaltsrecht und in eigenen Gesetzen geregelt ist. Mit dem Asyl oder mit einem Flüchtlingsstatus oder auch einer anderen Regelung über ein Abschiebungsverbot ist ein Aufenthaltsrecht verbunden, das von vielen Umständen unabhängig ist, die sonst nach dem Aufenthaltsgesetz für einen rechtmäßigen Aufenthalt gelten. Ein anerkannter Flüchtling muss z. B. bei der Einreise weder ein Visum noch einen Pass besessen haben und muss auch keinen besonderen Aufenthaltszweck vorweisen, den er in Deutschland verwirklichen will; auch die Sicherung seines Lebensunterhaltes verlangt man von ihm aus verständlichen Gründen nicht.

Ein weiterer sichtbarer Unterschied zum allgemeinen Aufenthaltsrecht ergibt sich daraus, dass im Asylrecht immer nach den Verhältnissen im Herkunftsland gefragt wird. Das ist die Folge davon, dass hier die Frage aufgeworfen wird, ob einem Ausländer dort Verfolgung oder ein ernsthafter Schaden drohen. Das führt auch bei denjenigen, die sich mit dem Asyl- und Flüchtlingsrecht befassen, dazu, sich auf bestimmte Herkunftsländer zu spezialisieren. Anwälte tun das, aber auch das Bundesamt und nicht zuletzt die Verwaltungsgerichte richten ihre Zuständigkeit nach dem Herkunftsland des Betroffenen aus, so dass man der Idee nach dort auf eine bestimmte Erfahrung mit den typischen Problemlagen und Verhältnissen trifft.

2. Grundunterscheidung des Aufenthaltsrechts: Deutsche und Ausländer

2.1 Reichweite der Unterscheidung

Das Aufenthaltsrecht gründet sich auf die Unterscheidung zwischen Deutschen und Ausländern – und der weiteren Prämisse, dass Einreise, Aufenthalt und natürlich auch anderes, wie die Erwerbstätigkeit, die freie Wohnsitznahme oder ungehinderte Mobilität im

2. Grundunterscheidung des Aufenthaltsrechts: Deutsche und Ausländer

Bundesgebiet bei Ausländern eigens geregelt sind. Das kommt zum Ausdruck in dem Grundsatz des § 4 Abs. 1 AufenthG: „Ausländer bedürfen für die Einreise und den Aufenthalt im Bundesgebiet eines Aufenthaltstitels, (...)." Über diesen Grundsatz wachen die Ausländerbehörden, die solche Aufenthaltstitel erteilen oder verweigern. Hierzu gehören auch die Auslandsvertretungen in den anderen Ländern, die Visa für die Einreise erteilen. Auch die Polizeibehörden des Bundes und der Länder sind mit der Überwachung und Umsetzung der aufenthaltsrechtlichen Vorschriften befasst.

Auch das Recht zum Bezug öffentlicher Leistungen hängt bei Ausländern vom Aufenthaltsstatus ab. Natürlich wäre eine vollständige Versagung sozialer Hilfe verfassungswidrig, da das Recht auf ein Existenzminimum die Unterscheidung in Ausländer und Deutsche nicht kennt. Geduldete und Asylbewerber erhalten Leistungen nach dem Asylbewerberleistungsgesetz (AsylbLG).

Aber wenn es um Hartz-IV, Sozialhilfe oder Kindergeld geht, ergibt sich jeweils aus dem speziellen Gesetz, ob einem Ausländer solche Leistungen gewährt werden. Wer beispielsweise als anerkannter Flüchtling Ausbildungsförderung beantragen will, kann dem § 8 BAföG entnehmen, dass er mit einer solchen Flüchtlingsanerkennung dem Grunde nach leistungsberechtigt ist, während Asylsuchende im Verfahren (noch) keinen Anspruch auf BAföG haben.

2.2 Ausländer mit besonderen Rechten

2.2.1 EU-Staatsangehörige und ihre Freizügigkeit

Aufenthaltstitel sind allerdings nicht für alle Ausländer gleichermaßen erforderlich. Es gibt auch hier wieder Ausnahmen und Sonderregeln. Nimmt man einmal die Personengruppe der ausländischen Diplomaten beiseite, die überhaupt nicht dem Aufenthaltsrecht unterfallen, sondern Aufenthalt und freie Einreise – und manche Sonderstellung – dem Völkerrecht verdanken, ist die weitgreifendste Unterscheidung entlang der EU-Staatsangehörigkeit zu ziehen. Das liegt daran, dass EU-Bürger, also Staatsangehörige der anderen EU-Mitgliedstaaten, freizügigkeitsberechtigt sind. Ihr Aufenthalt in Deutschland richtet sich weitestgehend nach dem Freizügigkeitsgesetz/EU, nur punktuell nach dem Aufenthaltsgesetz. Sie dürfen einreisen und ohne Anmeldung erwerbstätig sein. Dafür erhalten sie auch keine amtliche Bestätigung von der Behörde, da ihr Recht nicht von der Entscheidung der Ausländerbehörde abhängt, son-

I. Einführung: Aufenthaltsrechtliche Grundlagen

dern sich direkt aus dem Gesetz ergibt. Der Aufenthalt zur Berufsausübung ist damit problemlos. In der Diskussion waren zuletzt die Fälle, in denen der EU-Bürger seine Lebensunterhaltssicherung nicht selbst bewerkstelligen konnte: Immer dann, wenn ein EU-Bürger in dem andern Staat öffentliche Leistungen beziehen wollte oder bezog, stellte sich die Frage, ob er oder sie trotzdem bleiben durfte. Diese Frage ist aber inzwischen durch mehrere Entscheidungen des Europäischen Gerichtshofs (EuGH) negativ beantwortet.

2.2.2 Familienangehörige von freizügigkeitsberechtigten EU-Bürgern

Wer selbst nicht die Staatsangehörigkeit eines EU-Staates hat, aber Familienangehöriger eines EU-Bürgers ist, hat grundsätzlich auch das Recht, in die Bundesrepublik einzureisen, hier zu leben und zu arbeiten. Voraussetzungen und Status sind ebenfalls dem Freizügigkeitsgesetz/EU zu entnehmen. Hier sind es die §§ 3 ff. FreizügG/EU.

2.2.3 Drittstaatsangehörige mit anderen Sonderrechten: Einreise ohne vorheriges Visum

Es gibt Ausländergruppen, die nicht zu den EU-Staatsangehörigen zählen (und die deswegen Drittstaatsangehörige genannt werden), die aber immerhin in der Weise begünstigt sind, dass sie zur Einreise kein vorheriges Visum benötigen. Sie dürfen als Touristen oder Geschäftsleute für einen Zeitraum von 90 Tagen im halben Jahr einreisen und sich in der EU und in der Bundesrepublik aufhalten, sie dürfen dabei aber keiner erlaubnispflichtigen Erwerbstätigkeit nachgehen. Wenn sie längerfristig bleiben wollen oder einem Erwerb nachgehen möchten, benötigen sie allerdings eine Aufenthaltserlaubnis. Welcher Personenkreis unter diese Vergünstigung fällt, lässt sich der Verordnung (EG) Nr. 539/2001 des Rates vom 15. März 2001 entnehmen, in deren Anhang II sich die entsprechende Liste (zu Art. 1 Abs. 2) findet. Hier fällt auf, dass es sich um prosperierende Staaten Amerikas, Europas und Asiens handelt.

Eine weitere Vergünstigung können die Bürgerinnen und Bürger der in § 41 AufenthV genannten Staaten erhalten. Wer aus den USA, Kanada, Japan, Israel, Australien oder wenigen weiteren Staaten stammt, kann seine Aufenthaltserlaubnis nach der visumfreien Einreise auch im Inland beantragen. Er muss also nicht noch einmal ausreisen.

2.2.4 Drittstaatsangehörige mit einem Aufenthaltstitel in einem anderen Schengen-Staat

Eine andere Gruppe von Ausländern ist hier noch zu nennen, die ohne Visum in die Bundesrepublik einreisen darf. Es handelt sich um die vielen Drittstaatsangehörigen, die in einem anderen Schengen-Staat einen Aufenthaltstitel haben. Wer als Drittstaatsangehöriger beispielsweise in Frankreich einen Aufenthaltstitel als Arbeitnehmer besitzt, kann besuchsweise in die Bundesrepublik einreisen – allerdings auch hier nur für Aufenthalte bis zu drei Monaten und nicht zur Ausübung einer Erwerbstätigkeit (Art. 21 Abs. 1 Schengener Durchführungsübereinkommen).

> **Beispiel:**
> Der Pakistani A wohnt in Köln, sein Bruder B in Brüssel, beide haben jeweils eine nationale Aufenthaltserlaubnis. Aufgrund der Schengen-Regelungen sind sie aber berechtigt, sich in jedem anderen Staat besuchsweise für drei Monate aufzuhalten. A und B treffen sich zu einem Urlaub an der französischen Atlantikküste. Sie benötigen hierfür kein Visum.

Das gilt nur für Reisen innerhalb von Schengen-Staaten (z. B. nicht für Großbritannien).

2.2.5 Türkische Staatsangehörige mit Rechten nach dem Assoziationsratsabkommen

Türkische Staatsangehörige haben nach dem Assoziationsratsabkommen besondere Aufenthaltsrechte, wenn sie in Deutschland als Arbeitnehmer tätig sind oder tätig waren oder wenn ein Familienangehöriger unter diese Gruppe fällt. Nicht erfasst wird hier die selbstständige Tätigkeit.

3. Voraussetzungen für die Erteilung eines Aufenthaltstitels (§ 5 AufenthG)

3.1 Grundlage

Wer – weil er ein Drittstaatsangehöriger ist – einen Aufenthaltstitel benötigt, muss diesen bei der Ausländerbehörde beantragen und dazu die allgemeinen Voraussetzungen erfüllen, die an die Erteilung eines Aufenthaltstitels geknüpft sind. Das für sich genügt aber

I. Einführung: Aufenthaltsrechtliche Grundlagen

nicht, auch der beabsichtigte Aufenthalt muss sich in den gesetzlich zugelassenen Aufenthaltszwecken wiederfinden lassen.

3.2 Allgemeine Erteilungsvoraussetzungen nach § 5 AufenthG

Drittstaatsangehörige, die einen Aufenthaltstitel in der Bundesrepublik erlangen wollen, müssen in der Regel einen Reisepass vorlegen und ihre eigene Identität nachweisen können. Hiervon gibt es aber Ausnahmen, auf die noch zurückzukommen sein wird. Daneben ist auch in der Regel erforderlich, dass sie ihren Lebensunterhalt aus eigenen Mitteln bestreiten können. Außerdem sollen sie mit dem erforderlichen Visum eingereist sein. Das ergibt sich aus § 5 Abs. 1 AufenthG. Gerade die Frage nach dem erforderlichen – und das heißt auch: richtigen – Visum lässt sich leicht unterschätzen. Reist ein Ausländer mit einem Touristenvisum ein, kann er während dieses Aufenthalts seinen Aufenthaltszweck nur im Ausnahmefall in einen anderen umwandeln. Die Lösung wird dann in der Regel nur in einer Ausreise und der erneuten Visumbeantragung liegen.

Allgemeine Erteilungsvoraussetzungen nach § 5 AufenthG:

- Sicherung des Lebensunterhalts
- geklärte Identität
- kein Ausweisungsinteresse (§§ 53, 54 AufenthG, z. B. bei Bedrohung der öffentlichen Sicherheit, Straftat)
- Besitz eines Passes
- Einreise mit dem erforderlichen Visum, wobei dabei die maßgeblichen Angaben zu machen sind

---

3.3 Zugelassene Aufenthaltszwecke

Es genügt aber noch nicht, diese allgemeinen Erteilungsvoraussetzungen zu erfüllen, ein Ausländer muss auch einen zugelassenen Aufenthaltszweck anstreben und dies auch nachweisen. Das heißt, dass dann auch die besonderen Erfordernisse für den betreffenden Aufenthaltstitel erfüllt sein müssen. Wer etwa auf der Grundlage eines Studiums einen Aufenthalt begehrt, muss die Aussicht auf den Studienplatz oder bei einer Verlängerung des Aufenthalts seine Studienerfolge nachweisen.

3. Voraussetzungen für die Erteilung eines Aufenthaltstitels

Beispiele für Aufenthaltszwecke:

- Schule, Sprachkurs und Studium (§ 16 AufenthG)
- Arbeitsaufnahme (§ 18 AufenthG)
- besondere Fälle der Arbeitsaufnahme
  - Hochqualifizierte (§ 19 AufenthG), Blaue Karte EU (§ 19a AufenthG)
  - Forschung (§ 20 AufenthG)
  - selbstständige Tätigkeit (§ 21 AufenthG)
- Familiennachzug (§§ 27 ff. AufenthG)
- Aufenthalt von Drittstaatsangehörigen mit EU-Daueraufenthalt in anderem EU-Staat (§ 39a AufenthG)
- Aufenthalt aus humanitären Gründen und Bleiberecht (§§ 23–25b AufenthG)

3.4 Anspruch auf Erteilung und Ermessensentscheidung

Ob der Aufenthaltstitel erteilt wird oder nicht, liegt in den meisten Fällen im Ermessen der Ausländerbehörde. Zum Ausdruck kommt das in der Formulierung „kann". Das ist etwas anderes als „muss". Zum Zwecke der Arbeitsaufnahme kann einem Ausländer nach § 18 AufenthG eine Aufenthaltserlaubnis erteilt werden, dies muss aber nicht geschehen. Die Behörde ist hierzu nicht verpflichtet, sie darf Ermessenserwägungen anstellen. Dieses Ermessen darf man sich aber nicht als frei und ungebunden vorstellen, die Behörde hat bei der Entscheidung rationale Kriterien anzulegen, muss sich an dem Ziel des Gesetzes orientieren und muss von dem zutreffenden Sachverhalt ausgehen. Im Übrigen ist jedwede willkürliche Entscheidung ermessensfehlerhaft und angreifbar.

Anders ist es, wenn ein Ausländer einen Anspruch auf die Erteilung eines Aufenthaltstitels hat. Dass ein solcher Fall vorliegt, ist im Gesetz an der Formulierung „ist zu erteilen" erkennbar. Hier hat die Behörde kein Ermessen. Liegen die Voraussetzungen vor, die das Gesetz verlangt, muss der Aufenthaltstitel erteilt werden. Beispiele solcher Ansprüche sind das Recht zum Familiennachzug zu einem Deutschen (§ 28 AufenthG) oder die Aufenthaltsansprüche von anerkannten Flüchtlingen, subsidiär Schutzberechtigten oder Ausländern, die alle Bedingungen für eine „Blaue Karte EU" (§ 19a AufenthG) erfüllen.

I. Einführung: Aufenthaltsrechtliche Grundlagen

Neu ist seit August 2017, dass auch die Aufenthaltserlaubnis zum Zweck eines Studiums als Anspruch ausgestaltet ist. Wer also die Voraussetzungen des § 16 AufenthG erfüllt, muss nicht fürchten, dass die Ausländerbehörde Ermessensüberlegungen anstellt; sie muss vielmehr erteilen. Allerdings sind Geduldete und Asylsuchende ausdrücklich von der Regelung ausgenommen (§ 16 Abs. 11 AufenthG).

Ob der Ausländer im Einzelfall einen Anspruch auf einen Aufenthalt hat, ist nicht nur praktisch bedeutsam, wenn es darum geht, ob die Behörde noch im Ermessensweg zu einer anderen Entscheidung kommen darf. Der Anspruch kann zum Beispiel auch bei der Frage eine Rolle spielen, ob das Visumverfahren nachzuholen oder ob eine gesetzliche Sperre strikt gilt oder nicht. Ein Anspruch durchbricht nämlich die Sperrwirkung nach § 10 Abs. 3 AufenthG, die durch einen Asylantrag oder dessen Ablehnung entsteht (dazu unten in Kap. V.5.2) und ist auch bei der Befristung einer Einreise- oder Aufenthaltssperre (§ 11 Abs. 1 AufenthG) von Bedeutung. Kurz gesagt, ein Ausländer, der auf einen Aufenthalt einen gesetzlichen Anspruch hat, steht verfahrensrechtlich besser, weil er damit auch trotz einer Sperre zu einem Aufenthalt kommen kann.

3.5 Niederlassungserlaubnis und Daueraufenthalt

Niederlassungserlaubnis und Daueraufenthalt sind nicht zweckgebunden. Sie setzen allerdings voraus, dass die erforderliche Zeit zur Verfestigung des Aufenthaltes abgelaufen ist und weitere besondere und allgemeine Erteilungsvoraussetzungen erfüllt sind. Auch hier handelt es sich um eine anspruchsbegründende Regelung.

Der unbefristete Aufenthalt wird nach fünf Jahren des rechtmäßigen Voraufenthalts erteilt. Näheres ist den §§ 9 und 9a AufenthG zu entnehmen. Es gibt ausnahmsweise einen früheren Zugang zu einem unbefristeten Aufenthalt bei Ausländern, die mit Deutschen verheiratet sind, bei anerkannten Flüchtlingen (§ 26 Abs. 3 AufenthG) und Inhabern bestimmter anderer Aufenthaltstitel (z. B. §§ 19a oder 22 AufenthG).

4. Grundbegriffe des Aufenthaltsrechts

4.1 Bedeutung für die Beratung

Im Folgenden werden einige Grundbegriffe des Aufenthaltsrechts behandelt, die auch in der Beratung von Asylsuchenden von Bedeu-

4. Grundbegriffe des Aufenthaltsrechts

tung sind. Soweit es um Aufenthaltstitel oder aufenthaltsbezogene Papiere (Duldung, Aufenthaltsgestattung oder Ankunftsnachweis) geht, liegt auf der Hand, dass diese in einer Verfahrensberatung eine große Rolle spielen. Aussagen über den gegenwärtigen Rechtsstatus eines Ratsuchenden oder auch Hinweise auf Bleibechancen lassen sich oft nur machen, wenn solche Dokumente in der Beratung vorliegen. Aber auch die Begriffe Ausweisung und Abschiebung sind klärungsbedürftig, wie auch der Ablauf einer Abschiebung und die Gründe, die dazu führen können, die Abschiebung vorläufig auszusetzen, auch wenn ein Aufenthaltstitel nicht erteilt wird.

4.2 Aufenthaltstitel

Der Begriff „Aufenthaltstitel" ist der Oberbegriff für die verschiedenen Aufenthaltsrechte; die Aufenthaltstitel sind in § 4 Abs. 1 Satz 2 AufenthG aufgezählt.

Aufenthaltstitel:
▪ Visum
▪ Aufenthaltserlaubnis
▪ Blaue Karte EU (§ 19a AufenthG)
▪ ICT-Karte (§ 19b AufenthG)
▪ Mobile ICT-Karte (§ 19c AufenthG)
▪ Niederlassungserlaubnis
▪ Erlaubnis zum Daueraufenthalt-EU

Die Niederlassungserlaubnis und der Daueraufenthalt-EU sind unbefristet, die anderen Titel werden befristet erteilt.

Alle Titel tragen seit 2005 entweder aufgedruckt oder bei der Chipkarte eingeprägt den Paragraphen des Aufenthaltsgesetzes, auf dessen Grundlage der Titel erteilt wurde. Damit ist sofort der Aufenthaltszweck erkennbar, was etwa für die Beratungssituation hilfreich ist. Aus dem Aufdruck „§ 16 Abs. 1 AufenthG" ist beispielsweise ersichtlich, dass es sich bei dem Inhaber oder der Inhaberin um jemanden handelt, der oder dem der Aufenthalt zum Zwecke eines Studiums in Deutschland erlaubt worden ist. Dann ist auch für die Berater erkennbar, welche Bedingungen für eine etwaige Verlängerung der Aufenthaltserlaubnis erforderlich sind. Zudem

I. Einführung: Aufenthaltsrechtliche Grundlagen

sind Ausstellungsdatum und Ort (also die Behörde) der Ausstellung erkennbar. Ebenso ist das Ende der Gültigkeit angegeben.

4.3 Fiktionsbescheinigung

Die Fiktionsbescheinigung ist eine behördliche Bestätigung über die sogenannte Fiktionswirkung (z. B. in § 81 Abs. 3 und 4 AufenthG). Das klingt nicht unmittelbar verständlich, damit soll aber ein sehr einfacher Vorgang geregelt werden, nämlich der, dass die Behörden oft nicht zeitnah über Aufenthaltsanträge entscheiden können, in der Zwischenzeit für den Antragsteller aber keine Rechtsnachteile entstehen sollen.

§ 81 Abs. 4 Satz 1 AufenthG:

„Beantragt ein Ausländer vor Ablauf seines Aufenthaltstitels dessen Verlängerung oder die Erteilung eines anderen Aufenthaltstitels, gilt der bisherige Aufenthaltstitel vom Zeitpunkt seines Ablaufs bis zur Entscheidung der Ausländerbehörde als fortbestehend."

Diese Bescheinigung ist auf einem grünen Blatt gedruckt. Die Fiktionswirkung wird vom Gesetz immer dann angeordnet, wenn ein Aufenthaltstitel oder der Zustand eines rechtmäßigen Aufenthalts kurz vor dem Ende steht und der Ausländer einen Verlängerungs- oder Neuantrag an die Behörde gerichtet hat. Weil die Behörde so schnell nicht über den Antrag entscheiden kann, man aber auch nicht will, dass dies zulasten des Ausländers geht und er bis zu dem Tag der Entscheidung illegal in der Bundesrepublik lebt, soll der alte Zustand einfach weitergelten.

Beispiel:

Studentin S aus dem Senegal hat eine Aufenthaltserlaubnis nach § 16 AufenthG, die noch bis zum 31.10.2017 gilt. Sie geht am 18.10.2017 zu ihrer Ausländerbehörde, um den Verlängerungsantrag zu stellen. Die Behörde teilte ihr bereits mit, dass noch längere Zeit in Anspruch genommen werde, bis es zu einer Entscheidung komme. Ab dem 01.11.2017 gilt ihr Aufenthalt nach § 81 Abs. 4 AufenthG als fortbestehend. Der Aufenthalt endet an dem Tag, an dem die Behörde über den Antrag entscheidet. Dann hat S entweder eine neue Aufenthaltserlaubnis oder sie muss gegen die Ablehnung ihres Antrages gerichtlich vorgehen.

4. Grundbegriffe des Aufenthaltsrechts

Da der Titel wie zuvor weitergilt, darf man mit einer Fiktionsbescheinigung alles das tun, was einem zuvor auch erlaubt war, also arbeiten, Leistungen beziehen und auch in die Bundesrepublik – etwa nach einer Urlaubsreise – wieder einreisen.

Auch über die antragsunabhängige Aufenthaltserlaubnis, die einem anerkannten Flüchtling oder dem subsidiär Schutzberechtigten mit Erhalt des Bescheides schon vor der Ausstellung der Aufenthaltserlaubnis zusteht, wird von manchen Ausländerbehörden eine Fiktionsbescheinigung ausgestellt. Das liegt daran, dass auch hier das Gesetz eine Fiktionswirkung anordnet, was man an den Worten „gilt als erlaubt" (§ 25 Abs. 1 Satz 3 AufenthG) erkennen kann.

> **Beispiel:**
> Der G wurde mit einem am 19.10.2017 zugestellten Bescheid der Flüchtlingsstatus zuerkannt. Bei der Ausländerbehörde erfährt sie, dass es einen Termin zur Ausstellung der Aufenthaltserlaubnis frühestens im neuen Jahr gebe. Gleichwohl hat sie schon mit dem Erhalt des Bescheides ein Aufenthaltsrecht, darf arbeiten und Sozialleistungen wie ein anerkannter Flüchtling beziehen. Einige Ausländerbehörden erteilen hierüber ebenfalls Fiktionsbescheinigungen.

4.4 Ausreisepflicht und Abschiebung

4.4.1 Ausreisepflicht

Aus dem Grundsatz, dass jeder Ausländer einen Aufenthaltstitel benötigt (§ 4 AufenthG), lässt sich erkennen, dass es zu Konsequenzen führt, wenn der Ausländer einen solchen Aufenthaltstitel nicht besitzt. Komplementär dazu steht in § 50 Abs. 1 AufenthG, dass ein Ausländer ausreisepflichtig ist oder wird, wenn er einen erforderlichen Aufenthaltstitel nicht (mehr) hat.

§ 50 Abs. 1 AufenthG:
„Ein Ausländer ist zur Ausreise verpflichtet, wenn er einen erforderlichen Aufenthaltstitel nicht oder nicht mehr besitzt und ein Aufenthaltsrecht nach dem Assoziationsabkommen EWG/Türkei nicht oder nicht mehr besteht."

Die Ausreisepflicht begründet die Pflicht, das Bundesgebiet unverzüglich zu verlassen (§ 50 Abs. 2 AufenthG). Bevor allerdings eine

I. Einführung: Aufenthaltsrechtliche Grundlagen

zwangsweise Durchsetzung der Ausreisepflicht, also die Abschiebung, durchgeführt werden darf, muss die Ausreisepflicht vollziehbar sein. Außerdem ist in aller Regel von der Ausländerbehörde oder auch dem Bundesamt (wenn ein Asylverfahren vorangegangen ist) eine Frist für die freiwillige Ausreise zu setzen. Eine ausnahmslose Abschiebung ohne vorherige Androhung gibt es im deutschen Aufenthaltsrecht nur in zwei Fällen: Bei der Abschiebungsanordnung gegenüber einem Terrorverdächtigen (§ 58a AufenthG) und bei der Überstellung eines Asylbewerbers in den zuständigen Staat nach der Dublin-VO (§ 34a AsylG). Ansonsten kann die Ausländerbehörde in begründeten Einzelfällen auf die Fristsetzung verzichten (oder eine besonders kurze Frist verhängen), wenn dies zur Wahrung öffentlicher Belange erforderlich ist (§ 59 Abs. 1 AufenthG).

4.4.2 Vollziehbarkeit der Ausreisepflicht

Eine Voraussetzung für die Durchführung der Abschiebung ist die Vollziehbarkeit der Ausreisepflicht. Der Begriff der Vollziehbarkeit findet sich im gesamten Verwaltungsrecht. In aller Regel (also bis auf die zahlenmäßig nicht geringen Ausnahmefälle) setzt das voraus, dass es eine bestandskräftige, also unanfechtbare Behördenentscheidung gibt.

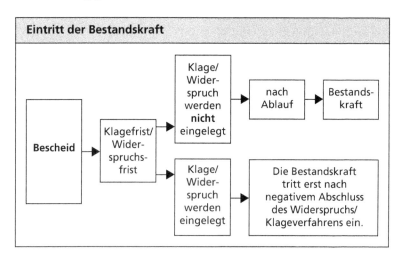

Ob der Widerspruch oder die Klage das statthafte Rechtsmittel ist, hängt im Aufenthaltsrecht von der Landesregelung ab. Im gesamten

4. Grundbegriffe des Aufenthaltsrechts

Asylrecht ist das Widerspruchsverfahren aber abgeschafft, es ist Klage zu erheben.

Behördenentscheidungen werden bestandskräftig, wenn die Frist zur Anfechtung ungenutzt abläuft oder das Rechtsmittel endgültig zurückgewiesen wird. Wer gegen einen Bescheid Klage erhebt und hier endgültig verliert, hat dann einen bestandskräftigen und damit vollziehbaren Bescheid gegen sich.

Von der Bestandskraft zu unterscheiden ist aber die Frage der Vollziehbarkeit. Klage oder Widerspruch hemmen nicht nur die Bestandskraft, in der Regel führen sie auch dazu, dass deswegen der Bescheid nicht vollzogen werden darf. In einem solchen Fall spricht man davon, dass die Klage „aufschiebende Wirkung" hat. Dies ist der Regelfall, und das ergibt sich aus § 80 Abs. 1 VwGO.

Es gibt aber auch noch (und nicht wenige) Fälle, in denen behördliche Entscheidungen bereits vor der Bestandskraft vollziehbar sind, also auch mit Zwang durchgesetzt werden können. Solche Fälle sind denkbar, wenn es etwa um die Beseitigung von Gefahren geht – bei den Anordnungen von Polizeibeamten etwa – immer dann, wenn Abhilfe zu schaffen ist, bevor ein zeitintensives Widerspruchs- und Gerichtsverfahren abgelaufen ist. Dann hat die Klage eben keine aufschiebende Wirkung. Allerdings bedarf es hierzu einer besonderen Legitimation, da in den Rechtsschutz des Bürgers eingegriffen wird. Für die Anordnungen der Polizeivollzugsbeamten steht das in der Verwaltungsgerichtsordnung (§ 80 Abs. 2 Nr. 2 VwGO). Im Ausländerrecht ergeben sich aus § 84 Abs. 1 AufenthG die Fälle der sofortigen Vollziehbarkeit. Bedeutsamster Fall im Ausländerrecht ist die Ablehnung eines Antrages auf Erteilung oder Verlängerung einer Aufenthaltserlaubnis (§ 84 Abs. 1 Nr. 1 AufenthG). Hier hat die Klage keine aufschiebende Wirkung.

> **Beispiel:**
> Die bereits erwähnte Studentin S hat die Verlängerung ihrer Aufenthaltserlaubnis beantragt. Die Behörde lehnt diesen Antrag mit dem Argument ab, es sei aufgrund der Studienleistungen der S nicht mehr erkennbar, dass sie das Ziel, den Abschluss des Studiums, in angemessener Zeit erreichen werde. Den Bescheid erhält sie am 26.11.2017, darin heißt es, dass ihr eine Ausreisefrist von einem Monat gewährt wird. Sollte sie diese nicht einhalten, werde die Abschiebung angedroht. Auch wenn S sofort eine Klage gegen die Ablehnung einreicht, an

I. Einführung: Aufenthaltsrechtliche Grundlagen

der Ausreisefrist und der drohenden Abschiebung ändert das wegen § 84 Abs. 1 Nr. 1 AufenthG nichts.

Im Übrigen ist es der Behörde auch gestattet, den Sofortvollzug eigens anzuordnen, wenn dies im öffentlichen Interesse liegt und dieses Interesse auch in dem Bescheid, der den Sofortvollzug anordnet, begründet ist (§ 80 Abs. 2 Nr. 4 VwGO).

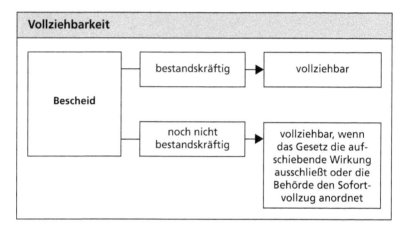

Mit einem gesetzlichen Ausschluss der aufschiebenden Wirkung oder der Anordnung des Sofortvollzugs durch die Behörde wird der Bürger benachteiligt, er muss eine Vollstreckungsmaßnahme hinnehmen, auch wenn sich später möglicherweise herausstellt, dass diese behördliche Vorgehensweise nicht rechtens war.

Zur Lösung der Interessenkollision gibt es das gerichtliche Eilverfahren. Mit einem Eilantrag will der betroffene Bürger nicht, dass eine endgültige Entscheidung getroffen wird (dazu hat er ja schon Widerspruch und Klage). Er will erreichen, dass die an sich zulässigen Vollzugsmaßnahmen durch das Gericht bis zum Ende des Gerichtsverfahrens verboten werden.

Es geht demnach um den Zustand zwischen dem Erlass des Bescheides und dem Ende des Anfechtungsverfahrens. Andere Ausdrücke für das, was mit dem Eilantrag erreicht werden soll, sind, dass „der Vollzug vorläufig ausgesetzt" oder die „aufschiebende Wirkung angeordnet" wird. Der Antrag hierfür ist in § 80 Abs. 5 VwGO geregelt.

4. Grundbegriffe des Aufenthaltsrechts

Beispiel:

Im Fall der S hat die Anwältin nicht nur fristgerecht Klage erhoben, sie hat auch einen Antrag nach § 80 Abs. 5 VwGO gestellt und beantragt, die aufschiebende Wirkung der Klage anzuordnen. Zuständig ist das Gericht, bei dem auch die Klage geführt wird.

Weil die Entscheidung über den Eilantrag am Beginn des Anfechtungsverfahrens steht, zu einem Zeitpunkt also, an dem der Sachverhalt noch nicht umfassend ermittelt ist, und weil diese Entscheidung wiederum aber auch sehr rasch ergehen soll, wird vom Gericht nur eine summarische Prüfung erbracht. Das Gericht legt sich die Frage vor, wie sich die Aussichten der Beteiligten aller Wahrscheinlichkeit nach darstellen und wie die Folgen von Sofortvollzug oder aufgeschobenem Vollzug in diesem Lichte zu beurteilen sind.

Beispiel:

In dem Beispiel der S kommt es darauf an, wie das Gericht die Aussichten der Beteiligten und die Folgen von Abschiebung und unterbleibendem Vollzug beurteilt.

4.4.3 Androhung der Abschiebung

Unabhängig von der Frage, ob eine Klage aufschiebende Wirkung hat oder nicht, ist die Abschiebung unter Fristsetzung anzudrohen. Die Frist ist dafür da, um sich auf eine Ausreise vorzubereiten und Dinge zu regeln, die vor einem solchen Schritt noch erforderlich sind. In der Praxis der Behörden ist es üblich, dass die Ausländer in dieser Situation unter Vorlage eines Flugtickets in die Behörde einbestellt werden. Mit dem Flugticket soll der Ausländer belegen, dass er schon Maßnahmen zu seiner Ausreise getroffen hat.

Dieser Termin ist aber ein sensibler Anlass. Hier verschafft sich die Behörde darüber Gewissheit, ob der Ausländer freiwillig ausreist oder nicht. Allerdings darf die Behörde hier nicht jedes Wort des Unmuts auf die Goldwaage legen und als Indiz für die mangelnde Bereitschaft zur Ausreise interpretieren, insbesondere nicht solche Ankündigungen, wie die, alle Rechtsmittel gegen die Abschiebung zu ergreifen.

I. Einführung: Aufenthaltsrechtliche Grundlagen

4.4.4 Durchführung der Abschiebung

Die Abschiebung ist die Ausübung von Verwaltungszwang. Es wird damit die Ausreisepflicht vollstreckt.

Die Abschiebung selbst verläuft so, dass die Ausländerbehörde (oder die damit betraute Zentrale Ausländerbehörde) einen Flug bucht und den betroffenen Ausländer meistens am frühen Morgen durch die Polizei abholen lässt. Die Abschiebung hat neben der Zwangsanwendung den Nachteil, dass eine Pflicht entsteht, die mit der Abschiebung verbundenen Kosten (u. U. auch für die Begleitpersonen, die mit dem Ausländer im Flugzeug reisen) zu ersetzen. Diese Kostenpflicht kann auch später noch empfindlich im Raum stehen, wenn eine Wiedereinreise beantragt wird.

Außerdem führt die Abschiebung immer zu der Sperrwirkung nach § 11 Abs. 1 AufenthG, nämlich zum Einreise- und Aufenthaltsverbot. Über die Dauer dieses Einreise- und Aufenthaltsverbots entscheidet die Behörde schon bei Erlass des Bescheides, wenn also noch gar nicht ersichtlich ist, ob der Ausländer freiwillig ausreist oder es zu einer Abschiebung kommt.

4.4.5 Abschiebungshaft

Zur Sicherung der Abschiebung kann die Ausländerbehörde die Abschiebungshaft beantragen. Über die Haft entscheidet der Amtsrichter. Neben der Ausreisepflicht ist für eine solche Haft erforderlich, dass die Haftgründe nach §§ 62 ff. AufenthG vorliegen.

4.5 Aussetzung der Abschiebung: Duldung

4.5.1 Unmöglichkeit der Abschiebung

Abschiebungen können scheitern, sie können sich sogar schon vor Beginn als undurchführbar erweisen. Mit Ausreisepflicht oder Vollziehbarkeit hat das dann nichts zu tun, hieran ändert sich dadurch nichts.

Hier zeigt sich, dass nicht alles, was rechtlich gewollt ist, auch umsetzbar ist. Das kann man Vollzugsdefizit nennen. Wenn etwa die Flugverbindungen fehlen oder Verkehrswege versperrt sind, dann liegt es auf der Hand, dass eine Ausreisepflicht nicht vollstreckbar ist. Der häufigste Fall jedoch ist der, dass notwendige Heimreisedokumente fehlen, dann kann die Abschiebung (vorläufig) nicht erfolgen.

4. Grundbegriffe des Aufenthaltsrechts

4.5.2 Die Aussetzung der Abschiebung

Die Reaktion auf diese Situation ist, die Abschiebung auszusetzen. Sehr viel mehr Möglichkeiten gibt es auch nicht, wenn man von der Lösung absieht, eine Aufenthaltserlaubnis zu erteilen.

Der betroffene Ausländer hat Anspruch auf ein Dokument, das diesen Zustand bescheinigt. Das ist die „Duldung". Es ist der Zustand, den Menschen erleben müssen, die in der Bundesrepublik offiziell nicht mehr gewollt sind, die man aber auch nicht abschieben kann.

Der Ausdruck „Duldung" beschreibt es genau. Es ist ein geregelter Zustand, auch wenn der Aufenthalt dadurch nicht rechtmäßig wird und die Ausreisepflicht fortbesteht. Wichtig ist, dass man als Geduldeter aber nicht wegen illegalen Aufenthalts strafbar ist; auch werden Leistungen nach dem AsylbLG gewährt. Gesetzlich geregelt ist dieser Zustand in § 60a AufenthG.

§ 60a Abs. 2 Satz 1 AufenthG:

„Die Abschiebung eines Ausländers ist auszusetzen, solange die Abschiebung aus tatsächlichen oder rechtlichen Gründen unmöglich ist und keine Aufenthaltserlaubnis erteilt wird."

Auf dem Duldungspapier, das die Ausländer dann bekommen, steht: „Kein Aufenthaltstitel. Der Inhaber ist ausreisepflichtig."

4.5.3 Dauer der Aussetzung

Wichtig ist der Hinweis, dass die Zeitangaben in einer Duldung, also das Ablaufdatum, nichts darüber aussagen, wie lange die Abschiebung ausgesetzt ist. Sie kann sehr viel länger ausgesetzt sein, aber auch durchaus sehr viel kürzer. Entscheidend ist immer, wie lange der Grund für die Nichtdurchführbarkeit der Abschiebung währt.

4.5.4 Tatsächliche und rechtliche Gründe

Bei den Gründen für die Unmöglichkeit der Abschiebung ist auf eine wichtige Unterscheidung zu achten, nämlich auf die Unterscheidung zwischen zielstaatsbezogenen und den inlandsbezogenen Gründen für die Nichtdurchführbarkeit der Abschiebung. Im Bereich der Duldung haben wir es nur mit den inlandsbezogenen Gründen zu tun. Fragen nach drohenden Gefahren im Zielstaat (Verfolgung, ernsthafte Gefahr u. a.) werden hier nicht gestellt, diese werden in

I. Einführung: Aufenthaltsrechtliche Grundlagen

§ 25 Abs. 1-3 AufenthG berücksichtigt. Sie sind auch der Grund für ein Asylverfahren. Als Gründe für eine Duldung scheiden sie aus.

Die Duldungsgründe des § 60a Abs. 1 Satz 1 AufenthG sind daher solche, die sich im Inland realisieren oder im Inland anknüpfen.

> **Tatsächliche oder rechtliche Gründe für eine Aussetzung der Abschiebung:**
>
> - Reiseunfähigkeit
> - Schwangerschaft (insbesondere Flugunfähigkeit ab der 36. Schwangerschaftswoche)
> - Passlosigkeit/Fehlen von Heimreisedokumenten
> - drohende Familientrennung, insbesondere bei Kindeswohlgefährdung (wenn z. B. Kind aufenthaltsberechtigt ist, kann das Kindeswohl der Abschiebung eines Elternteils entgegenstehen)
> - bevorstehende Eheschließung mit Aufenthaltsberechtigtem, wenn ein Termin beim Standesamt feststeht

Von der Reiseunfähigkeit zu unterscheiden ist der Fall, dass eine bestehende schwerwiegende Erkrankung im Heimatland nicht behandelt werden kann. Das wäre dann möglicherweise ein zielstaatsbezogenes Abschiebungshindernis, dazu mehr unten bei den Ausführungen zu § 60 Abs. 7 AufenthG.

Bei der Reiseunfähigkeit ist außerdem der im Jahr 2016 eingefügte § 60a Abs. 2c AufenthG zu beachten:

§ 60a Abs. 2c Satz 1 AufenthG:

„Es wird vermutet, dass der Abschiebung gesundheitliche Gründe nicht entgegenstehen. Der Ausländer muss eine Erkrankung, die die Abschiebung beeinträchtigen kann, durch eine qualifizierte ärztliche Bescheinigung glaubhaft machen."

Eine gesetzliche Vermutung zu einer sehr individuellen Situation wirkt seltsam; der Gesetzgeber will den Ausländer hier in die Pflicht nehmen, diese Vermutung dadurch zu entkräften, dass er das Gegenteil durch eine „qualifizierte ärztliche Bescheinigung" glaubhaft macht. Atteste von Psychologen scheiden damit aus.

4. Grundbegriffe des Aufenthaltsrechts

Das ärztliche Attest muss die Diagnose, Angaben zu den medizinischen Folgen und die Grundlage der Diagnoseerstellung beinhalten.

Im Hinblick auf das hohe Gewicht des grundrechtlich geschützten Rechts auf körperliche Unversehrtheit darf man diese Vorschrift aber nicht allzu schematisch anwenden. Die Behörde trifft eine amtliche Aufklärungspflicht, wenn Indizien für das Vorliegen einer Krankheit bestehen. Aus dem gleichen Grund ist der ebenfalls neu eingefügte § 60a Abs. 2d Satz 1 AufenthG zu relativieren. Diese Vorschrift besagt: „Der Ausländer ist verpflichtet, der zuständigen Behörde die ärztliche Bescheinigung nach Absatz 2c unverzüglich vorzulegen." Auch hier trifft die Behörde eine Ermittlungspflicht, wenn sich Indizien für eine Krankheit aus dem Aktenbild ergeben, ohne dass dies fristgerecht angezeigt worden ist.

Gleichwohl ist dem Betroffenen zu empfehlen, diese gesundheitlichen Gründe umfassend und zeitnah darzulegen.

Auch wenn Heimreisedokumente fehlen, die bei einer Abschiebung den Behörden des Zielstaates vorzulegen sind, so ist die Passlosigkeit ein Duldungsgrund, der sich im Inland realisiert, denn die Pflicht des Ausländers, solche Dokumente vorzulegen, konkretisiert sich hier.

Die Passlosigkeit ist der häufigste Duldungsgrund. Ohne einen Nachweis über die Staatsangehörigkeit eines Ausländers nimmt der Staat, in den überstellt werden soll, einen Menschen nicht auf. Als Dokument ist für die Ausländerbehörde nicht nur ein Nationalpass geeignet, sondern auch ein Laissez-Passer (Passierschein), wenn er von dem betreffenden Staat ausgestellt wird und als Nachweis in der Abschiebung anerkannt wird.

Wichtig ist noch darauf hinzuweisen, dass die Ausländerbehörde bei der Aussetzung wegen der tatsächlichen oder rechtlichen Unmöglichkeit kein Ermessen hat; sie muss aussetzen. Das ist aber nicht verwunderlich, weil die Ausländerbehörde die Fakten oder das Recht, die zur Unmöglichkeit führen, nicht ändern kann, sondern hinnehmen (also dulden) muss.

4.5.5 Verfahrensduldung

Die Verfahrensduldung wird erteilt, wenn ein Ausländer aufgrund einer einstweiligen gerichtlichen Verfügung nicht abgeschoben werden darf, weil z. B. das Verwaltungsgericht die Abschiebung im Eilverfahren ausgesetzt hat.

I. Einführung: Aufenthaltsrechtliche Grundlagen

Unter diese Überschrift ließe sich auch die Duldung fassen, die im Hinblick auf ein Petitions- oder Härtefallverfahren erteilt wird. Ob ein solches Verfahren zu der Aussetzung der Abschiebung führt, hängt von den landesrechtlichen Vorgaben ab.

4.5.6 Ermessensduldung

Die Ermessensduldung ist in § 60a Abs. 2 Satz 3 AufenthG geregelt.

§ 60a Abs. 2 Satz 3 AufenthG:

„Einem Ausländer kann eine Duldung erteilt werden, wenn dringende humanitäre oder persönliche Gründe oder erhebliche öffentliche Interessen seine vorübergehende weitere Anwesenheit im Bundesgebiet erfordern."

In diesen Fällen ist die Abschiebung an sich möglich; humanitäre oder persönliche Gründe können die Ausländerbehörde aber zu der Entscheidung motivieren, die Abschiebung (vorläufig) nicht durchzuführen.

Solche Gründe können sein: vorübergehende medizinische Behandlungen, insbesondere, wenn sie kurz vor einem Abschluss stehen, ein bevorstehender Schulabschluss, Pflege oder Tod von nahen Angehörigen.

In Betracht kommt aber auch hier die Duldung wegen eines Petitions- oder Härtefallverfahrens, wenn dies nicht schon aus landesrechtlichen Gründen zu einem Duldungsanspruch führt. Ebenso zu nennen sind Ausbildungen (z. B. auch ein Universitätsstudium kurz vor dem Abschluss), die nicht zu einer Anspruchsduldung (Ausbildungsduldung) führen.

4.5.7 Anspruchsduldung wegen Ausbildung (Ausbildungsduldung)

Von großer praktischer Bedeutung ist die Ausbildungsduldung (oder Anspruchsduldung); sie ist seit August 2016 in § 60a Abs. 2 Satz 4 AufenthG neu geregelt und ermöglicht es dem ausreisepflichtigen Ausländer, eine Duldung für die Durchführung einer Ausbildung in einem staatlich anerkannten Ausbildungsberuf zu erlangen.

Der Vorteil dieser Regelung ist, dass der Ausländer bei Vorliegen der Voraussetzungen einen Anspruch hat – und zwar auf die gesamte Zeit, die im Ausbildungsvertrag genannt ist – und dass es keine Altersgrenze für die Ausbildungsduldung gibt. Allerdings ist einschränkend zu beachten, dass der Ausländer bei der Frage

4. Grundbegriffe des Aufenthaltsrechts

der vorherigen Erteilung der Beschäftigungserlaubnis, die für die Ausbildung erforderlich ist, durchaus (je nach Ländererlass und Rechtsprechung) von einer Ermessensentscheidung der Ausländerbehörde abhängig ist.

Ein weiterer Vorteil ist, dass auch Angehörige sicherer Herkunftsstaaten in den Genuss dieser Regelung kommen können, solange nicht ihr nach dem 31.08.2015 gestellter Asylantrag abgelehnt worden ist.

Positiv gewendet heißt das, dass Personen aus sicheren Herkunftsstaaten, die niemals einen Asylantrag gestellt haben, in diese neue Regelung einbezogen sind. Ob jene, die ihren Asylantrag rechtzeitig, also noch vor einer Ablehnung, zurücknehmen, sich damit auch den Zugang zur Ausbildungsduldung verschaffen, ist umstritten (so war es ausdrücklich in dem Erlass in NRW vor der Landtagswahl im Mai 2017 vorgesehen).

Mit dem Abschluss der Ausbildung hat der Ausländer einen Anspruch auf eine Aufenthaltserlaubnis nach § 18a Abs. 1a AufenthG, was allerdings voraussetzt, dass er eine Arbeitsstelle auf dem Gebiet seiner Fachrichtung, in der er ausgebildet worden ist, vorweisen kann.

Die Ausbildungsduldung hat eine enorme Resonanz in der Praxis gefunden. Auf der anderen Seite haben sich auch Schwierigkeiten bei der Auslegung der rechtlichen Tatbestandsmerkmale ergeben.

Wegen der landesspezifischen Regelungen und der Entwicklung durch die Rechtsprechung sollte die Ausbildungsduldung am besten im engen Kontakt mit Beratungsstellen und/oder der Ausländerbehörde angegangen werden.

§ 60a Abs. 2 Satz 4 AufenthG:
„Eine Duldung (...) ist zu erteilen, wenn der Ausländer eine qualifizierte Berufsausbildung in einem staatlich anerkannten oder vergleichbar geregelten Ausbildungsberuf in Deutschland aufnimmt oder aufgenommen hat, (...) und konkrete Maßnahmen zur Aufenthaltsbeendigung nicht bevorstehen."

Die Definition in § 6 Abs. 1 Satz 2 BeschV zeigt auf, dass es sich um eine mindestens zweijährige Ausbildung handeln muss. Ein Studium an der Universität fällt nicht hierunter. Einige Länder haben per Erlaß auch die einjährige Krankenpflegehilfeausbildung einbezogen.

I. Einführung: Aufenthaltsrechtliche Grundlagen

Mit der Wendung „aufnimmt oder aufgenommen hat" ist klar, dass der Ausländer nicht schon an der Werkbank stehen muss, um eine Duldung zu erhalten, es genügt, dass der Ausbildungsvertrag unter Dach und Fach ist. Allerdings ist dann wieder umstritten, wie lange vor Beginn der Ausbildung schon zu dulden ist. Gleiches gilt für vorbereitende oder auch qualifizierende Maßnahmen. Hier kann die Ermessensduldung helfen; der Besuch der Hauptschule jedenfalls führt nicht zur Anspruchsduldung.

Ein kritischer Punkt ist schließlich auch die Voraussetzung, die am Ende des Satzes 4 genannt ist, nämlich dass „konkrete Maßnahmen zur Aufenthaltsbeendigung nicht bevorstehen" dürfen. Auch hier lassen sich verschiedene Zeitpunkte denken, Konkretes ist in den Ländererlassen zu lesen, was allerdings nicht bedeutet, dass die dort getroffenen Regelungen unstrittig sind und nicht noch zu Präzisierungen durch die Gerichte führen.

Die Ausbildungsduldung ist für ausreisepflichtige Ausländer gedacht; wer noch im Besitz einer Aufenthaltsgestattung im Asylverfahren ist, benötigt diesen Schutz (noch) nicht. Gleichwohl ist aber angeraten, wegen der Ausbildungsduldung schon im Laufe des Asylverfahrens den Kontakt mit Ausländerbehörde und Beratungsstelle aufzunehmen.

Praxis-Tipp:
Eine Ausbildungsduldung stellt eine gute Möglichkeit für eine Aufenthaltssicherung dar. Ein solches Vorhaben sollte aber rechtzeitig mit den Beteiligten, dem Ausbildungsbetrieb und auch der Ausländerbehörde eingeleitet werden. Hinzuweisen ist auch darauf, dass der Hauptschulabschluss keine zwingende Voraussetzung für eine Berufsausbildung ist; es entscheidet der Ausbilder, der auch das unternehmerische Risiko trägt, darüber, ob er einen anderen Menschen ausbilden will.

4.5.8 Duldung und Erwerbstätigkeit

Einem Geduldeten ist die Erwerbstätigkeit grundsätzlich gestattet, wenn die Duldungszeit (unter Anrechnung von Voraufenthaltszeiten und Zeiten mit einer Gestattung) mindestens drei Monate beträgt (§ 32 Abs. 1 Satz 1 BeschV). Dies gilt allerdings nur, wenn kein Erwerbsverbot besteht.

Die drei Fälle sind in § 60a Abs. 6 AufenthG genannt. Ausgeschlossen von der Erwerbstätigkeit sind Geduldete,

- die sich zum Bezug von Leistungen nach dem AsylbLG in die Bundesrepublik begeben haben,
- wenn aufenthaltsbeendende Maßnahmen aus Gründen, die der Geduldete zu vertreten hat, nicht vollzogen werden können (z. B. wegen Identitätstäuschung, falscher Angaben, mangelnder Mitwirkung an der Passbeschaffung),
- wenn sie Staatsangehörige aus sicheren Herkunftsstaaten sind und ihr nach dem 31.08.2015 gestellter Asylantrag abgelehnt worden ist.

Sobald die Erwerbstätigkeit grundsätzlich möglich ist (also nach den drei Monaten und wenn kein Ausschlussgrund vorliegt), muss der Geduldete bei der Ausländerbehörde eine Zustimmung zur Arbeitsaufnahme für die konkrete Arbeitsstelle einholen. Bei der Entscheidung wird in der Regel auch die Arbeitsagentur beteiligt.

Derzeit gilt eine Übergangsregelung, wonach die Vorrangprüfung in Bezirken mit unterdurchschnittlicher Arbeitslosigkeit nicht stattfindet. Dann ist auch Leiharbeit möglich. Näheres ist in § 32 BeschV nachzulesen.

4.6 Ausweisung und Abschiebung

Der Begriff „Ausweisung" wird oft, insbesondere in Presseberichten, auf Sachverhalte angewendet, die eigentlich eine Abschiebung darstellen. Das ist aber nicht korrekt. Die Abschiebung ist ein sogenannter Realakt; es ist die zwangsweise Beendigung eines Aufenthaltes. Neben den persönlichen Nachteilen, die eine zwangsweise Rückführung mit sich bringt, führt die Abschiebung auch zu einem Einreise- und Aufenthaltsverbot und zu einer Kostenhaftung. Insofern hat sie rechtliche Folgen.

Die Ausweisung (§§ 53–55 AufenthG) ist etwas anderes, sie ist ein Rechtsakt, nämlich der Entzug aller Aufenthaltsrechte im Fall einer Gefährdung für die öffentliche Sicherheit und Ordnung. An dieser Regelung erkennt man, dass das Ausländerrecht der Gefahrenabwehr dient. Die Ausweisung kann jeden Ausländer treffen, selbst die Inhaber einer unbefristeten Aufenthaltserlaubnis. Voraussetzung ist, dass der Ausländer eine solche Gefahr darstellt (z. B. wegen künftiger Straftaten oder Terrorismusverdachts). Die effektive Aus-

I. Einführung: Aufenthaltsrechtliche Grundlagen

weisung führt dann zu einer Ausreisepflicht, die dann im Wege einer Abschiebung vollstreckt werden kann. Der Ausländer kann gegen die drohende Abschiebung sein Bleibeinteresse ins Feld führen.

> **Beispiel:**
>
> Der 30-jährige L war als kleines Kind mit seinen Eltern nach Deutschland gekommen. Er besitzt eine Niederlassungserlaubnis. Nach einer gescheiterten Ehe ist er wegen eines Verstoßes gegen das Betäubungsmittelgesetz zu einer mehrjährigen Haftstrafe verurteilt worden.
>
> Die Ausländerbehörde verfügt die Ausweisung und will ihn nach Verbüßung seiner Strafe wegen drohender Wiederholungsgefahr abschieben. Hiergegen wendet er seine lange Aufenthaltszeit ein und begründet mit seinen persönlichen Beziehungen sein Bleibeinteresse.

4.7 Aufenthaltsgestattung und Ankunftsnachweis

Asylgesuch und Asylantrag führen dazu, dass der Aufenthalt eines Ausländers in der Bundesrepublik gestattet ist. Das ist eine Vorwirkung des Flüchtlingsschutzes. Bis zur Entscheidung über diesen Antrag darf der Ausländer bleiben. Den Ankunftsnachweis erhält der Ausländer mit Stellung des Asylgesuchs. Im Gesetz steht dazu:

§ 55 Abs. 1 Sätze 1 und 3 AsylG:

„Einem Ausländer, der um Asyl nachsucht, ist zur Durchführung des Asylverfahrens der Aufenthalt im Bundesgebiet ab Ausstellung des Ankunftsnachweises (...) gestattet (Aufenthaltsgestattung). (...) In den Fällen, in denen kein Ankunftsnachweis ausgestellt wird, entsteht die Aufenthaltsgestattung mit der Stellung des Asylantrags."

5. Zusammenfassung: Die verschiedenen Situationen des Aufenthalts

Aus dem Gesagten folgt, dass ein drittstaatsangehöriger Ausländer (wenn er nicht im diplomatischen Dienst tätig ist oder einen EU-freizügigkeitsberechtigten Familienangehörigen in Deutschland hat) sich in den folgenden Aufenthaltssituationen befinden kann:

5. Zusammenfassung: Die verschiedenen Situationen des Aufenthalts

- Erlaubter Aufenthalt (auch mit Fiktionsbescheinigung):
  - Aufenthaltserlaubnis z. B. wegen Studium, Flüchtlingsanerkennung
  - Visum (aber ohne Recht zur Arbeit)
  - Niederlassungserlaubnis, Daueraufenthalt-EU
- Gestatteter Aufenthalt (Ankunftsnachweis oder Aufenthaltsgestattung):
  - vom Asylgesuch oder Asylantrag bis zur Bundesamtsentscheidung
  - bis zum Ende des Klageverfahrens, wenn Klage aufschiebende Wirkung hat
- Geduldeter Aufenthalt (Duldung oder Grenzübertrittsbescheinigung):

  Der Ausländer ist vollziehbar ausreisepflichtig, die Abschiebung kann aber nicht durchgeführt werden oder wird aus dringenden persönlichen Gründen nicht durchgeführt.

II. Die wichtigsten Änderungen im Asylrecht seit Herbst 2015

1. Die Rechtsquellen des Asylrechts 50
2. Wichtige Änderungen seit Herbst 2015 51
2.1 Überblick 51
2.2 Die einzelnen Regelungen 53
3. Geplante Änderungen 55

II. Die wichtigsten Änderungen im Asylrecht seit Herbst 2015

1. Die Rechtsquellen des Asylrechts

Bevor auf die jüngsten Gesetzesänderungen eingegangen wird, sollen die verschiedenen Gesetze kurz genannt sein, die das Asylrecht heute regeln.

Mit einer der Änderungen 2015 wurde das Asylverfahrensgesetz in Asylgesetz umbenannt. An den Vorschriften selbst hat sich bei dieser Gelegenheit nur wenig geändert. Begründet wurde diese Umbenennung damit, dass das Asylverfahrensgesetz schon längere Zeit auch Vorgaben über die Anerkennung als Flüchtling oder subsidiär Schutzberechtigte machte (§§ 3-4 AsylG), so dass es gerechtfertigt erschien, mit dieser Bezeichnung kundzutun, dass damit nun das gesamte Asylrecht umfasst sei.

Rechtsquelle	Regelungsgehalt
Genfer Flüchtlingskonvention	Flüchtlingsbegriff, Rechte eines anerkannten Flüchtlings
Dublin-III-VO	Zuständigkeit für die Prüfung von Asylanträgen, Übernahme von Flüchtlingen in den Staat der Zuständigkeit, Übernahme von abgelehnten Flüchtlingen
Qualifikationsrichtlinie 2011 (wird demnächst in eine AnerkennungsVO überführt)	Regelungen über die Anerkennung als Flüchtling oder als subsidiär Schutzberechtigter
Verfahrensrichtlinie-EU (2013)	Regelungen über das Asylverfahren
Aufnahmerichtlinie-EU (2013)	Regelungen über die sozialen Rechte von Antragstellern
Grundgesetz (GG)	Art. 16a (Asyl) und wichtige Grundrechte: Menschenwürde und Unversehrtheit von Leib und Leben

Rechtsquelle	Regelungsgehalt
Asylgesetz (AsylG)	Regelungen über das Asylverfahren in Deutschland, gestatteten Aufenthalt, Wohnen und Arbeit im Asylverfahren, in den §§ 3–4 AsylG auch Regelungen über die Anerkennung als Flüchtling und subsidiär Schutzberechtigter
Aufenthaltsgesetz (AufenthG)	Regelungen über Ausreisepflicht, nationale Abschiebungsverbote (§ 60 Abs. 5 und 7 AufenthG), Duldung, humanitäre Aufenthalte
Asylbewerberleistungsgesetz (AsylbLG)	Leistungen für Asylbewerber und Geduldete (einschließlich der medizinischen Leistungen)

Das Asylrecht ist kompliziert, weil verschiedene Regelungen verschiedener Herkunft zur Anwendung kommen. Hier gibt es die dem Völkerrecht zuzuordnende Genfer Flüchtlingskonvention, die EU-Verordnungen und Richtlinien. Schließlich gibt es auf der Ebene des Bundesrechts das Grundgesetz und die Bundesgesetze. Nicht in der Übersicht genannt sind die Ländererlasse, etwa zur Umsetzung der Ausbildungsduldung.

Im Unterschied zu Richtlinien gelten EU-Verordnungen unmittelbar. Die Richtlinien sind zunächst an den nationalen Gesetzgeber adressiert, entfalten aber nach Ablauf der Umsetzungsfrist unter bestimmten Voraussetzungen auch eine unmittelbare Geltung. Bei den oben genannten Richtlinien aus dem Asylbereich ist die Umsetzungsfrist jeweils abgelaufen.

2. Wichtige Änderungen seit Herbst 2015

2.1 Überblick

Der Blick auf die vielen Änderungen seit 2015 ist aufschlussreich, weil er zeigt, was dem Gesetzgeber im Umgang mit Flüchtlingen wichtig erschien.

Begonnen hatte es mit dem „Asylpaket I", das als „Beschleunigungsgesetz" tituliert war. An manchen Stellen kann man eine Zickzackbewegung erkennen, etwa bei der Behandlung des Familiennachzugs für subsidiär Schutzberechtigte, der erst im Sommer 2015 vom damaligen Neubestimmungs-Gesetz ausdrücklich erwähnt worden war, im März darauf aber dann für zwei Jahre ausgesetzt worden ist. Ähnliches gilt für die Regelungen zur Dauer der Wohnpflicht in

II. Die wichtigsten Änderungen im Asylrecht seit Herbst 2015

den Erstaufnahmeeinrichtungen, die zuletzt mit dem Gesetz zur Verbesserung der Ausreisepflicht verlängert worden ist, während aber die Voraussetzungen für die Erwerbstätigkeit weiter liberalisiert worden sind.

Die „BÜMA" („Bescheinigung über die Meldung als Asylsuchender") hat im Oktober 2015 den Weg in das Gesetz gefunden, wurde dann aber kein halbes Jahr später im „Datenaustauschverbesserungsgesetz" vom Februar 2016 in den „Ankunftsnachweis" aufgewertet.

Eine wichtige Zäsur stellt das Asylpaket I dar, weil es die Unterscheidung zwischen sicheren Herkunftsstaaten (im Sinne des § 29a AsylG) und den restlichen Staaten aus dem Zusammenhang der Sachprüfung herauslöst und auf die sozialen Rechte während des Asylverfahrens erstreckt. Menschen aus sicheren Herkunftsstaaten hatten bis dahin nur die Hürde, ihr Verfolgungsschicksal gegen die gesetzliche Vermutung besonders begründen zu müssen; seit Herbst 2015 sind sie von der Erwerbstätigkeit ausgeschlossen, wenn sie nach dem 31.08.2015 einen Asylantrag gestellt haben. Dieses Erwerbsverbot gilt auch nach negativem Abschluss des Asylverfahrens weiter. Außerdem sind sie während des gesamten Asylverfahrens bis zur Anerkennung verpflichtet, in der Erstaufnahmeeinrichtung zu verbleiben.

2. Wichtige Änderungen seit Herbst 2015

2.2 Die einzelnen Regelungen

Gesetz	Wichtige Änderungen
Asylpaket I (24.10.2015)	Asylverfahrensgesetz wird in „Asylgesetz" umbenannt („AsylG")
	Handlungsfähigkeit für Ausländer („Asylmündigkeit") auf 18 Jahre hochgesetzt (§ 12 AsylG)/ebenso im AufenthG (§ 80 Abs. 1 AufenthG)
	Verweildauer in den Erstaufnahmeeinrichtungen kann nun bis zu sechs Monate währen (vorher drei)
	Kosovo, Montenegro und Albanien werden zu sicheren Herkunftsstaaten erklärt (im Sinne des § 29a AsylG)
	Erwerbsverbot für Personen aus sicheren Herkunftsstaaten, die nach dem 31.08.2015 einen Asylantrag gestellt haben (gilt während des gesamten Asylverfahrens und auch bei Duldung)
	Wohnpflicht in der Erstaufnahmeeinrichtung für Personen aus sicheren Herkunftsstaaten (Wohnpflicht gilt nach Abschiebung weiter)
	Wiedereinführung des Sachleistungsprinzips für alle Bewohner von Erstaufnahmeeinrichtungen
	Verbot der Mitteilung des Abschiebungstermins (geregelt im Aufenthaltsrecht, § 59 Abs. 1 Satz 5 AufenthG)
	Leistungskürzung für Ausreisepflichtige ab dem Tag nach dem nicht wahrgenommenen Ausreisetermin
	Integrationskurs während des Asylverfahrens nun auch für Personen mit „guter Bleibeperspektive", das sind Menschen aus Eritrea, Syrien, Iran und Irak
Gesetz zur Verbesserung der Unterbringung ausländischer Kinder und Jugendlicher (01.11.2015)	Verteilungsverfahren für unbegleitete minderjährige Flüchtlinge (UMF)
	gesetzliche Regelung der Altersfeststellung bei UMF
Datenaustauschverbesserungsgesetz (05.02.2016)	Ankunftsnachweis wird eingeführt

II. Die wichtigsten Änderungen im Asylrecht seit Herbst 2015

Gesetz	Wichtige Änderungen
Asylpaket II (17.03.2016)	Wartezeit beim Familiennachzug für subsidiär Schutzberechtigte bis März 2018 (§ 104 Abs. 13 AufenthG)
	Einschränkung beim Nachweis von Reiseunfähigkeit bei der Duldung (§ 60a Abs. 2b und 2c AufenthG)
	Einschränkungen bei Krankheit als Grund für Abschiebeverbot (§ 60 Abs. 7 Satz 2–4 AufenthG)
Gesetz zur erleichterten Ausweisung/ Ausschluss von der Flüchtlingsanerkennung (17.03.2016)	Als Reaktion auf die Silvesternacht von Köln 2015/2016 werden neue Ausweisungstatbestände geschaffen und Ausschlussgründe von der Flüchtlingsanerkennung definiert.
Integrationsgesetz (06.08.2016)	Wohnsitzregelung (§ 12a AufenthG) für alle Anerkannte
	unbefristete Aufenthaltserlaubnis für anerkannte Flüchtlinge nach drei Jahren bei Beherrschen der deutschen Sprache und weit überwiegender Lebensunterhaltssicherung (vorher ohne weitere Bedingungen), § 26 Abs. 3 AufenthG
	Aussetzung der Vorrangprüfung in Bezirken mit unterdurchschnittlicher Arbeitslosigkeit (auch Leiharbeit möglich)
	Neuregelung des § 29 AsylG, alle Tatbestände eines unzulässigen Asylantrages werden in einer Norm zusammengefasst
	Leistungskürzungen nach § 1a AsylbLG bei Anerkannten in der EU und bei fehlender Mitwirkung
	Ausbildungsduldung (§ 60a Abs. 2 Satz 4 AufenthG)
Gesetz zur Bekämpfung von Kinderehen (17.07.2017)	Ehen, an denen ein Minderjähriger unter 16 Jahre (am Tag der Eheschließung) beteiligt ist, sind unwirksam
	Ehe ist aufhebbar, wenn ein Verlobter am Tag der Eheschließung zwischen 16 und 18 Jahre alt war
	Unwirksamkeit der Ehe geht bei Familienschutz (§ 26 AsylG) nicht zu Lasten des Minderjährigen

Gesetz	Wichtige Änderungen
Gesetz zur besseren Durchsetzung der Ausreisepflicht (20.07.2017)	bei der Feststellung der Identität des Asylsuchenden darf das BAMF auf „Datenträger" des Betroffenen zugreifen (z. B. sein Smartphone)
	Länder können die Verweildauer in den Erstaufnahmeeinrichtungen bis zum Abschluss des Asylverfahren, längstens bis zu 24 Monaten, vorsehen
	Verpflichtung des Jugendamts zur unmittelbaren Asylantragstellung bei UMF, § 42 Abs. 2 SGB VIII
	Einführung der sogenannten „Sprungrevision" (Streichung des letzten Satzes in § 78 Abs. 2 AsylG)
	Beurkundung einer „missbräuchlichen" Vaterschaft zur Begründung eines Aufenthaltsrechts kann ausgesetzt werden (§ 1597a BGB, § 85a AufenthG).

3. Geplante Änderungen

Der deutsche Gesetzgeber hatte vor dem Ende der Legislaturperiode noch zwei weitere Projekte in Angriff genommen, aber nicht mehr durchgeführt. Dazu gehörte eine Reform des Jugendhilferechts mit Bezug auf die Leistungen für unbegleitete minderjährige Flüchtlinge (im SGB V). Die umstrittene Ausweitung der Liste sicherer Herkunftsstaaten auf die Länder Marokko, Algerien und Tunesien scheiterte an einer erforderlichen Mehrheit im Bundesrat.

Von europäischer Seite sind mehrere Reformen zu erwarten, wobei der Zeitplan nicht bekannt ist. Das betrifft die Dublin-Reform durch eine neue Dublin-IV-Verordnung. Außerdem sollen die oben genannten Richtlinien zu Verordnungen aufgewertet werden. Für die Qualifikationsrichtlinie ist das absehbar. Für das Asylgesetz aber sehr bedeutsam wäre die Aufwertung der Verfahrensrichtlinie zu einer Verfahrens-Verordnung, weil dann einige Teile des gegenwärtigen AsylG nicht mehr anwendbar werden.

III. Die verschiedenen Schutzstatus (Verfolgungs- und Abschiebeschutzgründe)

1.	Der Inhalt des Schutzantrages..	59
2.	Grundrecht auf Asyl (Art. 16a Abs. 1 GG)	60
3.	Flüchtlingseigenschaft nach der Genfer Konvention (§ 3 AsylG, § 60 Abs. 1 AufenthG)..................................	61
3.1	Grundsatz des Non-Refoulement (Grundsatz der Nichtzurückweisung von Verfolgten)	61
3.2	Begründete Furcht vor Verfolgung......................................	62
3.3	Keine Vorverfolgung (vor der Flucht) erforderlich...........	62
3.4	Sogenannte Nachfluchtgründe	64
3.5	Verfolgungshandlungen..	66
3.6	Verfolgungsgründe..	67
3.7	Verknüpfung zwischen Verfolgungsgrund und Verfolgungshandlung..	74
3.8	Staatliche und nichtstaatliche Verfolgung	75
3.9	Inländische Fluchtalternative...	75
3.10	Ausschlussgründe	77
3.11	Widerruf und Rücknahme	78
3.12	Die Bewertung von Flüchtlingsschicksalen syrischer Staatsangehöriger..	79
3.13	Zusammenfassung und Checkliste	80
4.	Der subsidiäre Schutz (§ 4 AsylG)..	80
4.1	Grundgedanke: Drohen eines ernsthaften Schadens......	80
4.2	Die drei Varianten eines ernsthaften Schadens	81
4.3	Interner Schutz und Ausschlussgründe	85
5.	Die nationalen Abschiebungsverbote (§ 60 Abs. 5 und 7 AufenthG)..	85

5.1	Die Voraussetzungen des nationalen Abschiebeschutzes	85
5.2	Abschiebeschutz bei drohenden Menschenrechtsverletzungen (§ 60 Abs. 5 AufenthG)....	86
5.3	Abschiebeschutz nach § 60 Abs. 7 AufenthG................	88
5.4	Fazit	90
6.	Übersicht: Die verschiedenen Schutztatbestände	90

III. Die verschiedenen Schutzstatus (Verfolgungs- und Abschiebeschutzgründe)

1. Der Inhalt des Schutzantrages

Mit einem Asyl- oder Schutzantrag möchte der Ausländer eine Entscheidung des BAMF über seinen asylrechtlichen, flüchtlingsrechtlichen oder, wenn man es so nennen möchte, abschiebungsrechtlichen Status erreichen. Gerichtet ist dieser Antrag nämlich auf Schutz vor Abschiebung oder Rückführung in den Staat, in dem ihm Verfolgung oder ein ernsthafter Schaden im Sinne des § 4 AsylG drohen. Im Falle der Stattgabe führt dieser Status zu einem Aufenthaltsrecht und zu vielen weiteren Rechten. Der Asylantrag heißt allerdings immer noch „Asylantrag" obwohl er sehr viel mehr umfasst. Das Bundesamt prüft nämlich die vier folgenden Fragen in der folgenden Reihenfolge:

- Liegt der Status als Asylberechtigter (§ 1 Abs. 1 AsylG, Art. 16a Abs. 1 GG) vor?
- Liegt der Status als Flüchtling (zugleich auch Flüchtling nach der Genfer Konvention, § 3 AsylG, § 60 Abs. 1 AufenthG) vor?
- Liegt der Status als subsidiär Schutzberechtigter (§ 4 AsylG, § 60 Abs. 2 AufenthG) vor?
- Liegen die Voraussetzungen für ein nationales Abschiebungsverbot (§ 60 Abs. 5 und 7 AufenthG) vor?

Natürlich spart sich das Bundesamt unnötige Arbeit und prüft keine Schutztatbestände mehr, wenn bereits der bessere Schutz zuerkannt wird. Wird also z. B. der Flüchtlingsschutz vergeben, werden der subsidiäre Schutz und die nationalen Abschiebungsverbote nicht mehr geprüft. Wird wenigstens der subsidiäre Schutz zuerkannt, findet man in dem Bescheid kein Wort mehr zu den nationalen Abschiebungsverboten.

Praxis-Hinweis:
Auch wenn der Flüchtling gegenüber dem BAMF lediglich äußert: „Ich möchte in Deutschland Asyl", führt das dazu, dass

ein Asylantrag mit dem oben genannten Inhalt vorliegt. Das Bundesamt prüft dann auch den Flüchtlingsstatus und, wenn dieser nicht vergeben wird, auch weitere Schutztatbestände.

Diese vier Status bzw. Abschiebungsverbote führen zu verschiedenen Rechten, wie Aufenthaltserlaubnissen, das Recht, arbeiten zu dürfen oder – und das ist zumeist die allerwichtigste Frage in der Praxis – das Recht, seine Familie aus dem Herkunftsland nachkommen zu lassen. Allerdings sind diese Rechte bei den verschiedenen Schutzstatus nicht immer gleich gut. Deswegen ist es schon frühzeitig im Verfahren wichtig, sich diese Unterschiede vor Augen zu führen.

Schutzanträge, so viel an dieser Stelle, lassen sich auch beschränkt stellen, dazu mehr in Kap. V.1.2 über die Antragstellung.

2. Grundrecht auf Asyl (Art. 16a Abs. 1 GG)

Das Asylgrundrecht liefert den ältesten Schutzstatus. Es stammt aus dem Jahr 1949 und wurde bei der Gründung der Bundesrepublik unter dem Eindruck des nationalsozialistischen Terrorregimes und der Flucht vieler ins Exil verabschiedet. „Politisch Verfolgte genießen Asylrecht", so lautet die Grundrechtsnorm noch immer. Zwar hat die Rechtsprechung den Begriff der „politischen Verfolgung" über seine Wortbedeutung hinaus ausgelegt, dann war es aber der Verfassungsgesetzgeber im sogenannten Asylkompromiss 1993, der das Grundrecht in seinem Anwendungsbereich so weit eingeschränkt hat, dass es heute kaum noch eine praktische Rolle spielt. Diese Einschränkung ergab sich dadurch, dass in dem neu geschaffenen Art. 16a Abs. 2 GG jeder Anspruch auf politisches Asyl ausgeschlossen wurde, wenn der Flüchtling über einen gesetzlich definierten sicheren Drittstaat eingereist war. Da aber alle Nachbarstaaten Deutschlands unter diese Definition fallen, führt jede Einreise auf dem Landweg unweigerlich dazu, dass man den Anspruch auf das Asylgrundrecht verliert. Zur Asylberechtigung kann dann nur noch der Ausnahmefall des § 26a AsylG oder die Einreise auf dem Luftwege führen (oder über einen Seehafen an der Nordsee). Diese Situation wird auch noch dadurch verschärft, dass der Grundsatz der Beweiserleichterung, der sonst für Flüchtlinge gilt, nicht die Einreisemodalitäten erfasst. Damit muss der Flüchtling selber den Nachweis erbringen, dass er ausnahmsweise auf dem Luftwege in die Bundesrepublik gelangt ist. Kann er dann aber keine Flugscheine oder wenigstens die Bordkarten vorlegen oder substantiiert erklären, mit welcher Maschine und unter welchem Namen er als Passagier eingereist ist, dann wird er schon allein deswegen mit seinem Antrag auf politisches Asyl scheitern, und zwar unabhängig davon, welche eigentlichen Gründe er für Flucht und Verfolgungsgefahr vorträgt.

Wegen der genannten praktischen Bedeutungslosigkeit soll das Asylgrundrecht hier nicht weiter erläutert werden. Von den Anwälten wird es in den meisten Fällen auch gar nicht mehr beantragt. Es gibt eine immer wieder aufflammende Diskussion darüber, ob ein praktisch nicht relevantes Grundrecht nicht vielleicht besser abzuschaffen wäre. Dem könnte aber mit gleichem Recht dahin entgegengetreten werden, dass es vielleicht die Aufgabe des Verfassungsgesetzgebers wäre, diesem Grundrecht eines Tages die frühere Gestalt wiederzugeben. Im Übrigen ist aus symbolischen und prozessualen Gründen nicht zu unterschätzen, dass es sich hiermit um das einzige Grundrecht handelt, das nur Ausländern zusteht und das auch als solches vor dem Bundesverfassungsgericht eingeklagt werden kann.

3. Flüchtlingseigenschaft nach der Genfer Konvention (§ 3 AsylG, § 60 Abs. 1 AufenthG)

3.1 Grundsatz des Non-Refoulement (Grundsatz der Nichtzurückweisung von Verfolgten)

Die eben genannte weitreichende Einschränkung und die daraus folgende praktische Bedeutungslosigkeit des Asylgrundrechts wären nicht zu verschmerzen, wenn es nicht ein anderes Rechtsinstitut gäbe, das diese Lücke schlösse. Dieses Rechtsinstitut ist der Flüchtlingsschutz nach der Genfer Konvention, der sich nicht nur in der europäischen Qualifikationsrichtlinie niedergeschlagen hat (dort in Art. 9 ff. QRL), sondern auch in § 3 AsylG und § 60 Abs. 1 AufenthG. Der immer gleiche – und hier verkürzt zitierte – Inhalt ist der, dass niemand in einen Staat abgeschoben werden darf, in dem ihm Verfolgung aus einem der näher bezeichneten Verfolgungsgründe droht. Dieser Grundsatz der Nichtzurückweisung von Menschen, denen die Verfolgung im Zielstaat droht, hat den Rang eines völkerrechtlichen Verbots und wird in der juristischen Literatur mit dem Schlagwort des „Non-Refoulement" bezeichnet.

III. Die verschiedenen Schutzstatus

3.2 Begründete Furcht vor Verfolgung

Ansatzpunkt der Genfer Konvention und auch der europäischen und deutschen Regelungen zum Flüchtlingsschutz ist die „begründete Furcht" des Ausländers vor dieser Verfolgung. Eine Flüchtlingsanerkennung setzt voraus, dass die Verfolgungsfurcht besteht. Das bedeutet aber nicht, dass es allein bei dem Gefühl von Furcht und dessen subjektiver Färbung bleibt. Hinzu kommt ein weiteres Merkmal: Die Furcht muss auch „begründet" sein, weswegen hier ergänzend nach objektiven Anhaltspunkten zu suchen ist, die diese Furcht rechtfertigen. Für die Darlegung der Gründe, die diese Verfolgungsfurcht auslösen, ist der Antragsteller selber in der Pflicht, er muss sie im Rahmen seiner Möglichkeiten schildern (dazu dann mehr in Kap. VIII.2).

§ 25 Abs. 1 Satz 1 AsylG:
„Der Ausländer muss selbst die Tatsachen vortragen, die seine Furcht vor Verfolgung (...) begründen, und die erforderlichen Angaben machen."

Das Bundesamt und die Verwaltungsgerichte wenden als Maßstab für die begründete Verfolgungsfurcht die beachtliche Wahrscheinlichkeit an. Das heißt, dass eine begründete Furcht bejaht wird, wenn der Eintritt der Verfolgungshandlungen wahrscheinlicher ist als der Fall, dass die Verfolgung unterbleibt. Auf eine Prozentzahl heruntergebrochen, wird von einer begründeten Furcht ausgegangen, wenn die Eintrittswahrscheinlichkeit höher als 50 Prozent ist.

Wichtig: Bei der Prüfung der Verfolgungsfurcht findet eine Prognose in die Zukunft statt. Es wird ermittelt, ob dem Antragsteller bei Rückkehr in sein Herkunftsland mit beachtlicher Wahrscheinlichkeit Verfolgung im Sinne der Genfer Konvention droht.

3.3 Keine Vorverfolgung (vor der Flucht) erforderlich

Diese begründete Furcht setzt nicht voraus, dass der Antragsteller schon Verfolgungshandlungen an seinem eigenen Leib erfahren hat, wenn er in die Bundesrepublik einreist und sein Schicksal in Deutschland bei der Anhörung schildert.

Es ist zwar richtig, dass die Anhörung durch das Bundesamt hier häufig einen Schwerpunkt hat, was auch aus dem Umstand folgt, dass immer auch nach erlittener Verfolgung gefragt wird und dass viele Geflüchtete von sich aus Verfolgungshandlungen berichten.

3. Flüchtlingseigenschaft nach der Genfer Konvention

Dieser Fokus gibt das Flüchtlingsrecht aber nur unzureichend wieder. Viele Geflüchtete glauben, sie müssten im Herkunftsland Verfolgungshandlungen persönlich erlitten haben, um Schutz in Deutschland finden zu können. Das ist aber falsch. Der Grundsatz ist vielmehr der, dass eine Prognoseentscheidung darüber anzustellen ist, ob einer Person im Falle der Rückkehr Verfolgung droht.

> **Beispiel:**
> Wer vom Staatsschutz als Regimekritiker verdächtigt wird, muss nicht schon in einem Gefängnis interniert gewesen sein, um Schutz in Deutschland erhalten zu können. Es muss nur die beachtliche Wahrscheinlichkeit für die Zukunft bestehen, dass er bei seiner Rückkehr verfolgt wird.

III

Berichtet ein Antragsteller allerdings glaubhaft von einer bereits erlittenen Verfolgung, dann ist dies natürlich bei der Prognoseentscheidung zu berücksichtigen. Denn dann liegt es nahe, dass diese Person wieder verfolgt wird, wenn sie in das Land der Verfolgung zurückkehrt. Dazu sagt die Qualifikationsrichtlinie:

Art. 4 Abs. 4 QRL:
„Die Tatsache, dass ein Antragsteller bereits verfolgt wurde (...), ist ein ernsthafter Hinweis darauf, dass die Furcht des Antragstellers vor Verfolgung begründet ist (...), es sei denn, stichhaltige Gründe sprechen dagegen (...)"

Solche stichhaltigen Gegengründe nimmt das BAMF immer dann an, wenn zwischen der Verfolgungshandlung und der Ausreise ein längerer zeitlicher Abschnitt liegt, weil es dann davon ausgeht, dass der Verfolger sein Verfolgungsinteresse aufgegeben hat. Zweifel speist aber auch der Bericht des Flüchtlings, dass er aus der Haft entlassen wurde, oder wenn er von einer legalen unbeanstandeten Ausreise mit den eigenen Personaldokumenten berichtet.

> **Praxis-Hinweis:**
> BAMF, Gerichte und die asylrechtliche Literatur verwenden hier den Ausdruck „Vorverfolgung", um kenntlich zu machen, dass ein Antragsteller bereits vor seiner Flucht Verfolgungsmaßnahmen erlitten hat.

III. Die verschiedenen Schutzstatus

3.4 Sogenannte Nachfluchtgründe

3.4.1 Nachfluchtgründe allgemein

Das Flüchtlingsrecht geht mit seinem rein in die Zukunft gerichteten Ansatz praktisch noch weiter. Es verlangt nicht nur nicht, dass es bereits vor der Flucht zu einer Verfolgungshandlung gekommen ist. Es geht weiter: Es setzt nämlich nicht einmal voraus, dass die Verfolgungsgefahr bestanden hat, als jemand sein Heimatland verlassen hat. Die berechtigten Anhaltspunkte und Gründe, die eine Verfolgung bei Rückkehr als wahrscheinlich erscheinen lassen, dürfen daher auch erst nach der Ausreise aus der Heimat – möglicherweise erst Jahre später – entstanden sein. Die Qualifikationsrichtlinie bringt das in Art. 5 zum Ausdruck.

Art. 5 Abs. 1 und 2 QRL:

„(1) Die begründete Furcht vor Verfolgung oder die tatsächliche Gefahr, einen ernsthaften Schaden zu erleiden, kann auf Ereignissen beruhen, die eingetreten sind, nachdem der Antragsteller das Herkunftsland verlassen hat.

(2) Die begründete Furcht vor Verfolgung oder die tatsächliche Gefahr, einen ernsthaften Schaden zu erleiden, kann auf Aktivitäten des Antragstellers nach Verlassen des Herkunftslandes beruhen, insbesondere wenn die Aktivitäten, auf die er sich stützt, nachweislich Ausdruck und Fortsetzung einer bereits im Herkunftsland bestehenden Überzeugung oder Ausrichtung sind."

3.4.2 Selbstgeschaffene (subjektive) Nachfluchtgründe

Zu berücksichtigen sind daher nachträgliche politische Machtwechsel, Umstürze und Revolutionen im Herkunftsland, auf die ein Ausländer keinen Einfluss hat. Der beispielsweise mit einem Stipendium seines Heimatstaates ins Ausland gereiste junge Student kann im Falle eines zwischenzeitlichen Machtwechsels ohne sein Zutun zum anerkannten Flüchtling werden, weil er als Mitglied der früheren Machtelite gesehen wird und bei einer späteren Rückkehr Repressalien zu befürchten hat. Da es sich bei diesen Gründen um solche handelt, die erst nach der Ausreise – oder nach der Flucht – entstanden sind, spricht man hier auch von den „Nachfluchtgründen". Es kommt dann auch nicht darauf an, dass es bereits im Herkunftsland ein Verhalten gegeben hat, an das angeknüpft wird; das Gesetz besagt nur, dass solche Gründe „insbesondere" vorliegen können, wenn es diese früheren Handlungen schon gegeben hat.

3. Flüchtlingseigenschaft nach der Genfer Konvention

Weil bei der Beurteilung eben auch an Umstände angeknüpft werden darf, die sich für den Ausländer erst nach der Ausreise aus seiner Heimat ergeben haben, kommen exilpolitische Aktivitäten, die zu einer Verfolgungsgefahr führen, ebenso in Betracht, wie etwa ein erst nach der Ausreise vollzogener Glaubenswechsel (religiöse Konversion). Im Unterschied zu dem Beispiel des politischen Machtwechsels im Herkunftsland sind diese zuletzt genannten Gründe aber selbstgeschaffen, was für sich nichts an der Verfolgungsgefahr nimmt, aber den Betroffenen möglicherweise zu der Antwort auf die Frage zwingt, warum er sich nun dieser Tätigkeit widmet.

Beispiel:
L ist eine Studentin aus Äthiopien; sie findet in der Bundesrepublik Deutschland Zugang zu einer äthiopischen Exilgruppierung, die die Regierung in Addis Abeba (Äthiopien) kritisiert und mit verschiedenen Regimekritikern zusammenarbeitet. Bei dieser Gruppierung wird L in den Vorstand berufen. Da es bekannt ist, dass äthiopische Spitzel auch die Exilszene im Ausland – auch in Deutschland – überwachen, drohen L mit großer Wahrscheinlichkeit bei einer Rückkehr Verfolgungsmaßnahmen, weil ihre politische Betätigung bei der äthiopischen Regierungsstelle bekannt wird. Als ihr Studienaufenthalt von der Ausländerbehörde nicht mehr verlängert wird, stellt sie einen Asylantrag.

Dieses Beispiel zeigt, dass solche selbstgeschaffenen Nachfluchtgründe (die juristische Literatur spricht hier von „subjektiven Nachfluchtgründen") problematisch sein können. Es begegnet dem Antragsteller nicht selten der unterschwellige Vorwurf des Missbrauchs, wenn gemutmaßt wird, dass er sein politisches Handeln nur aus asyltaktischen Motiven aufgenommen habe, um ein Aufenthaltsrecht zu erlangen. Das Gesetz lässt sie jedoch, wie oben gesehen, zu, was sich damit aber gut begründen lässt, dass der Betroffene ja tatsächlich in Gefahr gerät. Wenn die Auskunftslage ergibt, dass der L etwa Bestrafung oder Folter wegen ihrer politischen Aktivitäten in Deutschland drohen, dann muss sich das schutzrechtlich auswirken. Gesetz und Praxis begrenzen die vermeintliche Missbrauchsgefahr allerdings: Das Gesetz schließt – im Einklang mit der Qualifikationsrichtlinie (Art. 5 Abs. 3 QRL) – die selbstgeschaffenen Nachfluchtgründe in einem Folgeverfahren für die Flüchtlingsanerkennung regelmäßig aus (§ 28 Abs. 2 AsylG). Wer also bereits mit seinem Asylantrag einmal abgelehnt war, kann mit einem selbstgeschaffenen Verfolgungsgrund normalerweise nicht mehr den Flüchtlingsstatus bekommen. Hier bleiben den Betroffenen dann nur noch die anderen Abschiebeschutztatbestände. Darüber hinaus prüfen Bundesamt und Gerichte die gefahrbegründenden Handlungen, die ein Antragsteller in Deutschland vorgenommen hat, sehr genau. Vereinzelt wird auch von Bundesamt oder Gericht eingewandt, dass eine exilpolitische Betätigung, die nur aus asyltaktischen Motiven aufgenommen wird, auch bei dem potentiellen Verfolgerstaat als nicht wirklich ernst gemeint wahrgenommen wird – mit dem Effekt, dass man hier nicht von einer Gefährdung ausgeht. Dagegen hilft nur, entsprechende Auskünfte über das Herkunftsland beizubringen, aus denen sich ergibt, dass die Verfolgung an die Meinungsäußerung anknüpft, nicht aber nach den Motiven der Äußerung fragt.

Wichtig: Auch nachträglich „selbstgeschaffene" Verfolgungsgründe können ein Grund für eine Flüchtlingsanerkennung sein, weil es ja nur darauf ankommt, dass bei einer Rückkehr die Verfolgungsgefahr droht. Werden solche subjektiven Nachfluchtgründe erst nach Abschluss eines ersten Asylverfahrens in einem Folgeverfahren geltend gemacht, kommt es in der Regel aber nicht mehr zu einer Flüchtlingsanerkennung, sondern allenfalls zu einer der anderen Schutzanerkennungen.

3.5 Verfolgungshandlungen

Was Verfolgung im flüchtlingsrechtlichen Sinne ist, wird in § 3a AsylG definiert, es sind gegen den einzelnen Menschen gerichtete Handlungen, die so gravierend sind, dass sie vereinzelt oder in der Folge mit anderen Handlungen zu einer schwerwiegenden Verletzung der Menschenrechte oder Grundfreiheiten führen. Das Gesetz nennt als Beispiele die Anwendung von physischer, psychischer und sexueller Gewalt, einschließlich der Freiheitsentziehung. In Betracht kommen aber auch administrative, polizeiliche oder justizielle Maßnahmen, die zwar den Schein der Legalität haben, in ihrer eigentlichen Zielrichtung aber diskriminierenden Charakter aufweisen.

> **Beispiel:**
> A wird wegen regimekritischer Agitation aufgrund eines Sondergesetzes in Haft genommen. Auch wenn die Verfolger ihre

3. Flüchtlingseigenschaft nach der Genfer Konvention

> Maßnahme als Rechtsakt erscheinen lassen, muss man hier den Schwerpunkt auf der Menschenrechtsverletzung sehen.

Ein praktisch wichtiger Fall von scheinbar rechtmäßiger Verfolgungshandlung begegnet, wenn eine an sich legale staatliche Reaktion im Fall etwa von regimekritischen Personen besonders drastisch ausfällt. Hier spricht man dann vom Polit-Malus, der bei dieser Sanktion oder Behandlung den Ausschlag gibt und die staatliche Maßnahme zur Verfolgungshandlung macht.

> **Beispiel:**
> Eine politische Verfolgung kann darin bestehen, dass ein bestimmtes Delikt (z. B. Steuerhinterziehung) bei Funktionären von missliebigen Parteien deutlich härter bestraft wird als bei anderen.

Auch bei der Diskriminierung ist aber nicht nur danach zu fragen, ob eine Person in nicht gerechtfertigter Weise anders behandelt wird; Diskriminierung erfordert auch eine bestimmte Intensität, die allerdings auch kumulativ durch verschiedene Diskriminierungshandlungen erreicht werden kann.

3.6 Verfolgungsgründe

3.6.1 Überblick

Für den Ausländer oder Antragsteller genügt es nicht, dass er irgendeine Verfolgung fürchtet. Von der Flüchtlingsanerkennung erfasst ist nur die Verfolgung aus den in der Konvention genannten fünf Verfolgungsgründen.

Diese anerkannten Verfolgungsgründe – sie stammen in ihrer sprachlichen Fassung aus dem Jahr 1951, als die Genfer Konvention beschlossen wurde – sind:

- Rasse
- Religion
- Nationalität
- politische Überzeugung
- Zugehörigkeit zu einer bestimmten sozialen Gruppe

III. Die verschiedenen Schutzstatus

Wem wegen dieser genannten Merkmale die Verfolgung droht, kommt als Flüchtling in Betracht. Diese fünf Verfolgungsgründe sind nicht nur in Art. 1 A 2. der Genfer Flüchtlingskonvention genannt, sie werden wiederholt in den § 3 Abs. 1 Nr. 1 AsylG, § 60 Abs. 1 AufenthG (bei den Abschiebungsverboten) und in § 6 Abs. 2 IRG (im Zusammenhang mit einer Auslieferung). Auch die Qualifikationsrichtlinie nimmt bei der Definition des Begriffes „Flüchtling" darauf Bezug (Art. 2d QRL).

Was Verfolgung wegen der Religion und/oder der politischen Überzeugung ist, mag nicht weiter erläuterungsbedürftig sein. Anders ist das mit dem sperrig anmutenden Merkmal der Zugehörigkeit zu einer bestimmten sozialen Gruppe. Dieses Merkmal ist offen, dynamisch und interpretationsfähig. Heute werden damit zum Beispiel die geschlechtsspezifische Verfolgung oder auch die Verfolgung von Homosexuellen erfasst.

Wichtig: Behauptet jemand, verfolgt zu werden, fällt der Verfolgungsgrund aber nicht in den Katalog der oben genannten Verfolgungsgründe, kommt die Flüchtlingsanerkennung nicht in Frage. Es wäre allenfalls nochmal gesondert zu untersuchen, ob ein Fall der Verfolgung wegen Zugehörigkeit zu einer sozialen Gruppe vorliegt. Dieses Merkmal ist für eine Auslegung offen – wie weit, dazu unten 3.6.5.

Die genannten Verfolgungsgründe sind neuerdings auch im Gesetz erklärt, und zwar in § 3b AsylG, dessen Lektüre hier ausdrücklich empfohlen wird.

Wichtig: Die Verfolgung wegen der Zugehörigkeit zu einer sozialen Gruppe darf nicht mit dem Begriff „Gruppenverfolgung" verwechselt werden. Die Gruppenverfolgung spielt eine Rolle im Zusammenhang mit der Verfolgungswahrscheinlichkeit. Wenn bekannt ist, dass eine Gruppe in einem Land mit Verfolgungsmaßnahmen bedroht ist, kann damit auch die Verfolgungsgefahr eines einzelnen hergeleitet werden, auch wenn er persönlich noch keine Maßnahme erlitten hat.

3.6.2 Verfolgung wegen Rasse und Nationalität

Der Ausdruck „Rasse" ist mit den vielen Jahren zu erklären, die die Genfer Konvention nun schon alt ist, heute würde man so nicht mehr formulieren. Gemeint sind hier die Fälle rassistischer Verfolgung, also Verfolgung, die an die Hautfarbe, Herkunft oder ethnische Zugehörigkeit anknüpft (so definiert in § 3b Abs. 1 Nr. 1 AsylG).

Der Begriff Nationalität ist hier nicht beschränkt auf die Staatsangehörigkeit zu verstehen, er kann auch eine Gruppe bezeichnen, die sich kulturell, sprachlich oder ethnisch von der übrigen Bevölkerung unterscheidet (§ 3b Abs. 1 Nr. 3 AsylG).

3.6.3 Verfolgung wegen der Religion

Religion in diesem Sinne ist eine Glaubensüberzeugung, die sich auf das Sein des Menschen, den Sinn des Daseins und seine Beziehung zu einem wie auch immer geglaubten Gott bezieht, oder die ein Sinn- und Moralgefüge postuliert und dabei ohne den Gottesgedanken auskommt (wie z. B. der Buddhismus). Geschützt ist auch eine explizit atheistische Vorstellung oder auch der Wunsch, sich mit Religion nicht befassen zu wollen (negative Religionsfreiheit). Es kommt bei allem darauf an, dass es sich um eine die persönliche Identität und Lebensform prägende Grundhaltung handelt.

Bei der Reichweite dessen, was als Religionsbetätigung geschützt ist, hat der europäische Richtliniengeber einen bedeutsamen Schritt getan, der mittlerweile auch in § 3b Abs. 1 Nr. 2 AsylG seinen Niederschlag gefunden hat:

§ 3b Abs. 1 Nr. 2 AsylG:
„der Begriff der Religion umfasst insbesondere theistische, nichttheistische und atheistische Glaubensüberzeugungen, die Teilnahme oder Nichtteilnahme an religiösen Riten im privaten oder öffentlichen Bereich, allein oder in Gemeinschaft mit anderen, sonstige religiöse Betätigungen oder Meinungsäußerungen und Verhaltensweisen Einzelner oder einer Gemeinschaft, die sich auf eine religiöse Überzeugung stützen oder nach dieser vorgeschrieben sind;"

Geschützt ist die Religion seitdem nämlich nicht nur im privaten, sondern auch im öffentlichen Bereich. Wer wegen der Teilnahme an Gottesdiensten oder religiösen Feiern in der Öffentlichkeit verfolgt wird, kann sich ebenso auf den Verfolgungsgrund der Religion berufen, wie jemand, der wegen religiöser Meinungsäußerungen, dem Tragen von religiösen Symbolen oder der Werbung für einen bestimmten religiösen Glauben behelligt wird. Das früher anzutreffende Argument, die Religionsfreiheit sei bereits gewahrt, solange das häusliche Beten nicht verfolgt werde (und man solle sich doch in diesen häuslichen Bereich zurückziehen), hat in dem aktuellen Flüchtlingsrecht keine Stütze mehr.

Der Verfolgungsgrund der Religion gilt konsequenterweise auch für die Personen, die wegen ihrer religionskritischen Äußerungen und Handlungen – oder auch wegen ihrer Weigerung, an bestimmten Riten teilzunehmen – als Ungläubige, Ketzer oder Häretiker verfolgt werden oder denen der Vorwurf der Apostasie (Glaubensabfall) gemacht wird. Die Religionsfreiheit umfasst eben auch die Freiheit, nicht religiös zu sein oder zu zweifeln.

3.6.4 Verfolgung wegen der politischen Überzeugung

Der Begriff der Überzeugung umfasst Meinungen und Grundhaltungen (§ 3b Abs. 1 Nr. 5 AsylG), politisch ist die Überzeugung, wenn sie eine von dem Verfolger abweichende Meinung darstellt oder wenn sie sich sonst auf das gesellschaftliche Zusammenleben und dessen Organisation bezieht. Es ist nicht entscheidend, dass der Antragsteller wegen dieser Überzeugung tätig geworden ist. Es ist auch außerdem nicht erheblich, ob der Betreffende eine geäußerte Meinung wirklich hat, sofern die Verfolgung nur an diese Äußerung anknüpft. Wie § 3b Abs. 2 AsylG zeigt, muss der Verfolgte nicht einmal eine bestimmte politische Äußerung getätigt haben, solange der Verfolger davon ausgeht, dass die andere Person ein politischer Dissident ist.

Eine abweichende politische Überzeugung muss nicht mündlich oder schriftlich zum Ausdruck gebracht werden, obwohl das sicherlich der Hauptfall ist: Sie kann sich auch aus Handlungen ergeben, die der Verfolger auf eine kritische Überzeugung zurückführt. Die Teilnahme an Demonstrationen oder politisch motivierten Streiks können somit ebenfalls politische Verfolgung begründen wie auch umgekehrt die Weigerung, sich an kollektiven von der Staatsführung verordneten Handlungen zu beteiligen. Der Phantasie eines totalitären Regimes, in den winzigsten Lebensäußerungen den Ausdruck von Opposition zu sehen, ist bekanntlich keine Grenze gesetzt.

Eine oppositionelle Haltung kann im Einzelfall auch dem zugerechnet werden, der den Militärdienst verweigert, das Land illegal verlässt oder in einem (feindlichen) Staat Asyl beantragt. Die Beurteilung hängt davon ab, was der verfolgende Staat als Ausgangspunkt für den Ausdruck einer staatsfeindlichen Gesinnung ansieht und was der Antragsteller an Verfolgungshandlungen mit Grund

3. Flüchtlingseigenschaft nach der Genfer Konvention

befürchten muss. Wann Verfolgung einsetzt, bestimmt eben der Verfolger, und nicht der schutzgewährende Staat.

> **Beispiel:**
> Die Bewertung, ob einem syrischen Staatsangehörigen, der nach seiner illegalen Ausreise in der Bundesrepublik Asyl beantragt hat, im Falle seiner Rückkehr mit politisch motivierten Sanktionen zu rechnen hat, ist keine asylrechtliche, sondern eine praktisch-politische. Entscheidend ist die Aussage, ob das Regime in Damaskus mit der erforderlichen Wahrscheinlichkeit solche Sanktionen trifft.

3.6.5 Verfolgung wegen der Zugehörigkeit zu einer bestimmten sozialen Gruppe

Der Verfolgungsgrund der Gruppenzugehörigkeit ist ein Auffangtatbestand. Er erfasst heute auch Fälle, an die man im Jahr 1951 noch gar nicht gedacht hat, als die Konvention verabschiedet wurde.

Damit dieser Verfolgungsgrund angenommen werden kann, muss der betreffende Antragsteller bezogen auf sein Herkunftsland Mitglied einer sozialen Gruppe im Sinne der Flüchtlingskonvention sein und seine Verfolgung muss an diese Gruppenzugehörigkeit anknüpfen.

Eine soziale Gruppe wird durch zwei Merkmale bestimmt, wobei das erste Merkmal das innere verbindende Element der Mitglieder betrifft, das zweite die Betrachtung von außen:

§ 3b Abs. 1 Nr. 4 AsylG:

„eine Gruppe gilt insbesondere als eine bestimmte soziale Gruppe, wenn

a) die Mitglieder dieser Gruppe angeborene Merkmale oder einen gemeinsamen Hintergrund, der nicht verändert werden kann, gemein haben oder Merkmale oder eine Glaubensüberzeugung teilen, die so bedeutsam für die Identität oder das Gewissen sind, dass der Betreffende nicht gezwungen werden sollte, auf sie zu verzichten, und

b) die Gruppe in dem betreffenden Land eine deutlich abgegrenzte Identität hat, da sie von der sie umgebenden Gesellschaft als andersartig betrachtet wird;

(...)"

III. Die verschiedenen Schutzstatus

Aus dem ersten Teil der Definition wird ersichtlich, dass die verklammernde Eigenschaft, die allen Gruppenmitgliedern gemeinsam ist, nicht frei oder jedenfalls nur schwer disponibel ist. Deutlich ist das bei einem „angeborenen Merkmal". Rassistische Verfolgung wäre demnach immer auch ein Fall von § 3b Abs. 1 Nr. 4 AsylG, so wie auch die geschlechtsspezifische Verfolgung. Der mögliche Einwand mit dem Hinweis, dass die geschlechtliche Identität durchaus auch das Ergebnis einer Konstruktion sein könne, ändert daran nichts. Das Gesetz stellt in § 3b Abs. 1 Nr. 4 AsylG nämlich jetzt klar:

§ 3b Abs. 1 Nr. 4, letzter Halbsatz AsylG:
„eine Verfolgung wegen der Zugehörigkeit zu einer bestimmten sozialen Gruppe kann auch vorliegen, wenn sie allein an das Geschlecht oder die geschlechtliche Identität anknüpft."

Auch der unveränderliche gemeinsame Hintergrund kann eine Rolle spielen. Damit sind etwa die Fälle einer sozialen oder beruflichen Stellung erfasst. Wer in einem streng durchdifferenzierten Klassen- oder Kastensystem lebt, kann seine soziale Stellung selbst nicht verändern. Knüpft die Verfolgung an eine solche Stellung an, kann Verfolgung wegen Zugehörigkeit zu einer bestimmten sozialen Gruppe vorliegen.

Offener für Interpretation ist aber der dritte Fall, denn hier ist das verklammernde Merkmal nicht angeboren oder ein unveränderbarer Hintergrund, sondern fußt in einer Gewissens- oder Glaubensüberzeugung. Hier könnte der Betreffende möglicherweise auf die Ausübung seines Glaubens oder Gewissens verzichten. Was das Pendel dann aber wieder in die Richtung Unveränderbarkeit ausschlagen lässt, ist der Umstand, dass das Merkmal für die Identität oder das Gewissen des Einzelnen so bedeutsam ist, dass man ihn nicht zwingen sollte, hierauf zu verzichten. Bei dieser Umschreibung kann man an tiefe, die Identität prägende persönliche Überzeugungen denken, wie sie bei der religiösen oder politischen Verfolgung schon angeklungen sind.

Der wichtigste Anwendungsfall hier ist allerdings der Schutz von Menschen, die wegen ihrer sexuellen Orientierung verfolgt werden. Diese sind von den anderen Verfolgungsgründen nicht begünstigt. Der Europäische Gerichtshof hat in seiner wichtigen Entscheidung aus dem Jahr 2013 (EuGH, Urt. v. 07.11.2013, Az.: C-199/12, C-200/12, C-201/12) herausgehoben, dass es sich bei der homosexuellen Orien-

3. Flüchtlingseigenschaft nach der Genfer Konvention

tierung um ein Merkmal handelt, das so bedeutsam für die Identität ist, dass man nicht gezwungen werden sollte, hierauf zu verzichten.

Als zweites muss die externe Betrachtung ergeben, dass die Gruppe von außen als anders empfunden wird. Das ist aber immer dann der Fall, wenn Menschen wegen ihres Andersseins besonders wahrgenommen, bezeichnet oder behandelt werden.

Bei der Frage, ob es diese externe Betrachtung tatsächlich gibt, wird zuweilen auf die Verfolgungsintensität (oder sogenannte Verfolgungsdichte) geblickt. Dem liegt die Annahme zugrunde, dass eine Verfolgung wegen eines Gruppenmerkmals nur dann vorliegen könne, wenn sich diese Verfolgung mit einer statistischen Relevanz fassen lasse. Diese Betrachtungsweise darf sicherlich nicht allzu schematisch angewandt werden. Zu berücksichtigen bleibt immer, dass der Verfolgung Willkür anhaftet, die sich nicht im statistischen Wege einfangen lässt.

Im Sinne eines effektiven Flüchtlingsschutzes konnte man in der Literatur und in einigen Gerichtsurteilen einen Aufschwung von verfolgten Gruppen beobachten. So wurde von der Gruppe der von ihrem Mann verstoßenen pakistanischen Frauen gesprochen. Diese Gruppenbildung ist indes nicht erforderlich, weil auch hier auf den Bezugspunkt des Geschlechts zurückgegriffen werden kann. Untergruppen sind dann nicht nötig. In die Diskussion gebracht wurde auch z. B. die Gruppe der von somalischen Al-Shaabab-Milizen angeworbenen jungen Männer. Aber auch diese Gruppenbildung ist im Sinne eines Flüchtlingsschutzes nicht erforderlich. Hier wäre es sinnvoll, die drohende Verfolgung als politisch oder religiös motiviert (Weigerung, an einem „heiligen Krieg" mitzuwirken) zu betrachten.

Ein ähnliches Beispiel ist die „Gruppe der Helfer"; auch hier muss für den effektiven Flüchtlingsschutz nicht künstlich eine bestimmte Gruppe gebildet werden. Wer etwa als Nichtjude während des Nationalsozialismus Juden versteckte, musste selbst mit Verfolgung rechnen. Das Flüchtlingsrecht diskutiert nun, wie solche Helfer zu behandeln sind. Hier ließe sich als Verfolgungsgrund eine dem Regime widersprechende politische Haltung anführen, vielleicht auch eine Verfolgung, die an eine Gewissensbetätigung anknüpft und damit letztlich religiös wäre. In der Literatur wird aber auch die Gruppe der Helfer gebildet: Menschen, die über das Merkmal des Helfens zusammengefasst sind und wegen ihres Helfens als andersartig eingeschätzt und verfolgt werden. Letzteres hätte den

III. Die verschiedenen Schutzstatus

Vorteil, dass hier alle Motive gleichermaßen zum Zuge kämen, eben auch weniger hehre Motive, die nicht politisch-religiös unterfüttert sind. Andererseits lassen sich auch bei dem Merkmal der politischen Verfolgung die eigentlichen Motive des Verfolgten ausblenden: Es kommt immer darauf an, was der Verfolger für den Anlass der Verfolgung nimmt. Wer als Verfolger den Helfer für einen Oppositionellen hält, verfolgt ihn aus politischen Gründen, auch wenn der Betreffende andere Motive hat.

3.7 Verknüpfung zwischen Verfolgungsgrund und Verfolgungshandlung

Für die Flüchtlingsanerkennung kommt es darauf an, dass die Verfolgungshandlung gerade wegen des bestimmten Verfolgungsgrundes stattfindet. Für die meisten Fälle liegt dieser Zusammenhang auf der Hand. Etwas schwieriger ist es, wenn nicht der Verfolgungsgrund selbst die Verletzungshandlung motiviert, sondern die Verfolgung nur damit zusammenhängt, dass ein Schutz nicht geboten wird. Dass dies genauso zu behandeln ist, wird durch die Qualifikationsrichtlinie neuerdings (seit 2011) klargestellt, denn danach kann die „Verknüpfung zwischen den (…) Gründen" auch in „dem Fehlen von Schutz vor solchen Handlungen bestehen" (Art. 9 Abs. 3 QRL).

> **Beispiel:**
> L ist Mitglied eines Minderheitenclans in Somalia. Er verursacht bei einem Autounfall leichtfertig den Tod eines anderen, dessen Familie einem sehr einflussreichen Clan angehört. Eine sich anschließende Bedrohungslage wegen einer privaten Rache gegenüber L ließe sich über die soziale Gruppe des Minderheitenclans erfassen. Der Zusammenhang zwischen der Verfolgung (Drohung mit Rache und Tod) und der Gruppenzugehörigkeit des L besteht aber nicht unmittelbar. L wird nicht wegen der Gruppenzugehörigkeit zum Minderheitenclan bedroht, sondern wegen der Schuld an dem tödlichen Autounfall. Der Bezug zur Gruppenzugehörigkeit ergibt sich aber dadurch, dass er wegen dieses Umstandes zum Opfer der Rache wird, weil weder der eigene Clan noch ein anderer ihm aufgrund seiner Gruppenzugehörigkeit Schutz bieten.

3. Flüchtlingseigenschaft nach der Genfer Konvention

3.8 Staatliche und nichtstaatliche Verfolgung

Anders als für eine Asylanerkennung ist es bei der Annahme einer Flüchtlingseigenschaft nicht erheblich, ob die Verfolgung staatlich oder nichtstaatlich ist. Auch nichtstaatliche Verfolgung kann flüchtlingsrechtlich relevant sein, wenn der Staat oder in ihm herrschende Organisationen dagegen nichts ausrichten können oder wollen (§ 3c AsylG). Die Verfolgung kann daher auch in einem zerfallenen Staat von marodierenden Milizen oder Clans ausgehen. Sie kann aber auch in einem bestehenden Staat aus der Mitte der Gesellschaft verübt werden, wenn es zu gemeinsamen Übergriffen gegen Minderheiten kommt und die Polizei nicht einschreitet. Gewalt und Verfolgung, die von einer Familie ausgehen (z. B. im Zusammenhang mit einer geschlechtsspezifischen Verfolgung), ließen sich hier auch nennen.

Als Beispiel könnte eine Fehde genannt werden, die sich aus der Verletzung von Eheschließungsvereinbarungen ergeben hat, sofern gegen die Verfolgung staatliche Hilfe nicht zu beschaffen ist. Desgleichen wäre hier die drohende Genitalverstümmelung zu sehen: Es mag sein, dass diese Form der Gewalt gegen Mädchen in einem Staat gesetzlich verboten ist, aber von den Familien unbehelligt gefordert und praktiziert wird. Auch dann könnten diese Handlungen als flüchtlingsrelevant anerkannt werden, auch wenn die Verfolgung nicht vom Staat ausgeht – und nach formaler Gesetzeslage auch gar nicht stattfinden darf.

Allerdings liegt bei nichtstaatlicher Verfolgung die Annahme nahe, dass die Verfolgungsgefahr lokal begrenzt ist. Dann nämlich verweist das Flüchtlingsrecht den Betroffenen in diese sicheren Landesteile. Sofern also die Verfolgung tatsächlich landesweit droht, sollte das von dem Betroffenen und seinen Vertretern immer sorgfältig herausgearbeitet werden. Zum „internen Schutz" oder der „inländischen Fluchtalternative" siehe sogleich unter 3.9.

3.9 Inländische Fluchtalternative

Eine Anerkennung als Flüchtling ist ausgeschlossen, wenn es für den Ausländer in seinem Herkunftsland Landesteile gibt, in denen er vor der Verfolgung sicher ist. Diese Frage stellt sich oft bei Fällen der nichtstaatlichen Verfolgung, weil hier die Machtsphäre der verfolgenden Gruppierungen häufig lokal begrenzt ist. Geht die Verfolgung vom Staat aus, wird man regelmäßig annehmen, dass

III. Die verschiedenen Schutzstatus

der betroffene Flüchtling landesweit verfolgt wird. Anders aber, wenn Clans, Milizen oder Familien die Verfolgungsakteure sind: Dann wendet das Bundesamt vielleicht mit Recht ein, dass es für den Ausländer auch in seinem Herkunftsstaat Regionen geben kann, in denen er die Verfolgung nicht fürchten muss. Ob wirklich Sicherheit vor Verfolgung besteht, muss dann im Einzelnen geprüft werden.

> **Beispiel:**
> A ist afghanischer Staatsangehöriger aus der Provinz Kandahar, er arbeitet bei westlichen Organisationen als Berater. Er wurde in seinem Heimatort mehrfach von Mitgliedern der Taliban aufgesucht und dazu gedrängt, diese Kooperation zu beenden. Weil er sich beharrlich weigerte, erhielt er Todesdrohungen. Das Bundesamt lehnt eine Verfolgungsgefahr mit dem Argument ab, dass A in Kabul oder auch in Herat sicher sei. Eine entsprechende Auskunftslage lege nahe, dass der Einfluss der Taliban nicht nach Kabul und Herat reiche, wo A in der Anonymität der Großstadt Schutz finde.

Neben der Sicherheit vor Verfolgung sind aber noch weitere Voraussetzungen zu prüfen: Es muss feststehen, dass der Ausländer gefahrlos in diese Landesteile reisen kann und dort auch Aufnahme findet (§ 3e AsylG). Außerdem muss es dem Ausländer zumutbar sein, sich dort niederzulassen. Für die Frage nach der Zumutbarkeit spielen alle individuellen Aspekte eine Rolle, wie etwa familiäre Bezüge, soziale, sprachliche und kulturelle Differenzen und nicht zuletzt die Aussichten, ein wirtschaftliches Auskommen zu finden. Das in der deutschen höchstrichterlichen Rechtsprechung anklingende Ausschlusskriterium des Dahinvegetierens am Rande des Existenzminimums wird mit Recht als zu voraussetzungsvoll angesehen. Die Verwaltungsgerichte kommen im Einzelfall – je nach Gewichtung der Aspekte des Einzelfalles – dazu, die Zumutbarkeit durchaus von Fall zu Fall verschieden zu würdigen.

> **Beispiel:**
> Im Beispiel des A könnte das Gericht (die jeweiligen einzelnen Umstände unterstellt) zu der Auffassung gelangen, dass ihm die Aufnahme in Kabul nicht zuzumuten sei, weil er z. B. aufgrund einer mangelnden Schulbildung oder dem Fehlen von verwandtschaftlichen Beziehungen kaum Aussicht auf ein wirt-

3. Flüchtlingseigenschaft nach der Genfer Konvention

> schaftliches Auskommen habe; zudem laufe er dann auch Gefahr, das Opfer von Kriminellen zu werden. Freilich spielt die Frage der Aufnahmebedingungen in Kabul oder Herat dann keine Rolle, wenn das Gericht zu der Auffassung gelangt, dass die Verfolgungsgefahr durch die Taliban bis in diese anderen Orte reicht.

3.10 Ausschlussgründe

Die Flüchtlingsanerkennung unterliegt Ausschlussgründen, und zwar dann, wenn der Verfolgte vor der Einreise seinerseits schwere Verbrechen begangen hat oder dann in Deutschland aufgrund seines Handelns eine Sicherheitsgefahr darstellt. Die Folge ist, dass dieser Antragsteller schlussendlich doch nicht zu einer Flüchtlingsanerkennung kommt. Weil solche Personen aber in ihrem Herkunftsland mit Verfolgung rechnen müssen, werden sie nicht abgeschoben, sie bekommen allerdings nicht den Flüchtlingsstatus (und auch keinen subsidiären Schutz). Sie dürfen aber aus humanitären Gründen (z. B. als Geduldete) in Deutschland bleiben.

Die Ausschlussgründe lassen sich in zwei Gruppen einteilen, das sind zunächst die Straftaten und Handlungen, die der Ausländer vor der Aufnahme in Deutschland begangen hat. Das müssen dann Kriegsverbrechen, Verbrechen gegen die Menschlichkeit oder schwerwiegende nichtpolitische Straftaten im Ausland gewesen sein oder auch Handlungen gegen die Ziele der Vereinten Nationen (§ 3 Abs. 2 AsylG).

Die zweite Gruppe betrifft die Fälle, in denen der Ausländer in Deutschland eine schwerwiegende Gefahr für die Sicherheit darstellt, weil er hier zu einer Freiheitsstrafe von mindestens drei Jahren verurteilt worden ist. Wurde die Straftat auf bestimmte Weise begangen und richtete sie sich dabei gegen die sexuelle Selbstbestimmung einer anderen Person oder andere Rechtsgüter, wie sie in § 60 Abs. 8 Satz 3 AufenthG genannt sind, dann kann auch schon eine Verurteilung zu einem Jahr Freiheitsstrafe (auch mit Bewährung) zum Ausschluss aus der Flüchtlingsanerkennung führen. Die letztere Regelung ist neu, sie wurde unter dem Eindruck der Ereignisse in der Kölner Silvesternacht 2015/2016 in das Gesetz aufgenommen und sollte diese besondere Form der aus einer Menschenmenge begangenen sexuellen Nötigung oder Eigentumsverletzung erfassen.

III. Die verschiedenen Schutzstatus

Diese Regelung gilt aber nur für den Flüchtlingsschutz, nicht für den subsidiären Schutz.

> **Beispiel:**
> A, dessen Asylverfahren noch nicht abgeschlossen ist, und B, sein Zimmergenosse in der Unterkunft, der bereits als Flüchtling anerkannt wurde, sind wegen einer gemeinschaftlichen sexuellen Nötigung, die nach der Überzeugung des Strafgerichts während eines Volksfestes unter Anwendung von List begangen worden ist, jeweils zu einer Bewährungsstrafe von 14 Monaten verurteilt worden. Für A ist das ein Ausschlussgrund, der einer Flüchtlingsanerkennung im Weg steht. Bei B kann das Bundesamt, sobald es von der Verurteilung erfährt, einen Widerruf der Anerkennung durchführen.

3.11 Widerruf und Rücknahme

Flüchtlingsschutz wird nicht anlasslos unbegrenzt gewährt. Ändern sich die Verhältnisse im Herkunftsland oder fallen sonst die Gründe weg, die für eine Verfolgungsgefahr gesprochen haben, kann das Bundesamt eine Flüchtlingsanerkennung widerrufen (§ 73 AsylG). Der Widerruf ist eine behördliche Maßnahme, die es auf allen Gebieten des Verwaltungsrechts gibt. Ein solcher Widerruf hat keine Rückwirkung, alle bislang als Flüchtling erlangten Vergünstigungen bleiben rechtmäßig, der Widerruf richtet sich auf die Zukunft. Der Flüchtling muss seinen Flüchtlingsausweis zurückgeben und verliert möglicherweise auch seinen Aufenthalt.

Der Widerruf erfordert ein Widerrufsverfahren, das vom Bundesamt durchgeführt wird. Dabei gibt es dem Betroffenen die Möglichkeit, zu dem beabsichtigten Widerruf Stellung zu nehmen. In diesem Verfahren sind alle Gründe zu prüfen, die vielleicht sonst noch gegen die Abschiebung des Ausländers in sein Herkunftsland sprechen. Es mag nämlich sein, dass trotz des Wegfalls der Anerkennungsgründe sich andere Aspekte ergeben haben, die eine Verfolgungsgefahr nahelegen.

Allerdings muss die Möglichkeit des Widerrufs den anerkannten Flüchtling nicht schrecken. Solche Verfahren brauchen Zeit, das Bundesamt muss die entsprechenden Informationen und Kapazitäten haben, um ein Widerrufsverfahren durchzuführen. Klagen gegen den Widerruf der Anerkennung haben aufschiebende Wirkung

3. Flüchtlingseigenschaft nach der Genfer Konvention

(§ 75 Abs. 1 AsylG), der Betroffene hat also die Chance, weiter hier als Flüchtling zu leben, bis das Gericht endgültig festgestellt hat, dass sich die Lage in dem Herkunftsland nachhaltig verbessert hat und seither stabil ist.

Wichtig an dieser Stelle aber ist der Hinweis, dass ein Widerruf ohne Folge für den Aufenthalt sein kann, wenn der anerkannte Flüchtling zwischenzeitlich eine unbefristete Aufenthaltserlaubnis bekommen hat, die vom Flüchtlingsstatus unabhängig ist.

3.12 Die Bewertung von Flüchtlingsschicksalen syrischer Staatsangehöriger

Bis etwa in den März 2016 erhielt ein syrischer Staatsangehöriger vom Bundesamt den Flüchtlingsstatus – und das ohne eine individuelle Sachprüfung. Dies geschah damals auf der Grundlage einer Sachverhaltsermittlung durch einen mehrseitigen Fragebogen. Eine Anhörung hat das Bundesamt bis dahin sich und dem Betroffenen erspart. Dann aber wurde das Fragebogenverfahren abgeschafft und zugleich auch eine andere Entscheidungspraxis gefunden. Der Flüchtlingsstatus wurde syrischen Antragstellern nicht mehr ohne einen besonderen individuellen Vortrag zuerkannt. Seitdem erhalten viele der Antragsteller keinen Flüchtlingsstatus mehr, sondern nur noch den subsidiären Schutz.

Das hatte in der offiziellen Kommunikation des Bundesamtes mit einem Wechsel in der Betrachtung der Verfolgungsgefahr zu tun. Bis März 2016 ging das Bundesamt davon aus, dass die Ausreise eines Syrers, sein Auslandsaufenthalt und seine Asylantragstellung in Deutschland vom Assad-Regime als Ausdruck einer oppositionellen Haltung verstanden werde, die bei der Wiedereinreise mindestens zu einer mit unmenschlichen Mitteln geführten Befragung oder Untersuchung führen würde. Von dieser Betrachtungsweise, die vielen Syrern eine unbürokratische Flüchtlingsanerkennung gebracht hat, ist das Bundesamt aber abgerückt. Die Begründung hierfür war, dass neuere Erkenntnisse belegten, dass Ausreise und ausländische Asylantragstellung nicht als staats- oder regimefeindlich betrachtet werden. Man berief sich hierzu auch auf Interviews, die Assad persönlich gegeben hatte und auf die Praxis der syrischen Auslandsvertretungen, ohne Probleme Pässe an die emigrierten Staatsangehörigen im Exil auszugeben. Gegen diese Entscheidungen haben viele eine Klage bei den Verwaltungsgerichten eingelegt.

III. Die verschiedenen Schutzstatus

3.13 Zusammenfassung und Checkliste

Die Flüchtlingsanerkennung setzt die begründete Furcht vor einer bestimmten individuellen Verfolgung wegen einer der fünf genannten Verfolgungsgründe voraus.

> **Checkliste Flüchtlingsanerkennung:**
>
> - begründete Furcht (mit beachtlicher Wahrscheinlichkeit)
> - vor Verfolgung (Verfolgungshandlungen)
> - wegen einer der fünf Verfolgungsgründe (Rasse, Religion, Nationalität, politische Überzeugung und Zugehörigkeit zu einer bestimmten sozialen Gruppe)
> - kein Schutz im Herkunftsland (inländische Schutzalternative)

Erst wenn diese Voraussetzungen erfüllt sind, wäre gegebenenfalls zu prüfen, ob ein Ausschlussgrund vorliegt.

4. Der subsidiäre Schutz (§ 4 AsylG)

4.1 Grundgedanke: Drohen eines ernsthaften Schadens

Der subsidiäre Schutz setzt nicht bei einer individuellen Verfolgung an, sondern gibt solchen Menschen eine Bleibeperspektive, die ohne Opfer von individueller Verfolgung zu werden, Gefahr laufen, einen ernsthaften Schaden bei Rückkehr in ihrem Herkunftsland zu erleiden. Was ein ernsthafter Schaden ist, wird in § 4 Abs. 1 AsylG definiert. Es sind drei Gruppen von Fällen. Gefahrenmaßstab ist hier das Vorliegen „stichhaltiger" Gründe. Ob der Wahrscheinlichkeitsmaßstab hier ein anderer ist als bei der flüchtlingsrechtlichen Beurteilung, ist in der Theorie umstritten. Die Praxis macht aber keinen Unterschied und sieht die „stichhaltigen Gründe" als gegeben an, wenn ebenfalls eine „beachtliche" Wahrscheinlichkeit für den ernsthaften Schaden besteht.

Mit dem subsidiären Schutz wurde eine Lücke im Menschenrechtsschutz geschlossen. Aus der Erfahrung, dass es schwerwiegende Beeinträchtigungen auch für die Menschen gibt, die nicht von Verfolgung im klassischen Sinne betroffen sind, hat man auf der Ebene des europäischen Rechts 2004 den subsidiären Schutz eingeführt. Dieser subsidiäre Schutz sollte die Regelungen der Genfer Konvention ergänzen. Das kommt auch in der Bezeichnung „subsidiär" zum

4. Der subsidiäre Schutz (§ 4 AsylG)

Ausdruck, was so viel bedeutet wie „hilfsweise" oder „ergänzend". Aus diesem Grund prüft das Bundesamt den subsidiären Schutz auch nur dann, wenn es den Flüchtlingsstatus versagt. Der anerkannte Flüchtling benötigt den ergänzenden Schutz nicht.

Von diesen Regelungen zum subsidiären Schutz haben hauptsächlich die potenziellen zivilen Opfer eines bewaffneten Konflikts, also Bürgerkriegsflüchtlinge, profitiert. Sie kommen nicht in den Genuss einer Flüchtlingsanerkennung, eben weil sie nicht individuell verfolgt werden. Sie werden jetzt aber subsidiär geschützt.

Die Rechtsstellung eines Ausländers, dem der subsidiäre Schutz zuerkannt wurde, ist zuletzt verbessert worden, er liegt aber noch immer unterhalb dessen, was einem anerkannten Flüchtling gewährt wird. Das zeigt sich an der Dauer der Aufenthaltserlaubnis, die dem Berechtigten bei Ersterteilung gegeben wird, der Chance auf unbefristeten Aufenthalt und vor allem aber bei den Regeln zum Familiennachzug.

Der europäische Gesetzgeber hat drei Fälle des subsidiären Schutzes geschaffen, das ergibt sich aus Art. 15 der Qualifikationsrichtlinie. In unserem Asylgesetz findet sich der subsidiäre Schutz – mit seinen drei Fallvarianten – in § 4 AsylG.

§ 4 Abs. 1 AsylG:

„Ein Ausländer ist subsidiär Schutzberechtigter, wenn er stichhaltige Gründe für die Annahme vorgebracht hat, dass ihm in seinem Herkunftsland ein ernsthafter Schaden droht. Als ernsthafter Schaden gilt:

1. die Verhängung oder Vollstreckung der Todesstrafe,
2. Folter oder unmenschliche oder erniedrigende Behandlung oder Bestrafung oder
3. eine ernsthafte individuelle Bedrohung des Lebens oder der Unversehrtheit einer Zivilperson infolge willkürlicher Gewalt im Rahmen eines internationalen oder innerstaatlichen bewaffneten Konflikts."

4.2 Die drei Varianten eines ernsthaften Schadens

4.2.1 Die drohende Verhängung oder Vollstreckung der Todesstrafe (§ 4 Abs. 1 Nr. 1 AsylG)

Diese Regelung schützt solche Personen, denen in ihrem Herkunftsland die Verhängung oder die Vollstreckung der Todesstrafe droht. Auf einen politischen Hintergrund der Bestrafung kommt es nicht an. Wem wegen eines politischen Delikts die Todesstrafe droht, kann sich auf die Verfolgung im Sinne der Flüchtlingskonvention berufen. Der subsidiäre Schutz trägt dem Gedanken Rechnung, dass die Tötung eines Menschen auch im Rahmen eines ansonsten rechtsstaatlichen Strafverfahrens gegen unsere Wertordnung verstößt. Der Person kann gegebenenfalls in Deutschland ein Strafverfahren drohen; im Übrigen kann ebenso wie beim Flüchtling der Ausschluss der Schutzberechtigung drohen, wenn der Antragsteller nachweislich ein schweres Verbrechen begangen hat. Eine Abschiebung in diesem Zusammenhang scheidet wegen der drohenden Todesstrafe aber aus.

Von der Abschiebung zu unterscheiden ist die Auslieferung. Hier steht der Auslieferungsantrag eines anderen Staates im Zentrum. Die gesetzlichen Regelungen hierzu finden sich, sofern es um Auslieferungen über die Grenzen der EU hinausgeht, im IRG, dem Gesetz über den internationalen Rechtsverkehr in Strafsachen. Entscheidungen über die Auslieferung treffen die Oberlandesgerichte (§ 13 Abs. 1 IRG), also nicht das Bundesamt. Auch eine Bundesamtsentscheidung ist für die Auslieferung an sich nicht verbindlich, das ordnet § 6 AsylG ausdrücklich an. Hieran zeigt sich, dass das Auslieferungsrecht und das Asylrecht getrennte Wege gehen, was nicht sehr überzeugend ist.

Aufgrund einer Zusicherung des ersuchenden Staates, eine Todesstrafe nicht zu verhängen oder sie nicht zu vollstrecken, kann eine Auslieferung zulässig sein oder werden. Ob dieses Prinzip bei einer Abschiebung angewendet werden kann, ist umstritten. Es hätte dann zur Folge, dass auch eine Abschiebung möglich wäre, wenn der Zielstaat der Abschiebung versichert, dass die Todesstrafe nicht verhängt oder vollstreckt wird.

4.2.2 Folter oder unmenschliche oder erniedrigende Behandlung oder Bestrafung (§ 4 Abs. 1 Nr. 2 AsylG)

Die Abgrenzung zwischen Folter, unmenschlicher und erniedrigender Behandlung muss hier nicht vollzogen werden, für die Handhabung des Schutztatbestandes ist das nicht erforderlich. Wichtig in diesem Zusammenhang ist es aber, zu wissen, dass diese Regelung auf den Wortlaut des Art. 3 der Europäischen Menschenrechtskonvention (EMRK) zurückgeht und dass die Begriffe auch im Sinne dieser Vorschrift auszulegen sind.

4. Der subsidiäre Schutz (§ 4 AsylG)

Art. 3 EMRK:
„Niemand darf der Folter oder unmenschlicher oder erniedrigender Strafe oder Behandlung unterworfen werden."

Da es hier ja um den subsidiären Schutz geht, scheiden Folter und unmenschliche (oder erniedrigende) Behandlung bzw. Strafe aus, die zugleich Verfolgung darstellen. Diese Fälle führen zum Flüchtlingsschutz.

Fälle, für die § 4 Abs. 1 Nr. 2 AsylG praktisch wird, können also nur dann vorliegen, wenn schwerwiegende Menschenrechtsverletzungen drohen, die nicht verfolgungsbezogen sind, weil sie z. B. in nicht diskriminierender Weise alle Bürger erfassen oder keinen bestimmten Verfolgungsgrund nach der Genfer Konvention erkennen lassen. Das können dann etwa menschenrechtswidrige Haftbedingungen oder Polizeimethoden sein. In Betracht kommen auch unverhältnismäßig hohe oder menschenunwürdige Strafen (z. B. Körperstrafen), insbesondere wenn die zugrundeliegenden Delikte in der Bundesrepublik gar nicht oder nur geringfügig bestraft werden.

Beispiel:
Auch die Sanktion des eritreischen Staates im Zusammenhang mit illegaler Ausreise und dem Verdacht der Wehrdienstentziehung gehört hierher – allerdings nur dann, wenn man hier nicht von einer Verfolgung nach der Genfer Konvention ausgeht. Nach der Auskunftslage kommt es im Falle von eritreischen Rückkehrern, die ihr Land zuvor ohne Ausreiseerlaubnis verlassen haben, zu Verhörmethoden und Sanktionen, die gegen Art. 3 EMRK verstoßen.

In Betracht kommt schließlich, auch die Fälle einer drohenden Verelendung im Herkunftsland über diese Norm zu lösen. Das ist allerdings noch umstritten. Mehr zu dieser Frage im Zusammenhang mit dem Abschiebungsverbot nach § 60 Abs. 5 AufenthG in Kap. III.5.2.

4.2.3 Zivile Opfer bei einem bewaffneten innerstaatlichen Konflikt (§ 4 Abs. 1 Nr. 3 AsylG)

Der wichtigste Fall des subsidiären Schutzes findet sich in der Nr. 3: Hier werden Zivilpersonen erfasst, denen willkürliche Gewalt infolge eines bewaffneten Konflikts in ihrem Herkunftsland und in

III. Die verschiedenen Schutzstatus

dieser Folge eine ernsthafte individuelle Gefahr für Leben oder körperliche Unversehrtheit droht. Zur Frage, was ein bewaffneter Konflikt ist, hat der EuGH in der Entscheidung Diakité (Urt. v. 30.01.2014, Az.: C-285/12) die Hürden für eine Anwendung der Norm gesenkt. Es ist nicht erforderlich, dass es sich um eine bewaffnete Auseinandersetzung im Sinne des Völkerrechts handelt und dass die beteiligten Verbände armeeartig oder sonst organisiert sind. Es genügt, dass es sich um eine bewaffnete Gruppe handelt, die entweder eine andere Gruppierung oder die Regierungstruppen bekämpft. Auch die etwaige Dauerhaftigkeit des Konflikts spielt keine Rolle. Zudem ist kein bestimmter Organisationsgrad der bewaffneten Streitkräfte für die Schutzzuerkennung erforderlich. § 4 Abs. 1 Nr. 3 AsylG kann damit die Kämpfe der Taliban in Afghanistan ebenso umfassen wie die Landgewinne der Al-Shabaab-Milizen in Somalia.

Auch dazu, wie die drohende Gefahr zu ermitteln ist, hat der EuGH eine wichtige Entscheidung (Elgafaij, Urt. v. 17.02.2009, Az.: C-465/07) getroffen: Das Merkmal „individuell" ist nämlich im Sinne von „konkret" auszulegen. Damit ist klar, dass sich die Gefahr nicht aus einer bestimmten individuellen Eigenschaft des Opfers ergeben muss, sondern dass es objektiv auf die Gefahrenlage ankommen kann. Freilich ist damit nicht ausgeschlossen, dass besondere persönliche Umstände, die die Gefahr erhöhen können, im Einzelfall herangezogen werden dürfen (z. B. eine berufliche Tätigkeit als Arzt oder Polizist oder der Umstand, dass es sich um schulpflichtige Kinder handelt). Die Sicherheitslage ist abstrakt zu ermitteln. Maßgeblich hierbei ist die Heimatregion des Antragstellers. Hierbei kann auch quantitativ vorgegangen werden, was in der Rechtsprechung auch geschieht, indem Opferzahlen und Bevölkerung aufgrund der Berichte in ein Verhältnis gesetzt werden. In einer Entscheidung des Bundesverwaltungsgerichts aus dem Jahr 2011 wurde eine Quote von 1:800 (das entspricht einer Prozentwahrscheinlichkeit von 0,125 %) als noch nicht ausreichend angesehen (BVerwG, Urt. v. 17.11.2011, Az.: 10 C 13.10). Allerdings kann in Afghanistan-Fällen bei der Handhabung des statistischen Materials die gegenwärtige Tendenz berücksichtigt werden, ebenso der Umstand, dass Zahlen von sicherheitsrelevanten Ereignissen durchaus selektiv weitergegeben werden.

5. Die nationalen Abschiebungsverbote (§ 60 Abs. 5 und 7 AufenthG)

> **Beispiel:**
> Die Kleinfamilie K (Ehepaar mit zwei schulpflichtigen Mädchen) stammt aus der afghanischen Provinz Logar. Die vorliegenden Zahlen weisen für 2015 in dieser Provinz auf eine steigende Wahrscheinlichkeit hin, Opfer zu werden. Die Quote lag 2015 aber unter 0,125 %. Gleichwohl kann ein subsidiärer Schutz gut begründet werden, weil für 2017 von einer steigenden Zahl auszugehen ist und außerdem bekannt ist, dass nicht jeder sicherheitsrelevante Vorfall gemeldet oder medial verbreitet wird. Schließlich fällt ins Gewicht, dass nach zuverlässigen Quellen gerade Kinder auf ihrem Weg zur Schule oder während des Schulbesuchs in Logar eine signifikante Opfergruppe ausmachen.

4.3 Interner Schutz und Ausschlussgründe

Das Gesetz verweist auf die §§ 3 ff. AsylG, so dass auch die Regeln über den internen Schutz, also die Möglichkeit, im Inland Schutz zu finden, als Ausschlussgrund gelten. Den Ausschluss wegen noch im Ausland begangener Kriegsverbrechen gibt es auch hier. Im Übrigen kann der subsidiäre Schutz versagt werden, wenn ein Antragsteller in seiner Person eine Gefahr für die Allgemeinheit oder die Sicherheit in der Bundesrepublik Deutschland darstellt.

5. Die nationalen Abschiebungsverbote (§ 60 Abs. 5 und 7 AufenthG)

5.1 Die Voraussetzungen des nationalen Abschiebeschutzes

Das deutsche Ausländerrecht kennt zwei weitere Tatbestände für Abschiebungsverbote, die allerdings nur noch dann vom Bundesamt geprüft werden, wenn Asyl und europäischer Schutz nicht eingreifen. Weil es sich um eine deutsche Regelung handelt, die nicht von der EU vorgegeben ist, spricht man hier auch von den nationalen Abschiebungsverboten oder dem nationalen Abschiebeschutz. Für eine gewisse Verwirrung sorgt, dass man diesen Schutz manchmal auch als „subsidiären Schutz" bezeichnet; in Abgrenzung zu § 4 AsylG nennt man ihn dann allerdings den „nationalen subsidiären Schutz".

III. Die verschiedenen Schutzstatus

Der nationale Abschiebeschutz greift ein, wenn dem Ausländer durch eine Abschiebung entweder eine Verletzung derjenigen Rechte droht, die durch die Europäische Menschenrechtskonvention geschützt sind (§ 60 Abs. 5 AufenthG) oder wenn ihm damit „eine erhebliche konkrete Gefahr für Leib, Leben oder Freiheit" droht (§ 60 Abs. 7 Satz 1 AufenthG).

5.2 Abschiebeschutz bei drohenden Menschenrechtsverletzungen (§ 60 Abs. 5 AufenthG)

An dieser Norm kann man gut erkennen, dass hinter den Abschiebeschutzregelungen kein durchdachtes Gesamtkonzept steht, die Vorschriften überschneiden sich. In § 60 Abs. 5 AufenthG verweist das Gesetz nämlich auf die Europäische Menschenrechtskonvention:

§ 60 Abs. 5 AufenthG:

„Ein Ausländer darf nicht abgeschoben werden, soweit sich aus der Anwendung der Konvention vom 4. November 1950 zum Schutze der Menschenrechte und Grundfreiheiten (BGBl. 1952 II S. 685) ergibt, dass die Abschiebung unzulässig ist."

Das Problem ist hier, dass sich § 60 Abs. 5 AufenthG, soweit er auf Art. 3 EMRK Bezug nimmt, mit § 4 Abs. 1 Nr. 2 AsylG überschneidet. Denn dort stehen Folter, erniedrigende oder unmenschliche Behandlung bzw. Strafe als Bedrohungsszenario im Mittelpunkt.

In den letzten Jahren kann die behördliche und auch gerichtliche Praxis beobachtet werden, die Fälle der drohenden Verelendung in einem Herkunftsland auch über § 60 Abs. 5 AufenthG in Verbindung mit Art. 3 EMRK zu lösen. Das geschieht jedenfalls dann, wenn diese Verelendung eine Intensität erreicht, die nicht durch staatliche oder familiäre Strukturen aufgefangen werden kann.

Beispiel:

A und B sind mit ihren drei minderjährigen Kindern aus Afghanistan in die Bundesrepublik gekommen. Im Herkunftsland haben sie keine Verwandten mehr. Nach der oben genannten Ansicht steht ihnen, sollte kein besserer Schutzstatus zuerkannt werden können, jedenfalls das Abschiebungsverbot nach § 60 Abs. 5 AufenthG in Verbindung mit Art. 3 EMRK zu (so etwa VGH München, Urteil v. 21.11.2014, Az.: 13a B 14.30284).

5. Die nationalen Abschiebungsverbote (§ 60 Abs. 5 und 7 AufenthG)

Diese Betrachtungsweise ist für Betroffene sicherlich hilfreich, vermittelt aber auch einen etwas halbherzigen Eindruck. Nimmt man die menschenrechtswidrige Lage ernst, so müsste eigentlich auf den subsidiären Schutz nach § 4 Abs. 1 Nr. 2 AsylG erkannt werden. So hat es ja auch der europäische Richtliniengeber vorgegeben, wenn er sagt, dass eine menschenrechtswidrige Behandlung zum subsidiären Schutz führt.

Außerhalb des Art. 3 EMRK lassen sich noch weitere Anwendungsfälle im Flüchtlingsschutz finden, diese sind aber eher selten. Zu nennen wären allenfalls die nicht sehr alltäglichen Fälle, dass einem Ausländer im Herkunftsland ein unfairer Prozess (Art. 6 EMRK) droht oder ihm dort Rechtsschutz und Beschwerderechte in einem bevorstehenden Verfahren abgeschnitten sind (Art. 13 EMRK). Sobald politische Gründe dahinterstehen, wird das alles auch vom Flüchtlingsschutz abgedeckt.

Es ließe sich hier auch an Art. 8 EMRK denken, der im Aufenthaltsrecht eine große Rolle spielt. Art. 8 EMRK schützt z. B. auch die Familieneinheit. Hier greift allerdings eine wichtige Ausnahme, die besagt, dass § 60 Abs. 5 AufenthG nur die im Zielstaat drohenden Schutzverletzungen erfasst. Da die Familientrennung aber nicht im Zielstaat der Abschiebung droht, fällt der nationale Abschiebeschutz hier weg. Das ist für den Betroffenen – nebenbei gesagt – aber nicht so einschneidend, weil er eine Duldung nach § 60a Abs. 2 Satz 1 AufenthG erhält mit der Perspektive auf eine Aufenthaltserlaubnis.

Beispiel:
B ist Vater eines Kindes geworden, das in Deutschland bleibeberechtigt ist. Er soll abgeschoben werden. Die drohende Verletzung der Familieneinheit und die dem Kind drohende Kindeswohlgefährdung durch die Trennung vom Vater realisieren sich nicht im Zielstaat, sondern in Deutschland und führen daher nicht zu einem nationalen Abschiebeverbot nach § 60 Abs. 5 AufenthG. B kann wegen der drohenden Familientrennung aber eine Duldung erhalten und später möglicherweise eine Aufenthaltserlaubnis bekommen.

Deckungsgleich ist der nationale Abschiebeschutz in § 60 Abs. 5 AufenthG bei der Frage der nichtstaatlichen Verfolgung.

5.3 Abschiebeschutz nach § 60 Abs. 7 AufenthG

5.3.1 Anwendungsfälle

Der Abschiebeschutz nach § 60 Abs. 7 AufenthG hat tatsächlich noch eine wichtige Bedeutung, und zwar immer dann, wenn die Gefahr im Zielstaat nicht mehr von einer Verfolgung ausgeht, sondern auf Umstände und Verhältnisse zurückzuführen ist, die eine individuelle Lebensgefahr begründen. Hier lassen sich drei Gruppen denken:

a) Gefahren aus einer allgemeinen katastrophalen Versorgungssituation, die zu Hunger und Verelendung führt,

b) eine gesundheitliche Extremgefahr infolge mangelnder medizinischer Versorgung bei einem bereits in Deutschland erkrankten Ausländer,

c) Gefahren infolge von Naturkatastrophen; ein Bereich, der erst in den letzten Jahren diskutiert wird, und der Klimafolgen, Dürren und Überschwemmungen ebenso umfassen könnte wie Reaktorunfälle.

5.3.2 Gefahr der Verelendung und des Hungers

Der Betroffene muss die Gefahr der Verelendung mit einer beachtlichen Wahrscheinlichkeit dartun. Außerdem muss diese Gefahr konkret sein und mit dem besonderen Charakter des Betroffenen und seiner Situation zu tun haben. Allgemeine Gefahren, die jeden in einem betreffenden Herkunftsland treffen, werden hier nicht berücksichtigt (§ 60 Abs. 7 Satz 5 AufenthG). In diesen Fällen ist allenfalls eine Duldung möglich. Kommen aber mehrere individuelle Gründe zusammen, dann kann bei schutzbedürftigen Menschen ohne Familienbezug im Herkunftsstaat ein nationales Abschiebungsverbot zuteil werden, wenn Hunger und Verelendung zur Lebensbedrohung werden.

Wie oben bereits ausgeführt, werden die Fälle einer lebensbedrohlichen Versorgungssituation zunehmend über § 60 Abs. 5 AufenthG in Verbindung mit Art. 3 EMRK gelöst. Das hat den Vorteil, dass der Ausschluss für allgemeine Gefahren dann auch nicht mehr eingreift.

5. Die nationalen Abschiebungsverbote (§ 60 Abs. 5 und 7 AufenthG)

5.3.3 Lebensgefahr wegen nicht ausreichender medizinischer Versorgung

Beispiel:
B leidet unter einer schwerwiegenden insulinpflichtigen Diabetes. In seinem Herkunftsstaat Äthiopien ist das Insulin aber nach Aussage von Ärzten nicht für B verfügbar (auch nicht in anderen Teilen des Landes). Im Übrigen stehen B auch keine Mittel zur Verfügung, Insulin kühl zu lagern. In diesem Fall kann ein Abschiebeverbot ausgesprochen werden, wenn B infolge der dann unterbleibenden medizinischen Versorgung mit dem baldigen Tod oder einer wesentlichen Gesundheitseinbuße zu rechnen hätte.

Der Gesetzgeber hat hier mit dem Asylpaket II klargestellt, dass die Gesundheitsversorgung nicht an deutschen Verhältnissen zu messen ist, außerdem genügt es, wenn die Gesundheitsversorgung in einem einzelnen Landesteil möglich ist. Hinzu kommt, dass es sich um „lebensbedrohliche oder schwerwiegende Erkrankungen" handeln muss, die sich durch die Abschiebung „wesentlich verschlechtern". Das leuchtet ein, wurde so aber auch früher nicht anders gesehen. Es kommt noch immer auf die eminente gesundheitliche Verschlechterung an oder die Lebensgefahr, die durch die Nichtbehandlung entsteht. Die Nichtbehandlung muss nicht daran liegen, dass ein Medikament oder eine Behandlungsmethode im Land überhaupt nicht zur Verfügung stehen. Es kommt darauf an, ob sie konkret dem Antragsteller zugänglich sind. Zu fragen ist also, ob ein Medikament von einer Krankenversicherung, dem staatlichen Gesundheitsamt oder anderen Institutionen zu einem verhältnismäßigen Preis zur Verfügung gestellt wird. Das kann schließlich auch der Schwarzmarkt sein, wenn der Antragsteller die Preise zu zahlen in der Lage ist. Nicht zu unterschätzen ist auch der Aspekt der Lagerung: Bei bestimmten Medikamenten scheidet eine Versorgung aus, wenn keine Kühlmöglichkeiten bestehen.

Der Antrag auf Zuerkennung eines medizinisch begründeten Abschiebungsverbots setzt daher folgende einzelne Nachweise voraus:

- Attest über eine schwerwiegende Erkrankung (bei PTBS: fachärztliches Attest)
- Beschreibung der erforderlichen Therapie und Medikation

III. Die verschiedenen Schutzstatus

- gesundheitliche Folgen einer unterbleibenden Therapie oder Medikamenteneinnahme
- Verfügbarkeit der betreffenden Therapie und Medikamente im Herkunftsland

5.4 Fazit

Das nationale Abschiebungsverbot erfasst somit diejenigen Ausländer, denen andere Gefahren jenseits von Verfolgung oder Gefahr nach § 4 AsylG drohen. Es ist daher als Auffangtatbestand gut geeignet, auch um einzelne Fälle zu lösen.

6. Übersicht: Die verschiedenen Schutztatbestände

Bezeichnung	Gesetzlicher Tatbestand	Voraussetzungen
Asylberechtigung	Art. 16a GG	(hier nicht behandelt, weil in der Praxis selten)
Flüchtlingseigenschaft	§ 3 AsylG, § 60 Abs. 1 AufenthG, Genfer Flüchtlingskonvention	begründete Furcht vor Verfolgung (im Sinne der fünf Verfolgungsgründe)
Subsidiärer Schutz	§ 4 AsylG	stichhaltige Gründe für einen ernsthaften Schaden im Herkunftsland (§ 4 Abs. 1 Nr. 1–3 AsylG)
Nationale Abschiebungsverbote	§ 60 Abs. 5 und 7 AufenthG	drohende Verelendung mit der Intensität einer Menschenrechtsverletzung (EMRK) oder drohende wesentliche Gesundheitsverschlechterung bei einer bereits schwerwiegenden Erkrankung

IV. Folgen und Wegfall der Anerkennung

1.	Die Aufenthaltserlaubnis	93
1.1	Grundsatz	93
1.2	Einschränkungen und Bedingungen	94
1.3	Sonderfall: der „antragsunabhängige Aufenthalt" bei § 25 Abs. 1 und 2 AufenthG	94
2.	Passerteilung	95
2.1	Grundsatz der Passpflicht	95
2.2	Der Flüchtlingspass	96
2.3	Reiseausweis für Ausländer („grauer Pass")	97
2.4	Schutzzuerkennung und Reiseausweis	98
3.	Die Wohnsitzbeschränkung für Schutzberechtigte (§ 12a AufenthG)	99
3.1	Offizielles Ziel der Regelung	99
3.2	Die vier Formen der Wohnsitzbeschränkung des § 12a AufenthG	100
3.3	Ausnahmen von der Wohnsitzbeschränkung	101
3.4	„Altfälle"	101
3.5	Konsequenzen bei einer Verletzung der Wohnsitzbeschränkung	101
4.	Der Familiennachzug zu Schutzberechtigten	102
4.1	Grundsatz des Familiennachzugs	102
4.2	Familiennachzug zu anerkannten Flüchtlingen und Asylberechtigten	104
4.3	Familiennachzug zu subsidiär Schutzberechtigten	105
4.4	Familiennachzug und nationale Abschiebungsverbote	106
4.5	Elternnachzug (§ 36 Abs. 1 AufenthG)	107
4.6	Familiennachzug und Schutzberechtigung: Übersicht	107
4.7	Das Verfahren des Familiennachzugs	108

5.	Familienasyl und internationaler Schutz bei Familien (§ 26 AsylG)	110
5.1	Begriff des Familienasyls bzw. internationaler Familienschutz	110
5.2	Familienschutz für Ehegatten	112
5.3	Familienschutz für minderjährige ledige Kinder (§ 26 Abs. 2 AsylG)	113
5.4	Familienschutz für Eltern und Geschwister von Anerkannten (§ 26 Abs. 3 AsylG)	114
6.	Erlöschen, Widerruf und Rücknahme der Schutzberechtigung	115
6.1	Erlöschen der Flüchtlingsanerkennung und Asylberechtigung	115
6.2	Widerruf der Schutzberechtigung	117
6.3	Rücknahme	118
6.4	Schaubild	119
7.	Aufenthaltsverfestigung bei Schutzberechtigten	120
7.1	Grundsatz	120
7.2	Die unbefristete Aufenthaltserlaubnis	120
7.3	Die Einbürgerung	123

IV. Folgen und Wegfall der Anerkennung

1. Die Aufenthaltserlaubnis

1.1 Grundsatz

Die wichtigste Folge aus der Schutzzuerkennung ist der erlaubte Aufenthalt. Menschen, die nicht wieder in ihr Herkunftsland zurückkehren können, sind eben genau auf diesen Schutz angewiesen. Das ist ja auch der Grundgedanke beim Non-Refoulement. Den Anerkannten werden der Aufenthalt und die Wiedereinreise in das Bundesgebiet erlaubt. Eine häufig gestellte Frage in der Beratung ist die nach der Dauer dieses Aufenthalts, der aus der Schutzanerkennung folgt. Hier ist wieder auf die Zweiteilung des Verfahrens hinzuweisen: Das Bundesamt selbst hat nur über den Schutzantrag entschieden, die Ausländerbehörde entscheidet sodann über die Erteilung der sich aus § 25 AufenthG ergebenden Aufenthaltserlaubnisse. Für die Aufenthaltsperspektive des Anerkannten bedeutet das aber auch, dass der Aufenthalt immer wieder zu verlängern ist, solange der Schutzstatus vom Bundesamt nicht wieder beseitigt worden ist. Auch für Widerruf oder Rücknahme ist nicht die Ausländerbehörde zuständig, sondern das Bundesamt.

Die Aufenthaltserlaubnisse werden wie folgt erteilt:

Schutzstatus	Aufenthalt	Mindestdauer bei Ersterteilung	Erwerbstätigkeit
Asylanerkennung	§ 25 Abs. 1 AufenthG	3 Jahre	unbeschränkt erlaubt
Flüchtlingsanerkennung	§ 25 Abs. 2, 1. Alt. AufenthG	3 Jahre	unbeschränkt erlaubt
Subsidiärer Schutz	§ 25 Abs. 2, 2. Alt. AufenthG	1 Jahr (2 Jahre bei Verlängerung)	unbeschränkt erlaubt
Nationale Abschiebungsverbote	§ 25 Abs. 3 AufenthG	1 Jahr	Sonderregeln, aber praktisch unproblematisch

IV. Folgen und Wegfall der Anerkennung

Die Beseitigung der Schutzgewährung erfolgt allein im Wege von Widerruf und Rücknahme, was derzeit aber nicht auf der Tagesordnung steht. Sicherlich kommt es vor, dass das Bundesamt vereinzelt eine Schutzanerkennung zurücknimmt, weil eine Täuschung im Spiel war, aber Widerrufe wegen einer Verbesserung der Verhältnisse im Herkunftsland stehen nicht bevor.

1.2 Einschränkungen und Bedingungen

Auf die Erteilung der Erlaubnisse nach § 25 Abs. 1 und 2 AufenthG hat der Schutzberechtigte einen Anspruch. Die Ausländerbehörde prüft allerdings durch Abfrage bei den deutschen Sicherheitsdiensten (Verfassungsschutz, BND, BKA u. a.), ob es entgegenstehende gewichtige Sicherheitsinteressen gibt. Das führt dann häufig zu Verzögerungen bei der Erteilung.

Im Fall des § 25 Abs. 3 AufenthG „soll" die Aufenthaltserlaubnis erteilt werden, die Ausländerbehörde kann diese Erlaubnis aber verweigern, wenn der Ausländer in einem anderen Staat Aufenthalt nehmen kann. Dieser Verweigerungsgrund ist aber sehr viel seltener anzutreffen, als man bei Lektüre der Vorschrift meinen könnte.

1.3 Sonderfall: der „antragsunabhängige Aufenthalt" bei § 25 Abs. 1 und 2 AufenthG

Eine wichtige Besonderheit besteht für die Erlaubnisse nach § 25 Abs. 1 und 2 AufenthG. Hier begründet das Gesetz eine „antragsunabhängige Aufenthaltserlaubnis", die dadurch entsteht, dass der Ausländer die Anerkennung erhält, ohne dass er dazu schon ein Aufenthaltsdokument erhalten haben bzw. sogar zur Ausländerbehörde gegangen sein muss.

Gerade in Zeiten langer Wartefristen bei den Ausländerbehörden hat sich diese Vorschrift als großer Vorteil herausgestellt. Die Ausländerbehörden erteilen den anerkannten Ausländern daher beim ersten Besuch schon eine „Fiktionsbescheinigung", die diesen erlaubten Aufenthalt bescheinigt. Wie schon bei der Verlängerung eines befristeten Aufenthalts (§ 81 Abs. 4 AufenthG) besteht die Fiktion darin, dass der Aufenthalt „als erlaubt" gilt.

Dieses Papier wird dann später gegen die Aufenthaltserlaubnis, die ja zumeist als Chipkarte erteilt wird, ausgetauscht.

Welchen Vorteil diese Regelung hat, die übrigens auch für den subsidiär Schutzberechtigten gilt, zeigt dieses Beispiel:

> **Beispiel:**
> F aus Syrien hat während seines Asylverfahrens ein Studium aufgenommen. Am 23.10.2017 erhält er den Bescheid, dass ihm der subsidiäre Schutz zuerkannt wird. Die Ausländerbehörde kann ihm zur Erteilung der Aufenthaltserlaubnis (nach § 25 Abs. 2, 2. Alt. AufenthG) erst für Februar 2018 einen Termin geben. Trotzdem ist F bereits mit Erhalt des positiven Bescheides zum Bezug von BAföG berechtigt, denn er „besitzt" bereits den Aufenthalt, der nach § 8 BAföG grundsätzlich zu Leistungen berechtigt.

Die antragsunabhängige Aufenthaltserlaubnis gibt es im Falle des § 25 Abs. 3 AufenthG (also bei den nationalen Abschiebungsverboten) nicht.

2. Passerteilung

2.1 Grundsatz der Passpflicht

Nach § 3 AufenthG ist jeder Ausländer, der sich rechtmäßig in der Bundesrepublik aufhalten will, verpflichtet, einen Pass zu besitzen. Zugleich ist der Pass die Voraussetzung, um reisen zu können, da die meisten anderen Staaten an den zulässigen Grenzübertritt den Besitz eines Passes knüpfen. Auch bei der Wiedereinreise in die Bundesrepublik benötigt der drittstaatsangehörige Ausländer einen Pass. Am Rande: Wer etwa EU-freizügigkeitsberechtigt ist, benötigt für die Einreise in den EU-Binnenraum und innerhalb dieses Raumes mindestens einen Personalausweis.

Die Kontaktstelle, die für die Erteilung eines Passes für einen Ausländer zuständig ist, ist die konsularische Vertretung seines Heimatlandes, also das örtliche Konsulat oder die Botschaft in Berlin. Hieraus ergeben sich zwei Konsequenzen, es kann erstens der Fall eintreten, dass dem Ausländer aufgrund seiner Verfolgung der Kontakt mit seiner Heimatvertretung nicht mehr zugemutet werden kann. Das erklärt die Existenz des Flüchtlingspasses. Zweitens ist auch bei Personen, die sich an ihre Heimatvertretung wenden können, nicht gewährleistet, dass sie auch einen Pass erhalten. Die Erteilung ist

IV. Folgen und Wegfall der Anerkennung

auch von der Mitwirkung der Heimatvertretung abhängig. Falls es dann trotz Bemühens nicht zu einer Passerteilung kommt, kann ein Passersatz der deutschen Ausländerbehörde erteilt werden.

§ 48 Abs. 2 AufenthG:

„Ein Ausländer, der einen Pass oder Passersatz weder besitzt noch in zumutbarer Weise erlangen kann, genügt der Ausweispflicht mit der Bescheinigung über einen Aufenthaltstitel oder die Aussetzung der Abschiebung, wenn sie mit den Angaben zur Person und einem Lichtbild versehen und als Ausweisersatz bezeichnet ist."

Dieser Ausweisersatz ermöglicht es dem Ausländer, unbehelligt von der Ausländerbehörde zu leben, das Reisen ist allerdings nicht möglich.

Beispiel:

Der äthiopische Staatsangehörige R besitzt keinen Pass, genügt aber mit einem Ausweisersatz nach § 48 Abs. 2 AufenthG der Passpflicht. Von den deutschen Behörden wird er nicht mehr zu einer weiteren Mitwirkung an der Passbeschaffung aufgefordert. Er macht sich auch nicht strafbar. Der Nachteil für ihn ist aber, dass er nicht reisen kann. Dazu müsste er einen Pass oder einen von den deutschen Behörden ausgestellten Reiseausweis für Ausländer haben.

2.2 Der Flüchtlingspass

2.2.1 Allgemeines

Der Flüchtlingspass bzw. der "Reiseausweis für Flüchtlinge" ist einer der beiden Reiseausweise, die deutsche Behörden an Ausländer ausgeben. Der Flüchtlingspass wird auch "Konventionalpass" genannt, was daran liegt, dass der Anspruch des Flüchtlings, einen solchen Pass zu erhalten, in der Genfer Flüchtlingskonvention geregelt ist. Dieser Pass hat in Deutschland eine blaue Farbe und wird daher auch "blauer Pass" genannt. Einen ausländischen Flüchtlingspass erkennt man sehr gut daran, dass er die Konvention vom 23.07.1951 erwähnt, damit ist die Genfer Flüchtlingskonvention gemeint. Hintergrund dieser Regelung ist, dass der Flüchtling mit dem Verlust des Schutzes, den er von seinem Herkunftsstaat erhält, auch die Möglichkeit verliert, einen Pass zu erhalten. Ohne Konventionspass würde er nicht mehr reisen können. Es ist ihm aber auch nicht zuzumuten, mit dem Staat, der ihn verfolgt, Kontakt aufzunehmen. Außerdem ist es ihm nicht anzuraten, denn es führt nach § 72 AsylG zu einem Erlöschen seines Flüchtlingsstatus, wenn er sich durch Beantragung eines Reisepasses wieder unter den Schutz seines Verfolgerstaates stellt.

2.2.2 Erteilungsvoraussetzungen

Der Flüchtlingspass wird dem Asylberechtigten und dem anerkannten Flüchtling erteilt. Zuständig ist die Ausländerbehörde.

2.2.3 Im Pass ausgewiesene Personalien

Der anerkannte Flüchtling erhält zwar einen Reiseausweis, damit aber sind für ihn noch nicht alle Probleme gelöst. Der Ausweis dient eben nicht nur der Reise, sondern auch, um die eigene Identität nachzuweisen. Wenn der anerkannte Flüchtling keine Nachweise für seine Identität vorlegen kann (z. B. einen abgelaufenen Nationalpass u. ä.), wird die Ausländerbehörde den Zusatz in den Pass eintragen: „Personalien beruhen auf den Angaben des Inhabers." Schwierigkeiten bei den Banken (wegen Kontoeröffnung oder Kredit) gibt es damit nicht mehr; es bleiben aber wichtige Lebensbereiche, bei denen die Identität eine große Rolle spielt. Das reicht von Schwierigkeiten, einen Führerschein zu erhalten, die Geburtsurkunde für das eigene Kind oder auch einen Arbeitsvertrag, wenn die Tätigkeit in sicherheitsrelevanten Bereichen erfolgt (z. B. auf einem Flughafen, auf den dann § 7 LuftsichG Anwendung findet).

2.3 Reiseausweis für Ausländer („grauer Pass")

Weniger komfortabel gestaltet sich die Passlage für den subsidiär Schutzberechtigten. Er hat keinen Anspruch auf einen Konventionspass. In Betracht kommt für ihn die Erteilung des Reiseausweises für Ausländer („grauer Pass"). Maßstab hierfür ist § 5 AufenthV. Ein solcher Reiseausweis kann einem Ausländer von den deutschen Behörden erteilt werden, wenn der Betreffende keinen Pass hat und „ihn nicht auf zumutbare Weise erlangen kann" (§ 5 Abs. 1 AufenthV). Gegenüber der Behörde kann man auch auf Art. 24 Abs. 2 der Qualifikationsrichtlinie verweisen: Nach Art. 24 Abs. 2 QRL „stellen die Mitgliedstaaten Personen, denen der subsidiäre Schutzstatus zuerkannt worden ist" und die keinen nationalen Pass erhalten

IV. Folgen und Wegfall der Anerkennung

können, Dokumente für Reisen außerhalb ihres Hoheitsgebiets aus, „es sei denn, dass zwingende Gründe der nationalen Sicherheit oder öffentlichen Ordnung dem entgegenstehen."
Damit hat auch der subsidiär Schutzberechtigte einen Anspruch, manche Ausländerbehörden legen aber die Worte „für Reisen" so eng aus, dass sie nach der konkret geplanten Reise fragen, bevor sie den Pass zeitlich beschränkt dazu ausstellen. Eine solche Auslegung ist allerdings überspannt, es gibt keinen Hinweis, dass die Richtlinie nicht allgemein das Reisen im Auge hatte.

2.4 Schutzzuerkennung und Reiseausweis

Damit ergibt sich die folgende Übersicht, was den Passbesitz angeht.

Schutzstatus	Pass	Bemerkungen
Asylanerkennung	Flüchtlingspass	Verpflichtung der Staaten zur Ausstellung eines Reiseausweises für Flüchtlinge (Art. 28 GK, Art. 24 Abs. 1 QRL)
Flüchtlingsanerkennung	Flüchtlingspass	Verpflichtung der Staaten zur Ausstellung eines Reiseausweises für Flüchtlinge (Art. 28 GK, Art. 24 Abs. 1 QRL)
Subsidiärer Schutz	Nationalpass oder Reiseausweis für Ausländer	Verpflichtung der Staaten zur Ausstellung eines Reiseausweises (Art. 24 Abs. 2 QRL), sonst nach allgemeinen Regeln § 5 AufenthV
Nationale Abschiebungsverbote	Nationalpass (Reiseausweis für Ausländer, Ausweisersatz)	Es gelten die allgemeinen Regeln. Soweit der Berechtigte seinen Nationalpass nicht erhalten kann, kann er unter den Voraussetzungen des § 5 AufenthV einen Reiseausweis für Ausländer bekommen. Er kann auch einen Ausweisersatz erhalten.

3. Die Wohnsitzbeschränkung für Schutzberechtigte (§ 12a AufenthG)

3.1 Offizielles Ziel der Regelung

Mit dem Integrationsgesetz und dem neuen § 12a AufenthG hat der Gesetzgeber 2016 eine Wohnsitzbeschränkung eingeführt, die vier einzelne Regelungen hat. Von § 12a AufenthG betroffen sind alle, die eine Schutzzuerkennung erhalten haben, auch Asylberechtigte und anerkannte Flüchtlinge. Die Wohnsitzbeschränkung gilt für drei Jahre gerechnet ab dem Tag der erstmaligen Erteilung der Aufenthaltserlaubnis nach § 25 AufenthG. Nur die erste dieser Regelungen (§ 12a Abs. 1 AufenthG) gilt kraft Gesetzes im ganzen Bundesgebiet, die anderen drei bedürfen einer Umsetzung durch die Länder. Das ist in einigen Ländern bereits geschehen (z. B. in Bayern, NRW), manche haben erklärt, darauf zu verzichten. Die vierte Regelung ist, soweit ersichtlich, noch überhaupt nicht umgesetzt worden. Bei der Beratung von Ausländern ist somit das Landesrecht zu beachten.

Auf der ersten – bundesweit geltenden Stufe – will das Gesetz verhindern, dass Anerkannte ohne Zustimmung der Behörden ihr Bundesland wechseln. Die anderen Stufen betreffen die Wohnsitzaufnahme innerhalb des Bundeslandes. Die offizielle Gesetzesbegründung ist die Verhinderung von Ghettobildung und die Erleichterung der Integration. Das ist vielfach kritisiert worden, insbesondere auch deswegen, weil die Regelung auch die freie Wohnsitznahme von Flüchtlingen einschränkt. Hier sei erinnert, dass es erst 2007 das Bundesverwaltungsgericht war, das eine Wohnsitzbeschränkung für Flüchtlinge, die man aus sozialpolitischen Gründen (wegen der Verteilung der Soziallasten) eingeführt hatte, wegen der Genfer Konvention für rechtswidrig hielt. Der Gesetzgeber hat hieraus Konsequenzen gezogen und begründet die neue Wohnsitzbeschränkung nun integrationspolitisch. Es ist abzusehen, dass auch diese Regelung die höchsten Gerichte beschäftigen wird.

Die Wohnsitzbeschränkung wird auf Antrag des Ausländers gestrichen, wenn einer der Ausnahmetatbestände vorliegt, die das Gesetz in § 12a Abs. 5 AufenthG näher umschrieben hat. Hierzu zählen, kurz gesagt, die Arbeitsaufnahme, Ausbildung oder der Umstand, dass es an einem anderen Ort noch Familienmitglieder gibt.

IV. Folgen und Wegfall der Anerkennung

3.2 Die vier Formen der Wohnsitzbeschränkung des § 12a AufenthG

3.2.1 Die Beschränkung auf das Bundesland (§ 12a Abs. 1 AufenthG)

Diese Regelung gilt bundesweit; sie verpflichtet diejenigen, die nach dem 01.01.2016 eine Aufenthaltserlaubnis nach § 25 AufenthG erhalten haben oder erhalten, in dem Bundesland zu wohnen, in dem sie auch schon ihr Asylverfahren durchlaufen haben. Wohnsitzbeschränkungen schließen natürlich nicht die Mobilität aus, Besuche und auch längere Abwesenheiten sind zulässig, solange nicht der Wohnsitz, also der Lebensmittelpunkt, in ein anderes Bundesland verlagert wird.

3.2.2 Die beiden Tatbestände der Zuweisung an bestimmte Orte innerhalb des Bundeslands (§ 12a Abs. 2 und 3 AufenthG)

Ausländer können – allerdings nur, wenn Landesrecht dies vorsieht – verpflichtet werden, nach ihrer Anerkennung an einem bestimmten Ort Wohnung zu nehmen. Das betrifft zum einen die Gruppe derer, die noch in einer Erstaufnahmeeinrichtung oder einer anderen vorübergehenden Unterkunft wohnen (Abs. 2). Hier gibt es aber eine Frist, innerhalb derer die Zuweisung zu erfolgen hat (in der Regel sechs Monate mit der Option einer einmaligen Verlängerung um weitere sechs Monate). Die Wohnpflicht am Ort der Zuweisung gilt dann bis zum Ende des dritten Jahres. In Abs. 3 wird die Behörde ermächtigt, auch andere Personen, die also nicht mehr in einer Erstaufnahmeeinrichtung wohnen, an bestimmte andere Orte zu verweisen, wenn dies die Integration erleichtert. Die Zuweisung ist aber nur innerhalb von sechs Monaten nach Anerkennung oder der ersten Erteilung der Aufenthaltserlaubnis möglich.

3.2.3 Verbot der Wohnsitznahme bzw. „negative Zuweisung"

Das Gesetz gestattet es dem Landesgesetzgeber, einen Ausländer aus seinem Wohngebiet in ein anderes zu verweisen, wenn „zu erwarten ist, dass der Ausländer Deutsch dort nicht als wesentliche Verkehrssprache nutzen wird". Auch hier ist die Zuweisung nur innerhalb der ersten sechs Monate nach Erteilung der Aufenthaltserlaubnis zulässig. Sie gilt dann aber bis zum Ende der Wohnsitzbeschränkung (also bis zum Ende des dritten Jahres). Diese „negative Zuweisung" ist derzeit in keinem Bundesland umgesetzt.

3. Die Wohnsitzbeschränkung für Schutzberechtigte (§ 12a AufenthG)

3.3 Ausnahmen von der Wohnsitzbeschränkung

Da die gesetzliche Regelung die Integration von Ausländern zum Ziel hat, ist es folgerichtig, dass eine behördliche Bestimmung des Wohnortes wegfällt, sofern der Ausländer sich beruflich integriert. In § 12a Abs. 5 AufenthG sind diese Fälle genannt. Auf Antrag wird die Wohnsitzbeschränkung aufgehoben, wenn der Ausländer eine sozialversicherungspflichtige Berufstätigkeit in Aussicht hat, die die eigene Existenz sichert (hier kann als Mindesteinkommen für eine alleinstehende Person der Betrag von 715 Euro genannt werden), oder wenn er eine Berufsausbildung oder ein Studium aufnehmen kann. Hierzu gehören auch berufsvorbereitende Maßnahmen, Berufsorientierung und Studienkollegs (als Vorbereitung des Studiums). Im Sinne der Integration ist das Feld hier aber auch zu erweitern (was Ausländerbehörden auch tun) auf studienvorbereitende Sprachkurse oder Praktika.

Auf diese Ausnahmen kann der Ausländer sich auch berufen, wenn nicht er selbst, aber ein Ehegatte, eingetragener Lebenspartner oder ein minderjähriges Kind Ausbildung oder Berufstätigkeit an einem anderen Ort ausüben können. Schließlich gilt, dass die Wohnsitzregelung aufzuheben ist, wenn der Ehegatte, ein eingetragener Lebenspartner oder minderjährige ledige Kinder an einem anderen Ort leben.

3.4 „Altfälle"

Die Wohnsitzregelung ist erst im August 2016 in Kraft getreten, regelte aber die Wohnung von Ausländern, denen nach dem 01.01.2016 eine Aufenthaltserlaubnis nach § 25 AufenthG erteilt wird oder wurde. Es gab daher eine Reihe von Personen, die im Vertrauen auf die alte Rechtslage im Frühjahr 2016 umgezogen sind, bevor die Regelung rückwirkend in Kraft trat. Für diese Menschen wurde durch eine Vereinbarung der Bundesländer eine Übergangsregelung gefunden, die es den Betroffenen ermöglichte, in dem neuen Bundesland weiterzuleben, statt wieder in das ursprüngliche Bundesland zurückzukehren.

3.5 Konsequenzen bei einer Verletzung der Wohnsitzbeschränkung

Der Ausländer, der sich entgegen einer Wohnsitzregelung an einem Ort niederlässt, läuft Gefahr, dass das Sozialamt Leistungen mit

IV. Folgen und Wegfall der Anerkennung

dem Argument der Unzuständigkeit verweigert. Der Betroffene kann aber bei dem örtlich gelegenen Sozialamt im Bedarfsfall eine vorübergehende Hilfe beantragen. Klagen gegen die Wohnsitzbeschränkung haben keine aufschiebende Wirkung. Hält der Ausländer die Entscheidung der Behörde für rechtswidrig, muss er sich dieser erst einmal beugen, es sei denn, dass er erfolgreich ein Eilverfahren führt.

4. Der Familiennachzug zu Schutzberechtigten

4.1 Grundsatz des Familiennachzugs

4.1.1 Der in Deutschland lebende „Stammberechtigte"

Das Recht, die eigene ausländische Familie nach Deutschland nachziehen zu lassen, steht nicht jedem zu, der in Deutschland lebt. Hier ist zu unterscheiden. Deutsche (§ 28 AufenthG) und freizügige EU-Bürger in Deutschland (§ 3 FreizügG/EU) sind hierzu grundsätzlich berechtigt, bei den anderen Ausländern hängt dies von deren Aufenthaltsstatus ab. Wer als Ausländer dazu berechtigt ist, erfährt man durch Lektüre der §§ 29, 30, 32 und 36 AufenthG. Dort finden sich auch die Vorschriften für den Familiennachzug zu schutzberechtigten Ausländern.

4.1.2 Familienbegriff – nachzugsberechtigte Familienmitglieder

Maßgeblich ist nicht nur, wer in Deutschland nach dem Nachzug seiner ausländischen Familie ruft, sondern auch, welche Familienmitglieder nachreisen wollen. Das Familiennachzugsrecht differenziert hier zwischen der Kernfamilie – das sind Ehegatten (und natürlich auch eingetragene Lebenspartner, sofern sie von der neuen Regelung der Ehe für gleichgeschlechtliche Paare noch keinen Gebrauch gemacht haben) – und minderjährige ledige Kinder. Es genügt für den Familiennachzug zu Schutzberechtigten, dass die Kinder bei Antragstellung unter 18 Jahre alt sind; die im sonstigen Ausländerrecht anzutreffende Einschränkung beim selbstständigen Nachzug von Kindern über 16 Jahren (§ 32 Abs. 1 AufenthG) gilt hier nicht.

Die Eltern von minderjährigen ledigen Kindern gehören zur Kernfamilie, sie haben aber ihren eigenen Paragrafen, nämlich den § 36 Abs. 1 AufenthG. Alle übrigen Fälle von Familiennachzug, also beispielsweise Geschwister zu Geschwistern oder Eltern zu erwachsenen Kindern – oder umgekehrt – fallen unter den „sonstigen

4. Der Familiennachzug zu Schutzberechtigten

Familiennachzug". Der ist in § 36 Abs. 2 AufenthG erfasst und steht unter der besonders hohen Voraussetzung, dass der Nachzug zur Vermeidung einer „besonderen Härte" erfolgt.

Der Nachzug im Falle von Ehegatten oder Kindern hat für die Beteiligten den Vorteil, dass hier wegen der Grundrechtsbezogenheit (dem Schutz der Familie) der Spielraum der Behörden für eine Ablehnung deutlich kleiner ist als bei dem „sonstigen Familiennachzug".

4.1.3 Vorliegen der allgemeinen Erteilungsvoraussetzungen

Außerdem müssen in der Regel auch die allgemeinen Erteilungsvoraussetzungen vorliegen, etwa Wohnung und Lebensunterhalt. Dieser Hinweis ist hier wichtig, weil es für den Familiennachzug zu Schutzberechtigten Erleichterungen gibt, wenn der Familiennachzug rechtzeitig angezeigt wird (§ 29 Abs. 2 Satz 2 Nr. 1 AufenthG). Im Übrigen setzt der Familiennachzug voraus, dass das Familienmitglied einen Pass besitzt und mit dem richtigen Visum eingereist ist.

4.1.4 Besonderheiten beim Ehegattennachzug

Der Ehegattennachzug ist an den Nachweis bestimmter Sprachkenntnisse geknüpft; es gibt allerdings eine Reihe von Ausnahmen im Gesetz. Auch die Rechtsprechung behandelt diese Frage differenziert. Von Interesse ist hier aber, dass bei den Ehegatten von Schutzberechtigten von dem obligatorischen Sprachnachweis abgesehen wird, sofern die Ehe mit dem Schutzberechtigten vor der Einreise geschlossen worden ist (§ 30 Abs. 1 Satz 2 Nr. 1 AufenthG). Es genügt daher eine Heirat in einem Transitland auf der Flucht. Es wird nicht wie beim Familienflüchtlingsschutz verlangt, dass die Ehe bereits im Land der Verfolgung geschlossen worden ist.

Da der Nachzug eines Ehegatten nur gewährt wird, um die eheliche Lebensgemeinschaft zu führen, muss eine entsprechende Absicht bestehen. Dies führt in den Visumverfahren bei Angehörigen von Schutzberechtigten selten zu Schwierigkeiten. Gleichwohl ist dieser Punkt bei der Beratung im Blick zu behalten, wie das folgende Beispiel zeigt:

Beispiel:

S war 2012 als Flüchtling in die Bundesrepublik gekommen, nach einem sehr langen Asylverfahren wird er 2017 anerkannt

IV. Folgen und Wegfall der Anerkennung

und möchte seine Ehefrau E nachziehen lassen. In Deutschland hatte er zwischenzeitlich Frau F kennengelernt, mit der er ein Kind hat, mit dem er aber nicht zusammen wohnt. Die Ausländerbehörde weiß von dem Kind und wirft nun die Frage auf, ob S mit der E überhaupt noch eine Lebensgemeinschaft anstrebe. Das soll in einer zeitgleichen Befragung der beiden Eheleute bei Ausländerbehörde und Botschaft aufgeklärt werden.

4.2 Familiennachzug zu anerkannten Flüchtlingen und Asylberechtigten

4.2.1 Grundsatz

Asylberechtigte und anerkannte Flüchtlinge haben das Recht, die Kernfamilie nachziehen zu lassen. Das ist aus § 29 Abs. 2 AufenthG ersichtlich: Inhaber einer Aufenthaltserlaubnis nach § 25 Abs. 1 und 2, 2. Alt. 2 und § 26 Abs. 3 AufenthG haben das Recht, ihre Familie nachziehen zu lassen. Die Rede ist hier von den minderjährigen Kindern und Ehegatten bzw. Lebenspartnern des Schutzberechtigten. Sonstige Familienangehörige können im Rahmen des § 36 Abs. 2 AufenthG nachziehen – wenn der Härtefall anerkannt wird.

4.2.2 „Privilegierter Familiennachzug" und „fristwahrende Anzeige"

Für sehr viel Beratungsbedarf hat die „fristwahrende Anzeige" gesorgt. Dabei geht es hier nicht um den Familiennachzug insgesamt, sondern nur um den „privilegierten" Nachzug von Ehegatten und minderjährigen Kindern, also den Nachzug ohne die Obliegenheit, Einkommen und Wohnung nachzuweisen. Gleichwohl kann diese Frage über das Schicksal eines Nachzugsantrages insgesamt entscheiden, weil viele Anerkannte in Deutschland eben nicht gleich erwerbstätig werden, sondern ihren Integrationskurs durchlaufen und Deutsch lernen.

Die fristwahrende Anzeige hat innerhalb von drei Monaten nach „unanfechtbarer Anerkennung" bzw. „Zuerkennung" des Schutzes zu erfolgen. Damit meint das Gesetz den Zeitpunkt der Zustellung des Bescheides. Ein positives Gerichtsurteil löst diese Frist noch nicht aus, ebenso wenig der Umstand, dass ein positives Urteil rechtskräftig geworden ist. Es zählt der Tag des Bundesamtsbescheides, der die Frist auslöst. Zur Fristwahrung genügt die Anzeige an eine der beteiligten Behörden. Anzugeben sind der Name des Schutzberechtigten, der Umstand, dass der Familiennachzug gewünscht ist und der Name der nachziehenden Familienmitglieder. Es empfiehlt sich, dies über das Internet zu tun. Das Auswärtige Amt hält dazu eine Seite bereit, die über den Suchbegriff „fristwahrende Anzeige" leicht zu finden ist. Nach Eingabe der Daten wird eine pdf-Datei kreiert, die man ausdruckt und abspeichert, um sie dann als Nachweis bei dem Visumverfahren vorzulegen.

Wichtig: Die fristwahrende Anzeige und die damit gewollte Privilegierung betreffen immer nur den Familiennachzug von Ehegatten und minderjährigen Kindern, nicht den der Eltern zu ihren minderjährigen Kindern. Auch bei einem sonstigen Familiennachzug ist die Frist unerheblich.

4.3 Familiennachzug zu subsidiär Schutzberechtigten

4.3.1 Sperre des Nachzugs bis zum 16. März 2018

Liest man den § 29 Abs. 2 AufenthG, erkennt man, dass auch die subsidiär Schutzberechtigten – so wie etwa der anerkannte Flüchtling – bei dem Recht auf den Familiennachzug einbezogen sind. Hier gilt allerdings seit März 2016 eine Ausnahme, die in § 104 Abs. 13 AufenthG nachzulesen ist.

§ 104 Abs. 13 Satz 1 AufenthG:

„Bis zum 16. März 2018 wird ein Familiennachzug zu Personen, denen nach dem 17. März 2016 eine Aufenthaltserlaubnis nach § 25 Absatz 2 Satz 1 zweite Alternative erteilt worden ist, nicht gewährt."

Das bedeutet, dass die subsidiär Schutzberechtigten bis zum 16.03.2018 von dem Familiennachzug ausgeschlossen sind. Ob dies wirklich das Ende der vorübergehenden Sperre ist, muss man allerdings abwarten. Eine nochmalige Verlängerung wurde von manchen politischen Akteuren ins Gespräch gebracht. Andererseits, die Sperre hat sehr viel Kritik herausgefordert; höchstrichterliche Entscheidungen, die sie ausdrücklich bestätigen, stehen noch aus. Und schon aus Gründen des Vertrauensschutzes kann eine Verlängerung schwerlich begründet werden.

Diese Sperre von zwei Jahren (März 2016 bis März 2018) ist aber nicht nur eine einfache Verlängerung einer Wartezeit, sie schließt

IV. Folgen und Wegfall der Anerkennung

unter bestimmten Konstellationen Personen auch für immer vom Familiennachzug aus, wie das folgende Beispiel zeigt:

> **Beispiel:**
> Der F aus Syrien hat im Mai 2016 den subsidiären Schutz erhalten, seine Tochter A, die in der Türkei lebt, ist zu diesem Zeitpunkt 17 Jahre alt. Ohne die Sperre nach § 104 AufenthG hätte F ihren Nachzug herbeiführen können, sofern alle Antragsunterlagen bei der Botschaft vorlagen, schadete es nicht einmal, wenn das Visum erst ein Jahr später ausgestellt wird. Durch die Regelung des § 104 Abs. 13 AufenthG kann ihr Vater aber erst am 17.03.2018 den Familiennachzug beanspruchen. Dann ist A aber schon über 18 Jahre alt.

4.3.2 Fristwahrende Anzeige bis zum 15. Juni 2018

Wichtig: Alle Personen, die unter die Sperre fallen, weil sie ihren Aufenthalt als subsidiär Schutzberechtigte erst nach dem Inkrafttreten des Asylpakets II im März 2016 erhalten haben, müssen sich Freitag, den 15.06.2018, merken. Das ist der Tag, bis zu dem sie ihre fristwahrende Anzeige abgegeben haben müssen, wenn sie den privilegierten Familiennachzug wollen.

§ 104 Abs. 13 Satz 2 AufenthG:
„Für Ausländer, denen nach dem 17. März 2016 eine Aufenthaltserlaubnis nach § 25 Absatz 2 Satz 1 zweite Alternative erteilt wurde, beginnt die Frist des § 29 Absatz 2 Satz 2 Nummer 1 ab dem 16. März 2018 zu laufen."

Es handelt sich hier um eine Frist, die mit dem Anbruch des Tages beginnt (§ 187 Abs. 2 BGB). Sie endet daher nicht am 16. Juni, sondern schon am Vorabend, also hier am 15. Juni 2018.

4.4 Familiennachzug und nationale Abschiebungsverbote

Das Recht zum Familiennachzug für Personen, denen lediglich ein Abschiebungsverbot nach § 60 Abs. 5 und 7 AufenthG zuerkannt worden ist, wird nur unter den engen Voraussetzungen des § 29 Abs. 3 AufenthG gewährt. Diese Vorschrift besagt, dass der Nachzug „nur aus völkerrechtlichen oder humanitären Gründen oder zur Wahrung politischer Interessen der Bundesrepublik Deutschland erteilt werden" darf.

4. Der Familiennachzug zu Schutzberechtigten

4.5 Elternnachzug (§ 36 Abs. 1 AufenthG)

Das Thema „Elternnachzug" besteht nur bei unbegleiteten minderjährigen Flüchtlingen. Der Nachzug bei § 36 Abs. 1 AufenthG setzt ja gerade voraus, dass der in Deutschland lebende Schutzberechtigte sich hier minderjährig ohne Elternteil aufhält. Für den Nachzug ist erforderlich, dass auch die Visumerteilung bereits vor dem Volljährigwerden des jungen Menschen erfolgt. Das führt zu einem engen Zeitregime und verlangt besondere Beachtung bei der Beratung. Die Entscheidung des Bundesverwaltungsgerichts, die diese Voraussetzung aufgestellt hat, ist im Internet zu finden, sie wurde am 18.04.2013 verkündet (Az.: BVerwG 10 C 9.12).

Wichtig: Der Elternnachzug setzt voraus, dass bei dem Kind Asyl, Flüchtlingsstatus oder subsidiärer Schutz ausgesprochen worden sind. Hier gilt auch die vorläufige Sperre bis März 2018, wobei mit guten Gründen auch ein Härtefall vorgetragen werden kann. Dies erfordert aber eine individuelle Beratung.

4.6 Familiennachzug und Schutzberechtigung: Übersicht

Schutzstatus	Familiennachzug	Privilegierter Nachzug	Anzeigefrist
Asylanerkennung	Kinder und Ehegatte des Berechtigten	ohne Lebensunterhalt und Wohnnachweis, wenn Frist gewahrt	3 Monate nach Erhalt der Anerkennung
	Eltern des minderjährigen unbegleiteten Berechtigten	kein Lebensunterhalt	keine Frist
Flüchtlingsanerkennung	Kinder und Ehegatte des Berechtigten	ohne Lebensunterhalt und Wohnnachweis, wenn Frist gewahrt	3 Monate nach Erhalt der Anerkennung
	Eltern des minderjährigen unbegleiteten Berechtigten	kein Lebensunterhalt	keine Frist

IV. Folgen und Wegfall der Anerkennung

Schutzstatus	Familiennachzug	Privilegierter Nachzug	Anzeigefrist
Subsidiärer Schutz	jeglicher Familiennachzug bis zum 16.03.2018 ausgeschlossen – danach wie bei anerkannten Flüchtlingen		für Altfälle: bis zum 15.06.2018 für neue Fälle: 3 Monate
Nationale Abschiebungsverbote	nur aus völkerrechtlichen oder humanitären Gründen		

Die in dem Schaubild genannten Kinder müssen bei Antragstellung minderjährig sein. Der Elternnachzug bezieht sich auf den Nachzug zu einem unbegleiteten minderjährigen Flüchtling in Deutschland.

4.7 Das Verfahren des Familiennachzugs

4.7.1 Visumverfahren

Das Familiennachzugsverfahren ist ein Visumverfahren bei der zuständigen deutschen Auslandsvertretung. Eine Einreise ohne ein solches Visum ist nicht möglich (es sei denn, der Ausländer fällt unter eine der in Kap. I.2 genannten Ausnahmen). Das Visum ist von dem ausländischen Teil bei der zuständigen Auslandsvertretung zu beantragen. Anders als im Asylverfahren, bei dem der Ausländer Beweiserleichterungen zur Seite hat, belehrt werden muss und insgesamt von einem ganzen System aus Normen profitieren kann, die seinem Interesse dienen, ist der Ausländer bei der Botschaft auf sich gestellt und mit seinen Nachweisen in der Bringschuld. Dazu kommt dann auch noch, dass mit dem Verfahren die Teile der Familie befasst sind, die die wenigsten Erfahrungen mit deutschem Verwaltungshandeln haben.

4.7.2 Zuständigkeit bei der deutschen Auslandsvertretung

Das Familiennachzugsverfahren ist bei der Deutschen Botschaft im Staat des ausländischen Familienmitglieds zu führen. Andere Zuständigkeiten können sich aber ergeben, wenn die Bundesrepublik dort keine konsularische Vertretung unterhält oder diese wegen kriegerischer Konflikte vorübergehend geschlossen ist. Die Zustän-

4. Der Familiennachzug zu Schutzberechtigten

digkeit kann sich aber auch deswegen verschieben, weil die ausländischen Familienmitglieder bereits migriert sind. Dann ist es aber für die Antragsteller erforderlich, einen regelmäßigen Aufenthalt in dem anderen Staat zu begründen, weil sonst die dortige Deutsche Botschaft den Antrag wegen Unzuständigkeit nicht prüfen wird.

> **Beispiel:**
> Die S ist die somalische Ehefrau des in Deutschland anerkannten F. Weil sie die Botschaft in Nairobi nicht erreichen kann, reist sie mit ihren Kindern nach Uganda, um dort den Antrag bei der Deutschen Botschaft zu stellen. Die Botschaft in Kampala verweist sie darauf, dass sie ihren regelmäßigen Aufenthalt in Uganda nachzuweisen habe und dass sie dies durch eine Registrierung in einem UNHCR-Flüchtlingslager tun könne. Mit dieser Bescheinigung kann das Verfahren fortgesetzt werden.

4.7.3 Das Botschaftsverfahren

Es ist zu empfehlen, sich auf der Internetseite der deutschen Auslandsvertretung über das Verfahren und die notwendigen Dokumente zu informieren. Ferner ist es in der Regel unumgänglich, einen Termin zur Visumantragstellung zu buchen. Diese geschieht in der Regel ebenfalls über die Homepage der Auslandsvertretungen. Im Notfall kann aber auch beim Auswärtigen Amt in Berlin nachgefragt werden. Geht es um den Nachzug eines alleinstehenden Kindes, ist auch die Vertretung im Verfahren zu klären; es muss dazu eine Vollmacht für den Vertreter vorgelegt werden.

4.7.4 Notwendige Dokumente

Welche Dokumente vorzulegen sind, kann nicht pauschal gesagt werden. Personenstands- und Identitätsdokumente sind in jedem Fall erforderlich. Schon der visierfähige Pass kann in einigen Ländern ein Problem darstellen. Die Möglichkeiten, das Visum ohne den eigenen Nationalpass, sondern mit einem bei der Botschaft erstellten Reiseausweis für Ausländer zu erhalten, sind voraussetzungsvoll: Nach § 11 AufenthV ist die Zustimmung des Innenministeriums bzw. einer von ihm bestimmten Stelle (derzeit das BAMF) erforderlich.

Geht es um ein nachziehendes minderjähriges Kind, dessen anderer Elternteil im Herkunftsland verbleibt, müssen familienrechtliche Vorgaben beachtet werden. Wie diese Nachweise aussehen, kann

IV. Folgen und Wegfall der Anerkennung

durchaus verschieden sein. Bei dem Kindernachzug wird in der Regel auch ein Abstammungsgutachten verlangt. Sofern die Behörde Zweifel hat, kann auch eine Altersfeststellung eingeleitet werden. Wenn es um eine Ehe geht und die Eheurkunde nicht ausreicht, kann ein Vertrauensanwalt der Botschaft beauftragt werden, der die Eheschließung durch Einsicht in die Register bestätigt.

4.7.5 Zustimmungserfordernis der örtlichen Ausländerbehörde

Die Visumerteilung bedarf beim Familiennachzug nach § 31 AufenthV der Zustimmung der örtlichen Ausländerbehörde unter der Beteiligung der lokalen Ausländerbehörde, die mit der Prüfung der Wohn- und Einkommensverhältnisse betraut ist. Das ist auch der Grund, warum ihr der Nachweis über die fristwahrende Anzeige zu übermitteln ist. Die lokale Ausländerbehörde prüft bei einem Ehegattennachzug auch die Absicht der Eheleute, eine Lebensgemeinschaft zu begründen.

4.7.6 Fazit

Der Familiennachzug ist ein wichtiger Teil der Asylberatung, da er für die Betroffenen äußerst wichtig ist. Er spielt auch schon bei der Verfahrensberatung eine Rolle, weil der Schutzstatus auch über diese Aussichten mitentscheidet. Das Botschaftsverfahren hat den Nachteil, dass es sehr langwierig ist, es kann auch hohe Kosten mit sich bringen, wenn Vertrauensanwälte und Gutachten zu bezahlen sind.

5. Familienasyl und internationaler Schutz bei Familien (§ 26 AsylG)

5.1 Begriff des Familienasyls bzw. internationaler Familienschutz

§ 26 AsylG regelt den Fall, wie sich die Schutzzuerkennung eines Familienmitglieds auf ein anderes Mitglied auswirkt. Die Idee des Familienschutzes ist es, diesen Schutz auf andere Mitglieder zu erstrecken, auch wenn diese persönlich nicht verfolgt werden. Dieses andere Familienmitglied muss daher selbst keine Verfolgungsgefahr vortragen, es genügt, auf die Schutzzuerkennung des anderen Familienangehörigen hinzuweisen.

5. Familienasyl und internationaler Schutz bei Familien (§ 26 AsylG)

> **Beispiel:**
> R ist als Regierungskritiker in seinem Herkunftsland verfolgt worden. Er wurde in Deutschland als Flüchtling anerkannt. Seine Ehefrau, mit der er schon im Herkunftsland verheiratet gewesen war, erhält auch den Flüchtlingsschutz – mit dem Argument des § 26 AsylG.

Hier geht es nicht um Sippenhaft oder die Vorstellung, dass ein Regime die Familie des Oppositionellen ebenfalls fokussiert verfolgt. Wäre das der Fall, hätten die Mitglieder eine eigene Verfolgung zu befürchten. Der Familienschutz soll, so besagt es die Literatur, das Bundesamt und die Gerichte entlasten sowie die Integration der nächsten Angehörigen erleichtern.

Die Vorschrift regelt in den ersten vier Absätzen die familiären Folgen der Asylanerkennung. In Abs. 5 wird aber klargestellt, dass dies alles auch für die international Schutzberechtigten gilt, was in der Praxis aufgrund der sehr viel höheren Fallzahlen von Bedeutung ist. Damit ist aber auch klar, dass auch ein subsidiär Schutzberechtigter seine Schutzzuerkennung an den Ehegatten vermitteln kann.

Der Familienschutz steht dem Schutz aufgrund eigener Verfolgung vollständig gleich. Eine Ausnahme gibt es nur dahin, dass Eltern, die ihren Schutz den Familienregeln verdanken, selbst diesen Schutz nicht an Kinder weitervermitteln können (§ 26 Abs. 4 Satz 2 AsylG).

Der Schutz ist durch einen üblichen Asylantrag geltend zu machen, was etwa auch zu einer Wohnpflicht oder gar einer Verteilung führen kann. Auch die Ausschlussgründe sind die gleichen. Weil der Schutz abhängig ist (Juristen sagen dazu „akzessorisch"), hängt das Schicksal weiter an dem des ursprünglich berechtigten Familienmitglieds. Erlischt das Recht dort, so kommt ein Widerruf in Betracht.

Für den Antrag auf Familiennachzug gibt es auch Fristen, die zu beachten sind. Für manche Zwecke (etwa Familienschutz des Ehegatten, aber auch in anderen Konstellationen) ist es erforderlich, dass die Familie bereits im Herkunftsstaat gegründet worden ist.

IV. Folgen und Wegfall der Anerkennung

5.2 Familienschutz für Ehegatten

5.2.1 Grundsatz

Damit der Ehegatte (oder Lebenspartner) in den Genuss des Familienschutzes kommt, muss der anerkannte Teil, der „Stammberechtigte", unanfechtbar anerkannt und sein Status darf nicht Gegenstand eines Widerrufs oder einer Rücknahme sein. Wichtig ist außerdem, dass die Ehe bereits im Staat der Verfolgung bestanden hat. Das Bestehen einer Ehe wird grundsätzlich nach dem Recht des Herkunftsstaates beurteilt. Es kann auch eine rituelle oder religiöse Eheschließung ausreichen. Eine Grenze wird aber bei Minderjährigenehen gezogen, die unter das neue Gesetz zur Bekämpfung von Kinderehen fallen. Allerdings wirkt sich die Unwirksamkeit einer Ehe wegen Minderjährigkeit hier nicht per se aus. Das stellt der ebenfalls neu eingefügte Satz 2 in § 26 Abs. 1 AsylG klar. Sofern der Teil nämlich profitiert, der selbst minderjährig geheiratet hatte, bleibt es beim Familienschutz.

> **Beispiel:**
>
> F hat als 15-Jährige im Heimatland den zu diesem Zeitpunkt 19-jährigen K geheiratet. Der K wird als Flüchtling anerkannt. Auch F erhält den Flüchtlingsschutz als Ehegattin, obwohl ihre Ehe nach deutschem Recht unwirksam ist. Das ergibt sich aus § 26 Abs. 1 Satz 2 AsylG.

Diese Ausnahme gilt aber nicht zugunsten des zum Zeitpunkt der Eheschließung volljährigen Ehegatten. Wäre die Lage im vorgenannten Beispiel umgekehrt und die F selbstständig anerkannt worden, käme der K nicht in den Genuss des Familienschutzes, weil die Ehe mit der F unwirksam ist. Hier gilt die Ausnahme nicht.

§ 26 Abs. 1 Satz 2 AsylG:

„Für die Anerkennung (...) nach Satz 1 ist es unbeachtlich, wenn die Ehe nach deutschem Recht wegen Minderjährigkeit im Zeitpunkt der Eheschließung unwirksam oder aufgehoben worden ist; dies gilt nicht zugunsten des im Zeitpunkt der Eheschließung volljährigen Ehegatten."

5.2.2 Fristen

Der andere Ehegatte muss einen eigenen Antrag stellen, um in den Genuss des Familienschutzes zu kommen. Entscheidend ist aber,

5. Familienasyl und internationaler Schutz bei Familien (§ 26 AsylG)

ob der Antrag fristgerecht gestellt wird. Maßgeblich ist hier der Zeitpunkt der Einreise: Ist der Ehegatte erst nach der Anerkennung des anderen Ehegatten in die Bundesrepublik eingereist, muss der Antrag unverzüglich, also in einer Frist von zwei Wochen, gestellt werden. War der Ehegatte schon vor der Anerkennung seines Ehepartners eingereist, gibt es keine Frist.

> **Beispiel:**
> R aus Syrien ist als Flüchtling anerkannt, seine Ehefrau E kommt im Wege des Familiennachzugs später nach Deutschland. Da E und R bereits in Syrien, dem Land der Verfolgung, verheiratet waren, besteht grundsätzlich Anrecht auf Familienschutz. Der Antrag ist dann fristgerecht, das heißt innerhalb von zwei Wochen nach Einreise, zu stellen.

Das Beispiel zeigt, dass die Begleitung eines Familiennachzugs nicht endet, wenn das Visum erteilt ist. Für den Familienschutz ist schnelles Handeln erforderlich. Es ist aber vor der Stellung eines solchen Antrags auch zu klären, ob der Flüchtlingsstatus wirklich gewünscht ist. Im Hinblick darauf, dass zukünftige Reisen in das Herkunftsland ausfallen, verzichten viele auf den Familienschutz und belassen es bei einer Aufenthaltserlaubnis als Ehegatte.

5.3 Familienschutz für minderjährige ledige Kinder (§ 26 Abs. 2 AsylG)

Die minderjährigen Kinder eines anerkannten Schutzberechtigten erhalten den Schutz über den anerkannten Elternteil, wenn sie noch ledig sind und die Anerkennung nicht zu widerrufen oder zurückzunehmen ist. Für die Frage der Minderjährigkeit gilt das deutsche Recht. Es gibt auch hier keine Frist: Solange die Anerkennung nicht widerrufen ist und das Kind noch nicht volljährig geworden ist, kann der Antrag erfolgreich gestellt werden.

Eine Einschränkung, die sich nicht wörtlich aus dem Gesetz ergibt, wird allerdings in der Bundesamtspraxis vorgenommen und zum Teil von Gerichten bestätigt: Vor dem Hintergrund, dass der Familienschutz eine Familie verlangt, wird – so wie bei der Ehe in Abs. 1 – nach dem Bestehen der Familie im Herkunftsland gefragt. Das ist auf den ersten Blick unpassend, weil das Kind ja meistens in Deutschland

IV. Folgen und Wegfall der Anerkennung

geboren wurde, aber der Blick wird dann auf die Eltern gerichtet und die Frage, ob sie eine Familie gegründet haben.

Beispiel:

> A ist ein anerkannter Flüchtling aus Äthiopien, er hat in Deutschland die M kennengelernt, die ebenfalls aus Äthiopien stammt, aber nach einem erfolglosen Verfahren geduldet wird. Beide bekommen ein Kind, die Beziehung endet, das Kind lebt bei seiner Mutter. Das Sorgerecht erhält A nicht. Der Vorschlag des Beraters, einen Asylantrag für das Kind zu stellen, um so der Mutter einen besseren Aufenthalt zu verschaffen, scheitert. Das Bundesamt rechnet das Kind flüchtlingsschutzrechtlich nicht der Familie des A zu, weil es weder bei A wohnt, noch ein Sorgerecht des A besteht. Diese Betrachtungsweise ergibt sich so nicht aus dem Gesetz. In solchen Fällen wäre zu raten, die Entscheidung gerichtlich anzufechten.

Wichtig im Zusammenhang mit dem Familienschutz von Kindern ist der Hinweis auf § 26 Abs. 4 Satz 2 AsylG. Dieser besagt, dass Kinder eines Erwachsenen, der selbst „nur" Familienschutz erhalten hat, nicht in den Genuss des Schutzes kommen.

Beispiel:

> A hat seinen Flüchtlingsstatus nach § 26 Abs. 1 AsylG erhalten, weil seine Ehefrau als engagierte Oppositionspolitikerin beim Bundesamt anerkannt worden war. Er selbst hatte keine Verfolgungsgründe. Eines Tages meldet sich der B, ein 16-jähriger Junge, Kind des A aus früherer Ehe, das alleine in die Bundesrepublik nachgezogen und zunächst in einer Wohngruppe für UMF untergebracht war. Der Betreuer regt an, doch einen Antrag auf Familienasyl für B zu stellen, weil sein Vater ja anerkannt sei. Das Bundesamt lehnt den Antrag mit Recht ab und verweist auf das Gesetz.

5.4 Familienschutz für Eltern und Geschwister von Anerkannten (§ 26 Abs. 3 AsylG)

Dieser Schutz von Eltern und minderjährigen Geschwistern eines anerkannten Minderjährigen folgt demselben Prüfschema wie der Ehegattenschutz. Die Familie muss im Herkunftsland bestanden haben und die Antragstellung bei Einreise nach Anerkennung des Minderjährigen unverzüglich erfolgen. Dem Kriterium „Familie im Herkunftsstaat", das in diesem Fall auch so im Gesetz steht, wird man gerecht, indem wenigstens irgendwelche Akte der Familiengründung im Herkunftsland erkennbar sind.

Beispiel:

Die Eheleute A und B aus Somalia kommen mit ihrem einjährigen Mädchen C und seinem 8-jährigen Bruder nach Deutschland. Die C erhält wegen der Gefahr einer Genitalverstümmelung beim Bundesamt den Flüchtlingsschutz. In der Anhörung ergibt sich, dass auch die Eltern, die gegenüber der Praxis der weiblichen Beschneidung negativ eingestellt sind, die C nicht schützen können. Daraufhin erhalten auch die Eltern und der ältere Bruder den Familienschutz nach § 26 Abs. 3 AsylG.

Der Familienschutz ist aber dann ausgeschlossen, wenn er so dasjenige Familienmitglied begünstigen würde, das mit seiner Gewalt oder Bedrohung erst die Anerkennung ausgelöst hat (§ 26 Abs. 6 AsylG).

Beispiel:

Die 16-jährige R flieht vor einer Zwangsheirat. Ihr Vater V, von dem die Bedrohung im Wesentlichen ausging, kommt nach Anerkennung der R ebenfalls nach Deutschland und beantragt Asyl. Den abgeleiteten Schutz von seiner Tochter kann er wegen § 26 Abs. 6 AsylG nicht bekommen.

6. Erlöschen, Widerruf und Rücknahme der Schutzberechtigung

6.1 Erlöschen der Flüchtlingsanerkennung und Asylberechtigung

6.1.1 Erlöschen als Sonderfall

Das Gesetz kennt drei Verlustgründe, die eine Schutzberechtigung wieder beseitigen. Dabei ist das Erlöschen von Widerruf und Rücknahme von vornherein zu unterscheiden. Das Erlöschen ist ein Sonderfall, der nur auf die Asylberechtigung und die Flüchtlingsanerkennung Anwendung findet. Alle anderen Schutzberechtigungen erlöschen nicht, können aber widerrufen oder zurückgenommen

IV. Folgen und Wegfall der Anerkennung

werden. Die weitere Besonderheit besteht darin, dass ein Erlöschen bei Eintreten der Erlöschensgründe von selbst eintritt, ohne dass eine Behörde einen Bescheid erlassen muss. Bei Widerruf und Rücknahme muss erst die Behörde tätig werden, die die Zuerkennung ausgesprochen hat. Das ist das Bundesamt. Unterlässt das Bundesamt den Widerruf oder die Rücknahme, obwohl die Voraussetzungen hierfür vorlagen, bleibt die Schutzberechtigung bestehen.

6.1.2 Erlöschensgründe bei Flüchtlingsanerkennung und Asylberechtigung

Der wichtigste Erlöschensgrund ist das freiwillige erneute Unterschutzstellen, das sich durch Entgegennahme eines Passes, Rückreisen ins Verfolgerland oder ähnliche Handlungen zeigt.

§ 72 Abs. 1 Nrn. 1 und 1a AsylG:

„Die Anerkennung als Asylberechtigter und die Zuerkennung der Flüchtlingseigenschaft erlöschen, wenn der Ausländer

1. sich freiwillig durch Annahme oder Erneuerung eines Nationalpasses oder durch sonstige Handlungen erneut dem Schutz des Staates, dessen Staatsangehörigkeit er besitzt, unterstellt,

1a. freiwillig in das Land, das er aus Furcht vor Verfolgung verlassen hat (...) zurückgekehrt ist und sich dort niedergelassen hat,"

Der Gesetzgeber hat in § 72 Abs. 1 Nr. 1a AsylG klargestellt, dass die freiwillige Rückreise und Niederlassung im Verfolgerstaat einen Erlöschensgrund darstellt. Praktisch bedeutsam sind die Fälle einer kürzeren Rückkehr. Soweit die Rückkehr wirklich nur zu einem humanitären Zweck (Besuch eines ernsthaft erkrankten engen Verwandten, Beerdigung u. ä.) und auf kürzeste Frist erfolgt, wird nach allgemeiner Ansicht ein Erlöschensgrund verneint.

Ein anderes wichtiges Thema sind Besuche bei der konsularischen Vertretung. Eine Passbeantragung oder -entgegennahme wäre dem Anerkannten nicht zu empfehlen; sie führt zu einem Erlöschen. Entscheidend ist aber hier auch das Merkmal „freiwillig"; gleichwohl darf man dem anerkannten Flüchtling nicht zumuten, die Vertretung seines Verfolgerstaates zur Passbeschaffung aufzusuchen. Auch eine Kontaktaufnahme mit der konsularischen Vertretung zwecks Passbeschaffung im laufenden Verfahren ist unschädlich, weil noch kein erlöschensfähiger Schutz besteht. Gleichwohl ist die Kontaktaufnahme nicht zumutbar.

6. Erlöschen, Widerruf und Rücknahme der Schutzberechtigung

Andere (auch freiwillige) Kontakte mit der konsularischen Vertretung des Herkunftsstaates sind unschädlich, wenn vom Konsulat untergeordnete Leistungen begehrt werden, wie etwa eine Beglaubigung.

> **Beispiel:**
> J ist aus Äthiopien; er ist als Flüchtling anerkannt. Im Rahmen des Nachzugsverfahrens seiner Ehefrau ist es erforderlich, die Bestätigung der Eheschließung vom Ortsgericht in Nordäthiopien zu erhalten. Weil J dort nicht persönlich erscheinen kann, um den Antrag auf Nachregistrierung zu stellen, muss nach der dortigen Rechtslage ein besonderer Vertreter beauftragt werden, was nur mit einer Vollmacht wirksam geschehen kann, die von dem äthiopischen Konsulat in Deutschland beglaubigt wird. J kann problemlos die Auslandsvertretung aufsuchen, um die Vollmacht formgerecht zu erteilen. Sein Status erlischt nicht.

6.1.3 Folgen des Erlöschens

Die Folge des Erlöschens ist der Wegfall des Schutzes. § 72 Abs. 2 AsylG besagt, dass der ehemals Berechtigte seinen Reiseausweis für Flüchtlinge und den Anerkennungsbescheid unverzüglich bei der Ausländerbehörde abzugeben hat. Die Ausländerbehörde wird dann auch prüfen, wie sie aufenthaltsrechtlich damit verfährt, dass die Anerkennung weggefallen ist. Der Ausländer erfährt von dem Wegfall seines Schutzes meistens erst durch ein Schreiben der Ausländerbehörde. Bestreitet der Ausländer dann, dass sein Schutzstatus erloschen ist, muss er ein Gerichtsverfahren mit der Ausländerbehörde führen. Das ist insofern bemerkenswert, weil sonst Rechtsstreitigkeiten in Ansehung einer Flüchtlingsanerkennung mit dem Bundesamt geführt werden. Das ist hier anders.

6.2 Widerruf der Schutzberechtigung

6.2.1 Begriff des Widerrufs

Der Widerruf ist eine Entscheidung der Behörde, mit der ein früherer Verwaltungsakt aufgehoben wird, der ursprünglich korrekt erteilt worden war, dessen Voraussetzungen aber inzwischen weggefallen sind. Damit ist der Widerruf der Weg der Behörde, um steuernd auf Veränderungen zu reagieren.

IV. Folgen und Wegfall der Anerkennung

6.2.2 Widerrufsgründe im Flüchtlingsrecht

Der klassische Widerrufsgrund im Flüchtlingsrecht ist die nachhaltige Verbesserung der menschenrechtlichen Lage im Herkunftsland, wenn z. B. eine Verfolgungsgefahr nicht mehr besteht, weil das Verfolgerregime von einer demokratisch gewählten Regierung abgelöst worden ist. Der Widerruf kann alle Anerkennungsentscheidungen betreffen, also auch den subsidiären Schutz oder das nationale Abschiebungsverbot. Zuständig ist die Behörde, die die Ausgangsentscheidung getroffen hat, also das Bundesamt für Migration (wenn nicht ausnahmsweise nur die Ausländerbehörde zuständig war, weil es sich um eine isolierte Feststellung des § 60 Abs. 5 oder 7 AufenthG gehandelt hat).

Praxis-Hinweis:
Man kann sicherlich nicht sagen, das Widerrufsverfahren stehe derzeit weit oben auf der Tagesordnung des Bundesamts. Dazu ist die Arbeitsbelastung zu groß und die gegenwärtige Weltlage provoziert nicht unbedingt reihenweise Widerrufsgründe.

6.2.3 Widerrufsverfahren

Das Widerrufsverfahren kann man als umgekehrtes Asylverfahren verstehen. Es beginnt mit einem Anhörungsschreiben, das dem Betroffenen die Gelegenheit gibt, seine Sicht auf die Sachlage zu geben. Das Bundesamt ist auch nicht auf die Prüfung der Widerrufsgründe beschränkt, sondern muss umfassend ermitteln, ob es zum Zeitpunkt der Widerrufsentscheidung vielleicht andere Gründe gibt, die eine Beibehaltung des Schutzausspruchs rechtfertigen. Gegen den Bescheid kann dann der Betroffene Klage erheben, die auch aufschiebende Wirkung hat.

Wichtig: Auch der Widerruf einer Schutzanerkennung führt nicht notwendig zu aufenthaltsrechtlichen Konsequenzen, wenn der Betroffene aus anderen Gründen ein Bleiberecht hat. Zu der Frage, wie sich der Schutzwiderruf auf eine unbefristete Aufenthaltserlaubnis auswirkt, siehe Kap. IV.7.2.5.

6.3 Rücknahme

Die Rücknahme beseitigt ebenso wie der Widerruf eine früher getroffene Behördenentscheidung. Im Unterschied zum Widerruf

6. Erlöschen, Widerruf und Rücknahme der Schutzberechtigung

richtet sich die Rücknahme aber auf frühere Entscheidungen, die schon zum Zeitpunkt ihres Erlasses rechtswidrig waren, die also irrtümlich ergangen sind. In diesen Fällen ist nach den Gründen für den Irrtum zu suchen. Lag der Fehler bei der Behörde, kann der Vertrauensschutz möglicherweise zugunsten des Betroffenen eingreifen und einer Rücknahme im Weg stehen. Beruht der Fehler aber auf einer Täuschung des Antragstellers oder seinem Verschweigen von wichtigen Umständen, ist die Behörde in der Regel gehalten, den Bescheid aufzuheben.

Beispiel:
F ist als syrischer Flüchtling anerkannt worden. Er hatte sich 2015 mit Täuschungsabsicht als Syrer registrieren lassen. Der Ausländerbehörde kommen Zweifel an der Staatsangehörigkeit des F, was sie dem Bundesamt mitteilt. Daraufhin betreibt das Bundesamt ein Rücknahmeverfahren. In diesem Verfahren wird geprüft, ob dem F auch im Hinblick auf seinen tatsächlichen Herkunftsstaat die Verfolgung droht.

6.4 Schaubild

Weg der Beendigung des Schutzstatus	Betroffene Schutzberechtigung	Voraussetzungen
Erlöschen (ohne Handeln der Behörde)	– Asylberechtigung – Flüchtlingsanerkennung	§ 72 AsylG und die dort genannten Erlöschensgründe (z. B. erneute Unterschutzstellung unter Verfolgerstaat, Rückreise)
Widerruf durch Bundesamt	– Asylberechtigung – Flüchtlingsanerkennung – subsidiärer Schutz – nationale Abschiebungsverbote	§ 73 Abs. 1 AsylG; wenn eine früher zutreffend ausgesprochene Schutzberechtigung aufgrund veränderter Umstände nicht mehr begründet ist (und keine anderen Anerkennungsgründe bestehen)

IV. Folgen und Wegfall der Anerkennung

Weg der Beendigung des Schutzstatus	Betroffene Schutzberechtigung	Voraussetzungen
Rücknahme durch Bundesamt	– Asylberechtigung – Flüchtlingsanerkennung – subsidiärer Schutz – nationale Abschiebungsverbote	§ 73 Abs. 2 AsylG; wenn die Schutzzuerkennung schon ursprünglich fehlerhaft war (z. B. wegen Täuschung des Antragstellers) und keine Anerkennungsgründe bestehen

7. Aufenthaltsverfestigung bei Schutzberechtigten

7.1 Grundsatz

Mit den Chancen der Aufenthaltsverfestigung verbindet man die Frage, wie rasch ein anerkannter Ausländer in den Genuss eines unbefristeten und von seinem Schutzstatus unabhängigen Aufenthalts gerät. Auch hier ist entscheidend, welchen Schutzstatus der Betreffende zunächst innehat. Neben der unbefristeten Aufenthaltserlaubnis ist hier auch an die Einbürgerung zu denken, die in manchen Fallkonstellationen sogar einfacher ist.

7.2 Die unbefristete Aufenthaltserlaubnis

7.2.1 Die unbefristete Aufenthaltserlaubnis für Asylberechtigte und anerkannte Flüchtlinge

Hier wurden durch das Integrationsgesetz von 2016 und den neuen § 26 Abs. 3 AufenthG die Voraussetzungen neu geregelt. Für gut integrierte Asylberechtigte und Flüchtlinge ist die unbefristete Aufenthaltserlaubnis schon nach drei Jahren möglich. Hier zählen die Zeiten des vorangegangenen Asylverfahrens mit; ein Faktor, der in der Beratung leicht zu übersehen ist. Allerdings macht das Gesetz die Integration fest an dem „Beherrschen der deutschen Sprache", das entspricht dem Anforderungsniveau von C 1, und einer „weit überwiegenden Lebensunterhaltssicherung". Sehr praxisnah ist das nicht; wer dieses Sprachniveau erlernt, hat möglicherweise wenig Zeit für den Broterwerb. Vorteile kann diese Regelung aber für junge Menschen in der Ausbildung bringen, sofern die Ausbildung dazu führt, von dem Nachweis der Lebensunterhaltssicherung abzusehen.

7. Aufenthaltsverfestigung bei Schutzberechtigten

§ 26 Abs. 3 AufenthG hält aber noch eine weitere Regelung bereit, die gegenüber anderen Ausländern einen Vorteil bringt: Nach fünf Jahren entsteht ein Anspruch auf eine unbefristete Aufenthaltserlaubnis, wenn der anerkannte Flüchtling (oder Asylberechtigte) „hinreichende" Deutschkenntnisse hat, also B 1, und nur noch „überwiegend" seinen Lebensunterhalt selbst bestreiten kann. Der Vorteil liegt hier nicht bei der Voraufenthaltszeit; der Regelfall der unbefristeten Aufenthaltserlaubnis knüpft ebenfalls an die fünf Jahre an. Der Vorteil liegt hier bei den anderen Bedingungen. Das Erfordernis der 60 Pflichtbeiträge für die Rentenversicherung ist hier zum Beispiel nicht zu beachten. Selbstverständlich kann der Schutzberechtigte sich dann auch nach sechs oder sieben Jahren auf diese Vorschrift berufen, wenn er erst dann zu einer Lebensunterhaltssicherung kommt und die notwendigen Rentenzeiten noch fehlen.

Voraussetzung in allen Fällen ist aber, dass das Bundesamt den Schutzstatus nicht widerrufen oder zurückgenommen hat – und auch nicht mitgeteilt hat, eine Prüfung in diese Richtung vorzunehmen.

7.2.2 Unbefristete Aufenthaltserlaubnis für subsidiär Schutzberechtigte

Besondere Regelungen für die Inhaber eines subsidiären Schutzes gibt es nicht. Sie sind an die allgemeinen Regeln des § 9 AufenthG gebunden und erwerben den Anspruch auf eine unbefristete Aufenthaltserlaubnis erst nach fünf Jahren – und in der Regel unter Nachweis von Lebensunterhaltssicherung und Rentenzeiten (60 Monate Pflichtbeiträge). Einziger Vorteil ist, dass die Zeit des Asylverfahrens auch bei ihnen angerechnet wird. Wegen des Nachweises von Rentenzeiten kann in diesen Fällen eine Einbürgerung anzuraten sein, bei der die Rentenzeiten nicht nachzuweisen sind.

7.2.3 Unbefristete Aufenthaltserlaubnis für Inhaber eines Abschiebungsverbotes

Für Personen, denen nur ein Abschiebungsverbot zur Seite steht, gibt es überhaupt keine Sonderregeln gegenüber anderen Ausländern. Auch die Zeit des Asylverfahrens wird hier nicht auf die fünf Jahre angerechnet, die nach § 9 AufenthG nachzuweisen sind.

IV. Folgen und Wegfall der Anerkennung

7.2.4 Übersicht: Schutzzuerkennung und unbefristete Aufenthaltserlaubnis

Schutzstatus	Regelung	Vorauf-enthalt	Sonderregelung
Flüchtlingsanerkennung/Asylberechtigung	§ 26 Abs. 3, 1. Alt. AufenthG	3 Jahre	Beherrschen der deutschen Sprache (C 1), weit überwiegende Lebensunterhaltssicherung
Flüchtlingsanerkennung/Asylberechtigung	§ 26 Abs. 3, 2. Alt. AufenthG	5 Jahre	hinreichende deutsche Sprachkenntnisse, überwiegende Lebensunterhaltssicherung
Subisidiär Schutzberechtigte	§ 9 AufenthG	5 Jahre	Lebensunterhaltssicherung, 60 Pflichtbeiträge zur Rentenversicherung
Inhaber nationaler Abschiebungsverbote	§ 9 AufenthG	5 Jahre	Lebensunterhaltssicherung, 60 Pflichtbeiträge

Wichtig: Bei Begünstigten eines nationalen Abschiebungsverbotes findet keine Anrechnung der Zeiten des Asylverfahrens statt.

7.2.5 Auswirkung von Widerruf und Rücknahme auf unbefristete Aufenthaltserlaubnis

Die unbefristete Aufenthaltserlaubnis eines Anerkannten ist ein Zeichen seiner Integration. Nach der herrschenden Auffassung macht diese ihn aber leider nicht gegen einen Widerruf sicher. Solche Fälle haben allerdings eher einen Lehrbuchcharakter und sind selten aus der Praxis gegriffen.

Hier gilt nach der herrschenden Auffassung: Wird eine unbefristete Aufenthaltserlaubnis auf der Grundlage erteilt, dass ein Antragsteller als Flüchtling in Deutschland lebt, und wird dieser Flüchtlingsstatus widerrufen, dann prüft die Ausländerbehörde bei dem etwaigen Widerruf der Niederlassungserlaubnis, ob dem Ausländer nicht aus anderen Gründen diese Niederlassungserlaubnis zu belassen ist. Das kann dann der Fall sein, wenn er etwa einen anderen Erteilungsgrund verwirklicht (z. B. er ist aufgrund einer inzwischen eingegangenen ehelichen Lebensgemeinschaft mit einem Deutschen zur Niederlassungserlaubnis berechtigt u. a.). In jedem Fall aber ist zu prüfen, ob dem Ausländer auch nach allgemeinen

7. Aufenthaltsverfestigung bei Schutzberechtigten

Regeln die unbefristete Aufenthaltserlaubnis zu erteilen wäre: Es kommt also darauf an, dass der Ausländer die allgemeinen Regeln des § 9 AufenthG verwirklicht, also mindestens fünf Jahre im Land ist und seinen Lebensunterhalt selbst sichert. Erfüllt er diese Vorgaben, kann ihm auch der Widerruf seiner Flüchtlingseigenschaft nichts mehr ausmachen.

Selbstverständlich können die Gründe der Integration, die ja nach dem neuen Gesetz schon nach drei Jahren unter erhöhten Bedingungen zu einer unbefristeten Aufenthaltserlaubnis geführt haben, berücksichtigt werden ebenso wie familiäre Beziehungen. Es spricht viel dafür, die unbefristete Aufenthaltserlaubnis nach § 26 Abs. 3, 1. Alt. AufenthG, die der Gesetzgeber an sehr hohe Anforderungen geknüpft hat, per se als „widerrufsfest" zu betrachten. Wer in dieser kurzen Zeit solche Anforderungen erfüllt, muss in seinem Vertrauen geschützt sein. Weil diese Vorschrift sehr neu ist – und es auch Widerrufe im Hinblick auf diese Vorschrift noch nicht gegeben hat, ist offen (aber nicht unwahrscheinlich), ob die Gerichte diesen Vertrauensschutz anerkennen werden.

7.3 Die Einbürgerung

7.3.1 Vorteile einer Einbürgerung

Oft wird die Einbürgerung als der Endpunkt der Aufenthaltsverfestigung betrachtet. Gegenüber einer unbefristeten Aufenthaltserlaubnis hat die Einbürgerung einige Vorteile, wie die nachstehende Übersicht zeigt. Dabei ist es nicht nur die Teilhabe am demokratischen Staatswesen, die hier im Zentrum des Interesses steht:

Wichtige Vorteile einer Einbürgerung:
<ul><li>dauerhaftes Aufenthalts- und Einreiserecht (deutsche Staatsangehörigkeit kann nur unter den Voraussetzungen des Art. 16 Abs. 1 GG entzogen werden)</li><li>Verbesserungen beim Nachzug des ausländischen Teils der Familie</li><li>Zugang zu Ämtern (Beamtentum)</li><li>aktives und passives Wahlrecht</li><li>Vererbbarkeit des Staatsangehörigkeitsstatus nach § 4 StAG</li><li>konsularischer Schutz (problematisch bei Doppel-Staatern)</li></ul>

IV. Folgen und Wegfall der Anerkennung

Neben diesen wichtigen Vorteilen wird in der Beratung oft das Visumregime anderer Staaten als Grund für eine Einbürgerung genannt. In der Tat haben Inhaber deutscher Reisepässe vielfach Privilegien, was die Einreisevoraussetzungen in andere Länder angeht.

Natürlich spielt auch der Wunsch eine Rolle, nach langer Zeit wieder in das Herkunftsland reisen zu können. Flüchtlinge, die schon längere Zeit in Deutschland leben und die aufgrund zwischenzeitlicher Änderungen gefahrlos in das Herkunftsland reisen könnten, bevorzugen dafür den deutschen Reisepass anstatt mit der unbefristeten Aufenthaltserlaubnis und als Noch-Staatsangehöriger den ehemaligen Verfolgerstaat zu besuchen.

7.3.2 Einbürgerung von Asylberechtigten und anerkannten Flüchtlingen

Die Genfer Flüchtlingskonvention fordert den aufnehmenden Staat auf, die Einbürgerung des anerkannten Flüchtlings zu fördern. Besondere Regeln im deutschen Staatsangehörigkeitsgesetz gibt es aber nicht. Eine Privilegierung des Flüchtlings findet sich nur bei der Frage der Beschaffung von Identitätsdokumenten aus dem Herkunftsstaat. Außerdem ist der Flüchtling davon befreit, mit dem Herkunftsstaat den Kontakt zu seiner Entlassung aus der dortigen Staatsangehörigkeit zu suchen. Bei der Einbürgerung eines Flüchtlings wird die Mehrstaatigkeit hingenommen.

Einen Nachteil kann die Einbürgerung eines anerkannten Flüchtlings allerdings haben, wenn einer seiner Familienangehörigen seinen eigenen Schutz im Wege des Familienschutzes von ihm ableitet. Das Bundesamt und mit ihm die herrschende Meinung bei den Gerichten sehen in der Einbürgerung nämlich einen Grund für das Erlöschen des Flüchtlingsstatus. Das wirkt sich dann aber auch auf die Familie aus.

Beispiel:

Der Regierungskritiker S ist als Flüchtling anerkannt, sein 20-jähriger Sohn F, der als Familienangehöriger auch den Flüchtlingspass besitzt, ist wegen verschiedener Delikte, die er noch in Jugendjahren begangen hat, nicht in einen unbefristeten Aufenthalt gekommen. Auch seine Chancen auf eine Einbürgerung stehen deswegen schlecht. Wegen einer neuerlichen Straftat droht die Ausländerbehörde Konsequenzen

7. Aufenthaltsverfestigung bei Schutzberechtigten

an. In dieser Situation wird sein Vater S auf seinen Antrag hin in den deutschen Staatsverband eingebürgert. Die Folge für F ist verheerend, weil bei seinem Vater der Flüchtlingsstatus erloschen ist, will das Bundesamt nun den nachgeordneten Flüchtlingsschutz (§ 26 AsylG) bei Sohn F widerrufen. F, dem in seiner Person keine Verfolgung droht, muss nun Maßnahmen der Ausländerbehörde befürchten.

Im eben geschilderten Fall hätte die Beratung auch die Folgen der Einbürgerung für die Familie ins Auge fassen müssen.

IV

V. Asylantragstellung, Verteilung und gestatteter Aufenthalt

1.	Der Asylantrag (§ 13 AsylG)	128
1.1	Inhalt des Asylantrags	128
1.2	Die Beschränkung des Asylantrags	129
1.3	Zuständige Behörde	131
1.4	Die persönliche und örtliche Dimension der Antragstellung	132
2.	Die Asylantragstellung	134
2.1	Die beiden Wege der Asylantragstellung: persönlich und schriftlich	134
2.2	Der Ablauf der persönlichen Antragstellung	136
2.3	Die schriftliche Antragstellung	139
3.	Der gestattete Aufenthalt	140
3.1	„Vorwirkung des Flüchtlingsschutzes"	140
3.2	Beginn des gestatteten Aufenthalts	140
3.3	Die Dokumente des gestatteten Aufenthalts	141
3.4	Mobilität während des gestatteten Aufenthalts	142
3.5	Das Ende des gestatteten Aufenthalts	143
4.	Die Rücknahme des Asylantrags	144
4.1	Grundsatz	144
4.2	Zeitliche Dimension der Rücknahme und ihre Folgen	144
5.	Auswirkungen der Asylantragstellung auf das Aufenthaltsrecht	145
5.1	Erlöschen bestimmter Aufenthaltstitel durch Asylantragstellung	145
5.2	Titelerteilungssperre während des Asylverfahrens	146
5.3	Titelerteilungssperre nach einer Ablehnung des Asylantrags	148

V. Asylantragstellung, Verteilung und gestatteter Aufenthalt

1. Der Asylantrag (§ 13 AsylG)

1.1 Inhalt des Asylantrags

Mit dem Asylantrag, das wurde oben schon gesagt, begehrt der Ausländer eine Entscheidung des BAMF über seinen abschiebungsrechtlichen Status. Der Asylantrag ist in § 13 Abs. 2 AsylG definiert und hat zwei Teile, den Asylantrag nach Art. 16a GG und den Antrag auf Zuerkennung des internationalen Schutzes (der wiederum zwei Teile hat):

Asylantrag (§ 13 Abs. 2 AsylG):
<ul><li>Antrag auf Anerkennung als Asylberechtigter</li><li>Antrag auf internationalen Schutz (§ 1 AsylG), d. h.<ul><li>Anerkennung als Flüchtling (§ 3 AsylG)</li><li>Zuerkennung des (internationalen) subsidiären Schutzes (§ 4 AsylG)</li></ul></li></ul>

Aus § 31 Abs. 2 AsylG folgt, dass das Bundesamt auch noch die nationalen Abschiebungsverbote nach § 60 Abs. 5 und 7 AufenthG prüft, auch wenn sie nicht zum Asylantrag gehören. Allerdings tut es das erst, wenn der Asylantrag abgelehnt wird, sei es als unbegründet, sei es als unzulässig. Dass diese Prüfung für alle unzulässigen Anträge stattfindet, ist neu und erst im August 2016 in das Gesetz aufgenommen worden. Es gilt also auch in einem Dublin-Verfahren, wenn das Bundesamt sich für den Antrag als unzuständig erklärt, dann prüft es wenigstens noch die nationalen Abschiebungsverbote – und zwar im Hinblick auf den Staat der Überstellung.

Auch der Antrag auf die Erteilung eines Familienschutzes (Familienasyl, Familienflüchtlingsstatus, subsidiärer Schutz für die Familie) für den Familienangehörigen eines Stammberechtigten nach § 26 AsylG stellt einen regulären Asylantrag dar. Er folgt den allgemeinen Regeln.

1. Der Asylantrag (§ 13 AsylG)

Beispiel:
Ehefrau E aus Syrien ist im Wege des Familiennachzugs zu ihrem in Deutschland als Flüchtling anerkannten Ehemann S gekommen. Sie will auch den Flüchtlingsschutz, den sie als Ehegattin über § 26 Abs. 1 AsylG bekommen könnte. Dazu muss sie einen Asylantrag stellen, der hinsichtlich Antragstellung und Verfahren den üblichen Vorgaben für Asylanträge entspricht. Das heißt, die E muss gegebenenfalls den Antrag persönlich stellen und möglicherweise auch in einer Erstaufnahmeeinrichtung wohnen.

1.2 Die Beschränkung des Asylantrags

1.2.1 Beschränkung des Antrags auf den internationalen Schutz

Der Asylantrag lässt sich auch beschränkt auf den internationalen Schutz stellen. Das ist von § 13 Abs. 2 Satz 2 AsylG als ein möglicher Weg vorgegeben. In der Praxis geschieht dies, wenn man den Antrag auf Asyl nach Art. 16a GG deswegen nicht stellt, weil schon die Einreise über einen sicheren Drittstaat einer Anerkennung im Weg steht. Aber auch, wenn man den Antrag auf Asyl vollständig gestellt hat, verfahren viele Anwälte später so, dass sie in einem Klageverfahren nur noch den internationalen Schutz beantragen, weil sie das Risiko der Ablehnung des Asylantrags, was mit einer höheren Kostenbelastung verbunden ist, meiden wollen. Da die Folgen von Asyl nach Art. 16a GG und Flüchtlingsschutz gleich sind, wirkt sich diese Beschränkung nicht auf das Leben des Betroffenen aus.

1.2.2 Unzulässige Beschränkung allein auf den internationalen subsidiären Schutz (§ 4 AsylG)

Für einen beschränkten Antrag auf den subsidiären Schutz gibt es eigentlich ein praktisches Bedürfnis, etwa wenn der Antragsteller erkenntlich nur die Voraussetzungen des subsidiären Schutzes erfüllt; dem geltenden Recht ist diese Antragstellung allerdings fremd. Der Antrag auf Zuerkennung des internationalen Schutzes ist nicht teilbar. Wer also nur den subsidiären Schutz möchte, muss einen Antrag auf Zuerkennung des internationalen Schutzes stellen. Das ist dann ein Asylantrag. Das bedeutet dann aber in der Konsequenz auch, dass er möglicherweise in die Pflicht kommt, in einer Erstaufnahmeeinrichtung zu wohnen.

V. Asylantragstellung, Verteilung und gestatteter Aufenthalt

Im Klageverfahren sieht es dann aber anders aus, hier ist ein beschränkter Antrag zulässig. Das liegt daran, dass nicht der Asylantrag vor Gericht anhängig ist, sondern die einzelnen Aussagen des angefochtenen Bescheides.

1.2.3 Beschränkung auf die Voraussetzungen des § 60 Abs. 5 oder 7 AufenthG („nationaler Abschiebeschutz")

Der Antrag kann auf Feststellungen über die Voraussetzungen des § 60 Abs. 5 und 7 AufenthG beschränkt werden. Dann haben wir es aber nicht mehr mit einem Asylantrag zu tun.

Bei welcher Behörde dieser beschränkte Antrag dann zu stellen ist, richtet sich danach, ob für den Ausländer früher bereits ein Asylverfahren durchgeführt worden war oder nicht. War das noch nicht der Fall, dann ist der beschränkte Antrag auf die Feststellungen der nationalen (zielstaatsbezogenen) Abschiebungsverbote bei der örtlich zuständigen Ausländerbehörde zu stellen (§ 71 AufenthG). Weil es sich hier aber um zielstaatsbezogene Abschiebungsgründe handelt, für die eine besondere Fachkompetenz bei dem BAMF besteht, ist das BAMF von der Ausländerbehörde bei der Bearbeitung dieses Antrags zu beteiligen (§ 72 Abs. 2 AufenthG). Beteiligung heißt aber nicht, dass sich in der Entscheidung die Rechtsansicht des BAMF durchsetzen muss, die Ausländerbehörde kann von dem Inhalt der Stellungnahme abweichen. Da es im Außenverhältnis die Ausländerbehörde ist, die die Verantwortung für die Richtigkeit der Entscheidung übernimmt und diese gegebenenfalls auch vor dem Verwaltungsgericht vertreten muss, ist das auch folgerichtig.

Der Antrag auf Feststellung der nationalen Abschiebungsverbote hat einen Vorzug immer dort, wo man die negativen Folgen der Asylantragstellung vermeiden will. Das kann dann vorliegen, wenn man die Wohnpflicht in der Erstaufnahmeeinrichtung oder auch ein Dublin-Verfahren vermeiden will.

Im Unterschied zum Asylantrag hat dieser beschränkte Antrag aber auch keine Aufenthaltsgestattung zur Folge. Die vorläufige Aufenthaltssicherung, die mit der Stellung eines Asylantrags verbunden ist, fällt hier weg. Der Ausländer ist möglicherweise auf einen gerichtlichen Eilantrag zu verweisen, um eine Abschiebung vor der Entscheidung über den beschränkten Schutzantrag zu verhindern.

Auf einen Aspekt bei der Beschränkung ist aber noch zu verweisen, nämlich auf den, dass das Vorbringen, das man mit dem Antrag

1. Der Asylantrag (§ 13 AsylG)

auf Feststellung der nationalen Abschiebungsverbote macht, zum Antrag passen muss. Wer mit dem Antrag – und zu seiner Begründung – die Furcht vor politischer Verfolgung vorbringt, wird bei der Ausländerbehörde keine Prüfung der Abschiebungsverbote erreichen. Vielmehr wird die Behörde unter Hinweis, dass hier ein Asylantrag gestellt werde, den Betroffenen an das Bundesamt verweisen. Damit ist dieser beschränkte Antrag wirklich nur in den Fällen zielführend, wenn es um die Tatbestände des § 60 Abs. 5 und 7 AufenthG geht – und nicht zugleich dem Inhalt nach das Begehren um den Schutz vor Verfolgung oder einem ernsthaften Schaden vorliegt.

Beispiel:
Die R ist mit einem Besuchsvisum von Spanien in die Bundesrepublik gekommen. Um dem Dublin-Verfahren und der Überstellung nach Spanien zu entgehen, rät ihr Rechtsanwalt zu einem beschränkten Antrag und beantragt bei der Ausländerbehörde die Feststellung von Abschiebungsverboten (§ 60 Abs. 5 und 7 AufenthG). In seinem Schreiben an die Ausländerbehörde verweist der Rechtsanwalt auf die besondere Bedrohung wegen der regimekritischen Aktivitäten seiner Mandantin. Die Ausländerbehörde verweist die R zur Asylantragstellung an das Bundesamt.

1.3 Zuständige Behörde

Zuständige Behörde für die Entgegennahme und Prüfung der Asylanträge ist das BAMF (§ 5 Abs. 1 AsylG), Entscheidungen des BAMF sind gegenüber anderen Behörden verbindlich (§ 6 AsylG). Die Ausländerbehörde ist nur für die Ausführung der Bundesamtsentscheidungen zuständig. Einzige Ausnahme: Der beschränkte Antrag, wie er in 1.2 vorgestellt wurde. Aber auch hier ist das Bundesamt zu konsultieren. Diese Arbeitsteilung ist deswegen auch sinnvoll, weil mit dem BAMF eine Behörde tätig wird, die besondere Kenntnisse über die Verhältnisse in den Herkunftsländern hat und sammelt. Auch das Personal des BAMF ist für die Aufgabe der Asylentscheidung dem Anspruch nach besonders ausgebildet, was sich daran zeigt, dass es bei dieser Behörde besonders geschulte Mitarbeiter gibt, die etwa unbegleitete minderjährige Flüchtlinge oder traumatisierte Asylsuchende befragen.

V. Asylantragstellung, Verteilung und gestatteter Aufenthalt

Das BAMF ist, wie andere Behörden auch, hierarchisch aufgebaut. Neben der Zentrale in Nürnberg, die dem Bundesministerium des Innern untersteht, gibt es zahlreiche Außenstellen. Die Einzelentscheider, die über die Asylanträge entscheiden, sind weisungsgebunden. So kann das Amt eine einheitliche Entscheidungspraxis herbeiführen.

Als Reaktion auf die gestiegenen Antragszahlen hat das Bundesamt im Herbst 2015 damit begonnen, besondere Entscheidungszentren zu eröffnen, in denen über die Fälle auf der Grundlage der aus den anderen Außenstellen eingesandten Akten (und Anhörungsprotokolle) entschieden wurde. Das hatte zur Folge, dass der Einzelentscheider, der die Entscheidung traf, definitiv nicht (mehr) mit der Person identisch war, die die Anhörung des Asylantragstellers durchgeführt hatte. Dieser Zustand dauert an, auch wenn er vom Bundesamt selbst beklagt wird.

1.4 Die persönliche und örtliche Dimension der Antragstellung

1.4.1 Asylmündigkeit

Die Asylmündigkeit liegt heute bei 18 Jahren und ist damit an die europarechtlichen Vorgaben und auch das übrige deutsche Minderjährigenrecht (§ 106 BGB) angepasst. Die zuletzt viel kritisierte frühere Regelung, wonach bereits ein 16-jähriger Ausländer rechtswirksam einen Asylantrag stellen konnte, ist mit dem Inkrafttreten des Asylpakets I im Oktober 2015 abgeschafft worden. Der jetzt geltende § 12 AsylG setzt für die Wirksamkeit von Verfahrenshandlungen die allgemeine Volljährigkeit nach dem deutschen Bürgerlichen Gesetzbuch voraus, und unabhängig von der Volljährigkeit nach dem Heimatrecht des Ausländers (§ 12 Abs. 2 AsylG). Auch die Regelungen des BGB zur Geschäftsunfähigkeit und Betreuung bei Erwachsenen finden Anwendung.

1.4.2 Persönliche Dimension des Asylantrags

Der Antrag wird regelmäßig vom Antragsteller selbst gestellt. Stellvertretung ist grundsätzlich möglich, allerdings durch das Erfordernis der persönlichen Antragstellung (§ 14 Abs. 1 AsylG) stark eingeschränkt. Damit ist eine Stellvertretung unter Vorlage einer Vollmacht nur möglich, wenn die Asylantragstellung ausnahmsweise schriftlich ohne eigene Vorsprache erfolgen kann. Hauptfall der Stellvertretung ist daher die schriftliche Asylantragstellung durch

1. Der Asylantrag (§ 13 AsylG)

einen Vormund für sein Mündel, einen unbegleiteten minderjährigen Flüchtling. Daneben ist die Stellvertretung bei verschiedenen Verfahrenshandlungen möglich, wobei hier die Rücknahme des Antrags als häufigste zu nennen ist.

1.4.3 Minderjährige Kinder des Antragstellers

Minderjährige Kinder des Antragstellers müssen nicht persönlich zur Antragstellung erscheinen. Das ergibt sich aus § 14a Abs. 1 AsylG, der besagt, dass mit der Antragstellung eines Ausländers qua Gesetz ein Asylantrag sogleich auch für alle minderjährigen Kinder des Antragstellers gestellt wird. Das gilt auch für die Fälle, in denen ein Kind während eines laufenden Asylverfahrens in der Bundesrepublik geboren wird oder nachträglich einreist. Diese Vorschrift dient der Verfahrensbeschleunigung; der Ausländer kann diese Antragstellung nicht verhindern. Er kann insbesondere nicht mehr, so wie vormals, mit der Antragstellung für sein Kind warten (z. B. bis er oder ein anderes Familienmitglied unanfechtbar abgelehnt ist). Der Ausländer kann lediglich auf die Durchführung des Verfahrens für das Kind verzichten, wenn für das Kind eigene Fluchtgründe nicht geltend gemacht werden können oder sollen. Die Folge des Verzichts ist dann aber, dass ein späterer Antrag als Folgeantrag behandelt wird (§ 71 Abs. 1 Satz 3 AsylG).

Eine spätere Anerkennung des Kindes im Wege des Familienasyls ist damit aber nicht ausgeschlossen, da diese dann im Wege eines Wiederaufgreifens erfolgt, wenn mit der Anerkennung des Stammberechtigten ein neuer Grund vorliegt und geltend gemacht wird (siehe zum Thema „Folgeantrag" auch Kap. XII).

Für die Vertretung der eigenen minderjährigen Kinder hat § 12 Abs. 3 AsylG eine Sonderregelung, die das normale familienrechtliche Vertretungsrecht durchbricht.

§ 12 Abs. 3 AsylG:
„Im Asylverfahren ist vorbehaltlich einer abweichenden Entscheidung des Familiengerichts jeder Elternteil zur Vertretung eines minderjährigen Kindes befugt, wenn sich der andere Elternteil nicht im Bundesgebiet aufhält oder sein Aufenthaltsort im Bundesgebiet unbekannt ist."

Nach dieser Regelung kann z. B. ein Vater, auch wenn er im Einzelfall kein Sorgerecht für sein Kind hat, zum Vertreter im Asylverfahren werden.

V. Asylantragstellung, Verteilung und gestatteter Aufenthalt

1.4.4 Örtliche Dimension der Antragstellung

Wie oben angedeutet, ist der Schutzantrag auf die Verhinderung der Abschiebung gerichtet. Er setzt damit die Anwesenheit des Antragstellers im Bundesgebiet voraus. Eine Asylantragstellung im Ausland oder vom Ausland aus gibt es nicht, ebenso wenig wie ein Visum zur Asylantragstellung im Inland.

Wo innerhalb der Bundesrepublik der Asylantrag zu stellen ist, richtet sich bei der persönlichen Antragstellung danach, welche Außenstelle zuständig ist (§ 14 Abs. 1 AsylG). Bei der schriftlichen Antragstellung ist der Antrag an die Zentrale in Nürnberg zu richten (§ 14 Abs. 2 AsylG).

2. Die Asylantragstellung

2.1 Die beiden Wege der Asylantragstellung: persönlich und schriftlich

2.1.1 Regelfall: persönliche Antragstellung (§ 14 Abs. 1 AsylG)

Das deutsche Asylverfahren kennt zwei Wege der Antragstellung. Der Regelfall ist die persönliche Antragstellung, die bei der zuständigen Außenstelle des Bundesamtes zu erfolgen hat (§ 14 Abs. 1 AsylG). Dazu muss natürlich erst ermittelt werden, welche die zuständige Außenstelle ist und der Ausländer muss sich dorthin begeben, weil er zur Antragstellung persönlich erscheinen muss. Erschwerend kommt noch hinzu, dass ein Ausländer, auch wenn er die für ihn zuständige Außenstelle kennt, nicht einfach zur Antragstellung erscheinen kann – er braucht hierfür einen Termin. Das alles führt zu dem für Außenstehende etwas unübersichtlichen Verfahren, das mit den Begriffen „Asylgesuch", „BÜMA", „Ankunftsnachweis" und „Ladung zur Asylantragstellung" verbunden ist. Das Asylgesuch ist demnach noch nicht der Antrag, sondern bereitet ihn sozusagen vor. Zwischen Herbst 2015 und Sommer 2016 konnte allein die Zeit zwischen Asylgesuch und Antragstellung mehrere Monate umfassen. Verständlicher wäre die Verfahrensweise, wenn zunächst ein Asylantrag gestellt würde und dann die Verteilung innerhalb der Bundesrepublik beginnen würde. Der Gesetzgeber hat sich aber für ein anderes Verfahren entschieden und die Verteilung gewissermaßen vor die eigentliche Asylantragstellung gezogen. Der Effekt ist, dass hier Asylgesuch und Asylantrag unterschieden werden müssen.

2. Die Asylantragstellung

2.1.2 Ausnahme: schriftliche Antragstellung (§ 14 Abs. 2 AsylG)

Der Gesetzgeber musste aber auch Fälle berücksichtigen, in denen Menschen nicht mobil sind, Menschen, die nicht bei einer Außenstelle zur Asylantragstellung erscheinen können. Für sie gibt es das schriftliche Verfahren nach § 14 Abs. 2 AsylG. Das ist für die Betroffenen ein positiver Ausnahmefall, weil dieser Personengruppe das Verteilungsverfahren, die Wohnpflicht in der Erstaufnahmeeinrichtung und das Warten auf den Termin zur persönlichen Antragstellung erspart bleiben. In § 14 Abs. 2 Nr. 1–3 AsylG sind diese Personen benannt, die ihren Asylantrag schriftlich beim Bundesamt stellen können.

§ 14 Abs. 2 Satz 1 AsylG:

„Der Asylantrag ist beim Bundesamt zu stellen, wenn der Ausländer

1. einen Aufenthaltstitel mit einer Gesamtgeltungsdauer von mehr als sechs Monaten besitzt,

2. sich in Haft oder sonstigem öffentlichem Gewahrsam, in einem Krankenhaus, einer Heil- oder Pflegeanstalt oder in einer Jugendhilfeeinrichtung befindet, oder

3. minderjährig ist und sein gesetzlicher Vertreter nicht verpflichtet ist, in einer Aufnahmeeinrichtung zu wohnen."

Allen diesen Personen ist gemeinsam, dass sie ihren Aufenthaltsort nicht verlassen können oder sollen (bei Haft und Klinikaufenthalt versteht sich das von selbst). Unter diese Regelung fallen auch die unbegleiteten minderjährigen Flüchtlinge, die in einer Jugendhilfeeinrichtung wohnen (das kann dann sogar auch noch nach dem 18. Geburtstag von Vorteil sein, wenn die Jugendhilfemaßnahme fortgesetzt wird und der Antrag auch dann noch schriftlich gestellt werden kann). Praktisch besonders ist der Fall bei denjenigen, die einen Aufenthaltstitel von mehr als sechs Monaten Geltungsdauer haben. Es kommt hier nicht darauf an, dass der Aufenthalt noch mehr als sechs Monate gültig ist, sondern dass er zu irgendeinem Zeitpunkt sechs Monate und einen Tag gültig war.

Beispiel:

Der Student S aus einem menschenrechtlich kritischen Staat hat seit zwei Jahren eine Aufenthaltserlaubnis, die wegen mangelnder Studienleistungen vermutlich nicht mehr verlängert werden wird. Er will einen Asylantrag stellen. Wenn S dies

V. Asylantragstellung, Verteilung und gestatteter Aufenthalt

> noch vor Ablauf seiner Aufenthaltserlaubnis tut, kann er seinen Asylantrag schriftlich stellen. Er erspart sich dann das Verteilungsverfahren und die Wohnpflicht in der Erstaufnahmeeinrichtung. Er kann sein Studium am Ort seines Studienaufenthaltes fortsetzen.

2.2 Der Ablauf der persönlichen Antragstellung

2.2.1 Das Asylgesuch und die Verteilung

Wenn ein Ausländer einen Asylantrag stellen will und dazu eine öffentliche Stelle kontaktiert, wird er an eine der vier im Gesetz genannten Empfangsstellen für Asylgesuche verwiesen. Diese vier Stellen sind die Grenzbehörde (§§ 18 und 18a AsylG), die Polizei- oder Ausländerbehörde (§ 19 AsylG) oder eine Außenstelle des Bundesamtes (§ 21 AsylG). Erst dort bringt der Ausländer sein Asylgesuch an. Im Gesetz heißt es, dass er „um Asyl nachsucht". Er wird dann auf die nächste Außenstelle verwiesen (wenn er nicht sowieso schon dort vorspricht) und es beginnt das Verteilungsverfahren nach §§ 45 und 46 AsylG. Die Verteilung soll erreichen, dass Asylsuchende in der Bundesrepublik nach einem Schlüssel gerecht – und zwar im Einklang mit Leistungsfähigkeit und Bevölkerungszahl – verteilt werden. Dies geschieht durch das EASY-System (Erstverteilung Asyl), das sich nach der Aufnahmequote (§ 45 Abs. 1 Satz 2 AsylG) und damit nach dem sogenannten Königsteiner Schlüssel richtet.

> **Königsteiner Schlüssel**
>
> Der Königsteiner Schlüssel bestimmt das Verhältnis, in dem bestimmte Lasten (meist Kosten) zwischen den Bundesländern verteilt werden. Er errechnet sich aus dem Steueraufkommen und der Bevölkerungszahl der Länder. Danach trägt z. B. das Land Nordrhein-Westfalen die meisten Lasten, das Land Bremen die geringsten.

Bei der Bestimmung der zuständigen Aufnahmeeinrichtung ist aber neben diesen wirtschaftlichen Daten auch zu berücksichtigen, dass die zugeordnete Außenstelle des BAMF den Asylantrag thematisch bearbeiten kann (das ergibt sich aus § 46 Abs. 1 Satz 2 AsylG). Damit soll dem Umstand Rechnung getragen werden, dass auch das BAMF

2. Die Asylantragstellung

Spezialisierungen vornimmt und eben nicht alle Herkunftsländer in allen Außenstellen bearbeitet werden.

Der Ausländer kann an dieser Stelle schon versuchen, Einfluss auf die Verteilung zu nehmen, indem er auf enge familiäre Beziehungen in der Bundesrepublik hinweist, falls solche denn im Inland bestehen.

2.2.2 „Ankunftsnachweis"

Ein Prüfverfahren des BAMF setzt dieses Asylgesuch zwar noch nicht in Gang, aber es löst bereits Rechte und Pflichten des Ausländers aus. Da im Zuge der gestiegenen Flüchtlingszahlen der Zeitraum zwischen Asylgesuch und der späteren Antragstellung immer länger wurde, war zur Klarstellung und Dokumentation dieses zwischenzeitlichen Rechtsstatus ein weiteres Papier erforderlich geworden. Der Gesetzgeber hat dazu im Herbst 2015 mit § 63a AsylG die „Bescheinigung über die Meldung als Asylsuchender" (kurz: „BÜMA") eingeführt, die nach einer weiteren Neuregelung im Februar 2016 jetzt „Ankunftsnachweis" heißt.

2.2.3 Die persönliche Antragstellung in der zuständigen Außenstelle

Der Ausländer ist verpflichtet, sich in diese für ihn zuständige Erstaufnahmeeinrichtung zu begeben, um dann dort bei der zugeordneten Außenstelle persönlich seinen Asylantrag zu stellen (§ 20 Abs. 1 bzw. § 22 Abs. 3 AsylG). Kommt er dem nicht nach, gilt sein Antrag (den er strenggenommen noch gar nicht gestellt hat) als zurückgenommen.

Über den Ablauf der formalen Asylantragstellung macht das Gesetz keine Aussagen. Es ordnet lediglich an, dass dabei eine Belehrung in einer für ihn verständlichen Sprache überreicht wird, die über die aufenthaltsrechtlichen Folgen der Antragstellung und die Folgen einer Antragsrücknahme unterrichtet. Die erhaltenen Belehrungen hat der Ausländer zu quittieren (§ 14 Abs. 1 Satz 2 AsylG). Ferner werden von dem Antragsteller Lichtbilder (Passbilder) angefertigt und die Fingerabdrücke von allen zehn Fingern und den Handballen abgenommen. Von dieser ED-Behandlung sind Kinder unter 14 Jahren ausgenommen. Es werden die Personalien aufgenommen, die dann in der Asylakte als „Niederschrift Teil 1" enthalten sind. Dort findet sich oben rechts auch das Datum der Antragstellung.

V. Asylantragstellung, Verteilung und gestatteter Aufenthalt

Im Zusammenhang mit der Antragstellung findet oft auch die Dublin-Befragung zum Reiseweg statt. Sofern der Reisepass des Ausländers nicht schon von der Ausländerbehörde eingezogen worden ist, nimmt das BAMF mit der Antragstellung auch den Pass des Ausländers zu den Akten. Die Rückgabe des Passes richtet sich nach § 65 AsylG.

2.2.4 Verteilung auf die Kommunen

Nach Ablauf der Wohnpflicht in der Erstaufnahmeeinrichtung, die nach der neuesten Regelung (und wenn das Land dies so vorsieht) bis zu 24 Monaten währen kann, findet die landesinterne Verteilung statt (§ 50 AsylG). Die Wohnpflicht ist in der Praxis natürlich wesentlich kürzer. Oft fand die Antragstellung (und erst recht die Anhörung) erst statt, wenn der Asylbewerber schon längst in die Kommunen verteilt war.

Gegen die Zuweisungsentscheidung kann zwar Klage erhoben werden, diese hat aber keine aufschiebende Wirkung. Die Erfolgsaussichten einer solchen Klage sind auch sehr gering, weil rechtlich zwingende Gründe allenfalls aus einer Verletzung der familiären Einheit denkbar sind.

Es empfiehlt sich aber, Verteilungswünsche (z. B. in Hinblick auf Zugang zu Arbeit oder Studium) der zuständigen Behörde mitzuteilen. Sofern Kapazitäten frei sind, dürften diese Anregungen berücksichtigt werden.

2.2.5 Personen aus sicheren Herkunftsstaaten

Personen aus sicheren Herkunftsstaaten, die einen Asylantrag gestellt haben, werden nicht mehr in die Landkreise verteilt. Sie bleiben in der Erstaufnahmeeinrichtung bis zu einem erfolgreichen Abschluss ihres Verfahrens (§ 47 Abs. 1a AsylG). Werden sie abgelehnt, bleiben sie dort bis zur Ausreise.

2. Die Asylantragstellung

2.2.6 Übersicht: Antragstellung und Wohnen bei der persönlichen Antragstellung

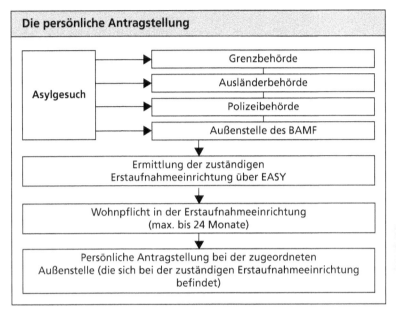

2.3 Die schriftliche Antragstellung

2.3.1 Ablauf

Die schriftliche Antragstellung besteht in einem entsprechenden Schreiben an das Bundesamt für Migration und Flüchtlinge in Nürnberg. Im Falle eines UMF hat dies der Vormund zu verfassen und zu unterschreiben. Der Antrag kann auch auf den Flüchtlingsschutz beschränkt werden. Die Antragstellung per Fax empfiehlt sich, weil mit dem Sendebeleg gleich ein Nachweis vorliegt. Nach einigen Tagen erhält der Antragsteller eine Eingangsbestätigung, die für die Ausländerbehörde wichtig ist. Sie ist die Grundlage für die Ausstellung der Aufenthaltsgestattung. Die ED-Behandlung wird in den Fällen der schriftlichen Antragstellung dann bei der Anhörung nachgeholt.

Nach dem Eingang des Antrags bei der Zentrale wird eine Außenstelle bestimmt, die das Verfahren weiterführt (§ 14 Abs. 3 Satz 3 AsylG).

V. Asylantragstellung, Verteilung und gestatteter Aufenthalt

2.3.2 Keine Begründung erforderlich

Bei der Antragstellung ist eine Begründung nicht erforderlich, auch wenn das von dem BAMF im Internet angebotene Formular (das nicht benutzt werden muss) einen solchen Punkt enthält. Die Frage, ob eine solche Begründung aber vielleicht empfehlenswert ist, wird von den Verfahrensberatern durchaus unterschiedlich beantwortet. Selbstverständlich ist es hilfreich, wenn der Anhörer schon bei erster Durchsicht der Akte einen Eindruck erhält, welche Gründe das Asylverfahren bestimmen. Auf der anderen Seite besteht die Gefahr sich widersprechender Einlassungen, insbesondere dann, wenn die schriftliche Begründung nicht mit einem zuverlässigen Dolmetscher erarbeitet worden ist.

2.3.3 Kein Umzug erforderlich

Aussagen über die Wohnsitznahme bei einer schriftlichen Asylantragstellung erübrigen sich, da keine Verteilung stattfindet und somit auch keine Wohnpflicht in der Erstaufnahmeeinrichtung begründet wird. Es bleibt bei der Wohnung, in der der Antragsteller aktuell am Tag der schriftlichen Antragstellung wohnt.

3. Der gestattete Aufenthalt

3.1 „Vorwirkung des Flüchtlingsschutzes"

Dass der Aufenthalt einem Asylsuchenden gestattet ist, wird in der flüchtlingsrechtlichen Literatur als Vorwirkung des Schutzes betrachtet. Das ist auch folgerichtig; solange der Antrag noch nicht geprüft ist, steht noch nicht fest, dass der Ausländer ohne Verletzung seiner Rechte abgeschoben würde. Erst die negative Asylentscheidung würde diesen Weg freimachen. Eine vorherige Abschiebung wäre bei einem gestellten Asylantrag rechtsfehlerhaft.

3.2 Beginn des gestatteten Aufenthalts

3.2.1 Bei persönlicher Antragstellung

Bei der persönlichen Antragstellung muss die Gestattungswirkung in irgendeiner Weise an die Äußerung des Asylgesuchs anknüpfen. Der Gesetzgeber hat das Problem neuerdings so gelöst:

3. Der gestattete Aufenthalt

§ 55 Abs. 1 Satz 1 AsylG:
„Einem Ausländer, der um Asyl nachsucht, ist zur Durchführung des Asylverfahrens der Aufenthalt im Bundesgebiet ab Ausstellung des Ankunftsnachweises (...) gestattet (...)."

Die Gestattung beginnt demnach mit dem Erhalt des Ankunftsnachweises. Das ist der Stand der Rechtslage ab dem Integrationsgesetz, August 2016. Für viele Rechte, die ein Asylsuchender – ja sogar der abgelehnte Ausländer – im Laufe der Zeit hat (Erwerbstätigkeit, Zugang zu Leistungen), ist es wichtig, auch später noch zu bestimmen, wann der gestattete Aufenthalt genau begonnen hat. Dazu liefert § 87c AsylG Hilfe, hier finden sich nämlich die Altfall- und Übergangsregelungen.

3.2.2 Bei schriftlicher Antragstellung

Bei der schriftlichen Antragstellung gibt es kein Asylgesuch und keinen Ankunftsnachweis. Der gestattete Aufenthalt beginnt mit der Stellung des Asylantrags. Dem Ausländer ist dann binnen von drei Werktagen die Aufenthaltsgestattung nach § 63 AsylG auszuhändigen. Zuständig ist hier die Ausländerbehörde.

3.3 Die Dokumente des gestatteten Aufenthalts

3.3.1 Übersicht

Der gestattete Aufenthalt wird durch einen Ankunftsnachweis oder – nach der Antragstellung – durch eine Aufenthaltsgestattung nachgewiesen. Antragsteller, die ihr Asylgesuch vor dem Sommer 2016 gestellt haben, mögen noch eine „Bescheinigung über die Meldung als Asylsuchender" besitzen. Diese kann für die Berechnung der Voraufenthaltszeiten hilfreich sein.

3.3.2 Inhalt der Dokumente

Ankunftsnachweis und Aufenthaltsgestattung enthalten die Personalien des Asylsuchenden. Soweit die Identität nicht geklärt ist, findet sich der Zusatz: „Personalien beruhen auf den Angaben des Inhabers." Ansonsten treffen sie Aussagen darüber, wie weit der Radius der Mobilität eines Asylsuchenden ist und ob er grundsätzlich erwerbstätig werden darf. Diese Rechte sind allerdings Gegenstand der Veränderung, so dass hier immer aktuell geprüft werden sollte, ob die Angaben noch auf dem Stand sind. Es ist jedenfalls

V. Asylantragstellung, Verteilung und gestatteter Aufenthalt

nicht ausgeschlossen, dass Angaben falsch sind. In diesem Fall sollte der Antragsteller wegen der Änderung bei der Ausländerbehörde vorsprechen.

> **Praxis-Hinweis:**
> Die Aufenthaltsgestattung gibt auch das Bundesamtsaktenzeichen wieder. Das mag für die Beratung wichtig sein, wenn etwa ein Akteneinsichtsrecht wahrgenommen werden soll oder sonst Korrespondenz mit dem BAMF geführt wird.

3.4 Mobilität während des gestatteten Aufenthalts

3.4.1 Übersicht

Bei der Frage der Mobilität sind die „räumliche Beschränkung" von der Pflicht zu einer bestimmten Wohnsitznahme zu unterscheiden. Erstere ist die einschneidendere Regelung: Sie besagt, dass es einem Ausländer nicht gestattet ist, sich in der Bundesrepublik oder einem Bundesland frei zu bewegen.

3.4.2 „Räumliche Beschränkung"

Die „räumliche Beschränkung", die in den §§ 56–59 AsylG sehr ausführlich geregelt war – und es noch immer ist – hat mit dem § 59a AsylG, der im Dezember 2014 neu in das Gesetz kam, ihren wesentlichen Anwendungsbereich verloren. Jetzt gilt, dass diese Beschränkung nach einem dreimonatigen gestatteten Aufenthalt erlischt. Als Ausnahme bleibt nur, dass eine Person noch verpflichtet ist, in der Erstaufnahmeeinrichtung zu wohnen. Hier zeigt sich allerdings, wie einschneidend die Regelung für Asylantragsteller aus sicheren Herkunftsstaaten ist, die bis zu einer etwaigen Anerkennung in der Erstaufnahmeeinrichtung wohnen müssen und auch über die ersten drei Monate hinaus in ihrer Freizügigkeit beschränkt bleiben.

In § 59b AsylG findet sich die Ermächtigungsgrundlage für die Ausländerbehörde, auch bei einem Asylsuchenden nach dreimonatigem Voraufenthalt eine räumliche Beschränkung zu verhängen, wenn der Asylantragsteller rechtskräftig zu einer Strafe verurteilt ist (wobei Straftaten, die nur Ausländer begehen können, nicht zählen) oder wenn Tatsachen die Schlussfolgerung begründen, dass er gegen das Betäubungsmittelgesetz verstoßen hat. In letzterem Fall ist also keine rechtskräftige Verurteilung nötig. Schließlich kann

3. Der gestattete Aufenthalt

die räumliche Beschränkung verhängt werden, wenn aufenthaltsbeendende Maßnahmen bevorstehen.

3.4.3 Grenzübertritte

Grenzübertritte mögen in der Weise möglich sein, dass der Asylsuchende die Bundesrepublik praktisch verlässt (für einen rechtmäßigen Grenzübertritt würde er allerdings einen Pass und eine Aufenthaltserlaubnis für das Zielland benötigen). Die Aufenthaltsgestattung berechtigt nicht zum Grenzübertritt (§ 64 Abs. 2 AsylG). Ein Recht auf Wiedereinreise aufgrund des gestellten Asylantrages gibt es nicht. Eine Ausnahme kann mit der Ausländerbehörde verhandelt werden, wenn es berechtigte Gründe für eine Reise gibt (z. B. durch Aufnahme in sogenannte Schülersammellisten bei Klassenfahrten).

3.4.4 Wohnpflicht

Nach Ende der Wohnpflicht in der Erstaufnahmeeinrichtung wird der Ausländer einer Kommune oder einem Landkreis zugewiesen. Das bedeutet aber nicht, dass der Asylsuchende auf diese Kommune verpflichtet ist. Auf Antrag kann ihm (wenn sein Lebensunterhalt durch eigene Leistungen gesichert ist) der Umzug innerhalb des Bundeslandes erlaubt werden. Der Asylsuchende muss auch nicht in einer Gemeinschaftsunterkunft wohnen; findet er auf dem privaten Wohnungsmarkt eine preislich dem Niveau des AsylbLG entsprechende Wohnung innerhalb der ihm zugewiesenen Kommune oder Landkreis, kann er auch dort wohnen, erst recht, wenn er seine Miete durch eigene Einkünfte sichert.

3.5 Das Ende des gestatteten Aufenthalts

Der gestattete Aufenthalt endet spätestens, wenn die Entscheidung des Bundesamtes unanfechtbar geworden ist (§ 67 Abs. 1 Nr. 6 AsylG). Das ist bei einer negativen Entscheidung dann der Fall, wenn keine Klage erhoben wurde oder diese endgültig erfolglos war. Dramatischer sind aber die Fälle der ablehnenden Entscheidungen, wenn die Abschiebungsandrohung (oder Abschiebungsanordnung) vorläufig vollziehbar ist. Hier erlischt der gestattete Aufenthalt, wenn eine Abschiebungsandrohung (oder Abschiebungsanordnung) bereits vorläufig vollziehbar ist. Dann ist der gestattete Aufenthalt vorbei, der Asylsuchende wird ausreisepflichtig.

4. Die Rücknahme des Asylantrags

4.1 Grundsatz

Während das Gesetz dazu Anforderungen formuliert, wie ein rechtsgültiger Asylantrag zu stellen ist, schweigt es dazu, wie und bis wann der Antrag zurückzunehmen ist. Man wird eine schriftliche Rücknahmeerklärung gegenüber dem Bundesamt als ausreichend erwarten dürfen, wenn der Ausländer eine Schutzfeststellung nicht mehr wünscht. Eine Rücknahme kann aber auch unfreiwillig in Gestalt einer Rücknahmefiktion eintreten, wenn der Ausländer sein Verfahren nicht mehr ausreichend betreibt oder betrieben hat und eine Rücknahmefiktion nach § 33 AsylG eintritt.

Um der Rechtsklarheit willen erlässt das Bundesamt im Falle der Rücknahme einen Bescheid nach § 32 AsylG, in dem es die Einstellung des Verfahrens feststellt, aber von Amts wegen noch eine Entscheidung zu dem Vorliegen der Voraussetzungen des § 60 Abs. 5 und 7 AufenthG („nationale Abschiebungsverbote") trifft.

Neben der Rücknahme kennt das Gesetz auch den Verzicht auf die Durchführung eines Asylverfahrens für ein Kind (§ 14 Abs. 3 AsylG). Dies geschieht in der Praxis dann, wenn die Eltern für das Kind keine Asylgründe geltend machen wollen oder können.

4.2 Zeitliche Dimension der Rücknahme und ihre Folgen

Zeitlich ist die Rücknahme bis zum Eintritt der Bestandskraft einer Ablehnung möglich; im Falle eines Gerichtsverfahrens wäre das bis zur Rechtskraft des ablehnenden Urteils. Für den Bevollmächtigten ist in einer solchen Situation zu raten, erst nach Rücknahme des Asylantrags eine prozessuale Erklärung abzugeben. Wird nur (oder zuerst) die Klage zurückgenommen, wird der zuvor angegriffene Bescheid bestandskräftig.

Umstritten ist aber, wie mit einer solchen Rücknahme umzugehen ist, wenn das Gesetz an den Fall eines abgelehnten Asylantrags bestimmte Folgen knüpft.

Einen wichtigen Anwendungsfall kann man sich bei einer Ablehnung des Asylantrags als offensichtlich unbegründet denken. Dann lässt sich die Konsequenz des § 10 Abs. 3 Satz 3 AufenthG vermeiden. Das Gleiche gilt bei Antragstellern aus sicheren Herkunftsstaaten. Nehmen diese ihren Asylantrag noch vor Eintritt der Bestandskraft zurück, kommt es nicht zu dem Erwerbsverbot nach

5. Auswirkungen der Asylantragstellung auf das Aufenthaltsrecht

§ 60a Abs. 6 Satz 2 Nr. 3 AufenthG. Diese Betrachtungsweise wird aber nicht von allen geteilt. Es wird z. B. eingewandt, dass es sich bei der Rücknahme des Antrags in diesem Fall um eine unzulässige Umgehung des Gesetzes handelt.

Auch im Hinblick auf ein bevorstehendes Dublin-Verfahren kann es zweckdienlich sein, den Schutzantrag zurückzunehmen (siehe dazu Kap. VII.2.1.4 im Zusammenhang mit dem Dublin-Verfahren).

5. Auswirkungen der Asylantragstellung auf das Aufenthaltsrecht

5.1 Erlöschen bestimmter Aufenthaltstitel durch Asylantragstellung

5.1.1 Grundaussage

Da die Asylantragstellung unmittelbar zu einem Recht zum vorläufigen Verbleib im Bundesgebiet führt, hat der Gesetzgeber als Kehrseite verschiedene negative aufenthaltsrechtliche Folgen an die Antragstellung geknüpft. Bestimmte Aufenthaltstitel und Aufenthaltstitel mit kurzer Geltungsdauer erlöschen. Diese Folgen treten mit der Asylantragstellung ein. In der Rechtsberatung sollte darauf hingewiesen werden.

5.1.2 Erlöschen kurzer Aufenthaltstitel durch die Stellung des Asylantrags

Nach § 55 Abs. 2 AsylG erlöschen alle Aufenthaltstitel und Visa mit einer Geltungsdauer bis zu (einschließlich) sechs Monaten.

> **Beispiel:**
> C ist mit einem Schengenvisum (Gültigkeit 3 Monate) nach Deutschland gekommen. Sie trägt sich mit dem Gedanken, einen Asylantrag zu stellen. Im Beratungsgespräch äußert sie die Absicht, eine Cousine in Brüssel besuchen und wieder zurückkehren zu wollen. Dieses Vorhaben wäre nach der Asylantragstellung nicht mehr realisierbar.

V. Asylantragstellung, Verteilung und gestatteter Aufenthalt

5.1.3 Erlöschen bestimmter humanitärer Aufenthaltstitel durch die Stellung des Asylantrags

Was weniger bekannt ist, ist die etwas versteckte Regelung in § 51 Abs. 1 Nr. 8 AufenthG. Demnach erlöschen auch bestimmte humanitäre Aufenthaltstitel unabhängig von ihrer Geltungsdauer, wenn ein Asylantrag gestellt wird. Diese Regelung betrifft die Erlaubnisse nach §§ 22, 23 und 25 Abs. 3–5 AufenthG.

Beispiel:

A hat aus humanitären Gründen eine Aufenthaltserlaubnis nach § 25 Abs. 5 AufenthG. Einige Jahre später ergeben sich politische Änderungen in seinem Herkunftsland. In der Beratungsstunde wird überlegt, ob A über einen Asylantrag zu einer Statusverbesserung kommen könnte. Mit Recht weist man ihn darauf hin, dass er – ungeachtet der Frage nach den Erfolgsaussichten – mit einem solchen Antrag seinen Aufenthaltstitel (vorläufig) verliert und in eine Aufenthaltsgestattung wechselt. Da seine Aufenthaltserlaubnis mehr als sechs Jahre gültig war, muss er aber nicht in die Erstaufnahmeeinrichtung.

5.2 Titelerteilungssperre während des Asylverfahrens

5.2.1 Die Erteilung neuer Aufenthaltstitel

In der Zeit während des Asylverfahrens, das stellt § 10 Abs. 1 AufenthG klar, darf – von sehr seltenen Ausnahmen abgesehen – keine Aufenthaltserlaubnis mehr neu erteilt werden, sofern kein Anspruch auf diese bestimmte Aufenthaltserlaubnis besteht.

§ 10 Abs. 1 AufenthG:

„Einem Ausländer, der einen Asylantrag gestellt hat, kann vor dem bestandskräftigen Abschluss des Asylverfahrens ein Aufenthaltstitel außer in den Fällen eines gesetzlichen Anspruchs nur mit Zustimmung der obersten Landesbehörde und nur dann erteilt werden, wenn wichtige Interessen der Bundesrepublik Deutschland es erfordern."

Wem während eines Asylverfahrens etwa eine Arbeitsstelle angeboten wird, kann nicht in diesen anderen Aufenthalt (nach § 18 AufenthG) wechseln. Eine Ausnahme bilden die Aufenthaltserlaubnisse, auf die der Ausländer einen Anspruch hat (z. B. in bestimmten Fällen des Familiennachzugs). Die „blaue Karte" (§ 19a AufenthG)

5. Auswirkungen der Asylantragstellung auf das Aufenthaltsrecht

und neuerdings auch der Studienaufenthalt (§ 16 AufenthG) sind als Anspruchserlaubnisse ausgestaltet. Die Ausländerbehörde muss den Titel erteilen, wenn die Voraussetzungen vorliegen. Für Asylsuchende bringt das aber leider keinen Vorteil, weil diese Personengruppe ausdrücklich von diesen beiden Aufenthalten ausgeschlossen ist (vgl. §§ 19a Abs. 5 Nr. 1 und 16 Abs. 11 AufenthG).

Wichtig in § 10 AufenthG ist die Formulierung „vor bestandskräftigem Abschluss". Damit ist klar, dass eine Titelerteilung auch noch versperrt bleibt, wenn zwar das Asylverfahren beim Bundesamt vorbei ist, der Asylantrag dann aber noch weiter bei einem Verwaltungsgericht anhängig ist. Das hat das Bundesverwaltungsgericht in seinem Urteil vom 17.12.2015 (Az.: 1 C 31.14) betont. Eine praktische Konsequenz hat das für Personen, die nach einer teilweisen Anerkennung ihr Asylverfahren im Klageweg weiter betreiben. Wer beispielsweise nationale Abschiebungsverbote zuerkannt erhalten hat, dann aber weiter eine Klage auf den internationalen Schutz führt, erhält in dieser Zeit keine Aufenthaltserlaubnis nach § 25 Abs. 3 AufenthG. Er bleibt bis zum Ende des Gerichtsverfahrens (unter Umständen bis zur Klagerücknahme) bei seiner Aufenthaltsgestattung. § 25 Abs. 3 AufenthG, so das Bundesverwaltungsgericht, begründet eben keinen Anspruch.

Beispiel:

L ist aus Afghanistan; sie hat vom Bundesamt die nationalen Abschiebungsverbote zuerkannt erhalten. Sie klagt vor dem Verwaltungsgericht auf den besseren Schutz, weil sie ihre Furcht vor geschlechtsspezifischer Verfolgung nicht gewürdigt sieht. Bis zum Ende des Gerichtsverfahrens muss sie weiter mit der Aufenthaltsgestattung leben, da § 25 Abs. 3 AufenthG keinen Anspruch vermittelt. Es mag allerdings sein, was nicht selten ist, dass einige Ausländerbehörden ungeachtet der herrschenden Rechtsauffassung doch die Aufenthaltserlaubnis erteilen. Letzteres wäre bei einer Beratungsstelle (oder der Ausländerbehörde) zu erfragen.

Anders ist das, wenn man von dem Bundesamt bereits den Schutzstatus nach § 4 AsylG erhalten hat. Hier greift die Ausnahme, weil der Anerkannte einen Anspruch auf eine Aufenthaltserlaubnis nach § 25 Abs. 2, 2. Alt. AufenthG hat, auch wenn das Asylverfahren noch nicht beendet ist, weil er noch den Flüchtlingsstatus einklagt.

V. Asylantragstellung, Verteilung und gestatteter Aufenthalt

5.2.2 Keine Nachteile bei der Verlängerung bestehender Aufenthaltstitel

Hat der Ausländer jedoch schon eine Aufenthaltserlaubnis, die nicht durch die Asylantragstellung erloschen ist, richtet sich die Verlängerung nach den allgemeinen Regeln. Einschlägig ist hier dann § 10 Abs. 2 AufenthG. Das heißt, die Asylantragstellung hat in diesem Fall keine Auswirkungen auf den Aufenthalt.

Beispiel:
R ist aus Syrien und arbeitet als Webdesignerin in einer Agentur. Sie hat schon über ein Jahr eine Aufenthaltserlaubnis nach § 18 AufenthG. Sie fragt in der Beratungsstelle, ob sie einen Asylantrag stellen könne und ob das Auswirkungen auf ihren Aufenthalt habe. Hier gilt, dass ihr Aufenthalt durch die Antragstellung nicht erlischt und auch nach Ablauf verlängert wird, wenn die Erteilungsvoraussetzungen (Arbeitsstelle in der Agentur u. a.) weiter vorliegen. Da sie auch nicht in einer Erstaufnahmeeinrichtung Wohnung nehmen muss, wirkt sich die Asylantragstellung nicht auf das Leben aus. Sie kann auch Auslandsreisen unternehmen, sofern ihr Pass noch gültig ist (und sie ihn im Besitz hat).

5.3 Titelerteilungssperre nach einer Ablehnung des Asylantrags

5.3.1 Grundlage

Das Gesetz sperrt den Ausländer auch für zukünftige Aufenthaltstitel. Diese Sperre gilt bis zur Ausreise. Entscheidend für die Aussichten ist, ob das Asylverfahren mit einer einfachen Ablehnung oder mit einer Ablehnung als „offensichtlich unbegründet" im Sinne des § 30 Abs. 3 Nr. 1–6 AsylG endete.

5.3.2 Nach einfacher Ablehnung (§ 10 Abs. 3 Satz 1 AsylG)

Einem Ausländer, dessen Asylantrag einfach abgelehnt worden ist (oder der seinen Asylantrag zurückgenommen hat), darf vor der erneuten Wiedereinreise ein Aufenthalt nur erteilt werden, wenn er auf diesen Titel einen Anspruch hat.

Im Ermessenswege kann der Ausländer die folgenden weiteren Aufenthalte bekommen:

5. Auswirkungen der Asylantragstellung auf das Aufenthaltsrecht

- alle Aufenthalte aus dem 5. Abschnitt des Aufenthaltsgesetzes, das sind: §§ 23, 23a, 24, 25 Abs. 3–5, 25a und 25b
- Aufenthalte, für die der Gesetzgeber die Anwendung auch bei einer Ablehnung gesondert anordnet: § 18a (dort Abs. 3)

5.3.3 Nach Ablehnung als „offensichtlich unbegründet" gemäß § 30 Abs. 3 Nr. 1–6 AsylG

Wessen Asylantrag als „offensichtlich unbegründet" abgelehnt worden ist, unterliegt weiteren einschneidenden Einschränkungen. Das ergibt sich aus der Sonderregelung in § 10 Abs. 3 Satz 2 AsylG. Allerdings gilt dies nur dann, wenn die Offensichtlichkeitsablehnung auf § 30 Abs. 3 Nr. 1-6 AsylG fußt und diese Normen im Bescheid ausdrücklich nennt. Wer mit seinem Asylantrag scheitert und nur einen „Offensichtlichkeitsbescheid" i. S. d. § 30 Abs. 1 AsylG erhält, ist davon nicht betroffen.

Der Ausländer ist dann von allen Aufenthalten vor einer Ausreise gesperrt, außer er hat einen Anspruch darauf. Ansonsten kann ein Aufenthalt nur nach §§ 23a, 25 Abs. 3, 25a und 25b AufenthG erteilt werden.

Praxis-Tipp in der Beratung:
Es ist möglicherweise ratsam, den Asylantrag wegen einer bevorstehenden „OU"-Ablehnung erst nicht zu stellen, aber eben auch zurückzunehmen, weil sich dann nur die einfachen Folgen nach § 10 Abs 3 Satz 1 AsylG ergeben.

Wichtig: Die Offensichtlichkeitsentscheidung bei Personen aus sicheren Herkunftsstaaten ergeht nach § 29a AsylG; sie löst diese Erteilungssperre nicht aus. Diese Personen fallen aber unter die sehr viel weitgehendere Regelung des § 11 Abs. 7 AufenthG (Erwerbs- und Aufenthaltsverbot).

VI. Mitwirkungspflichten und Rücknahmefiktion

1.	Grundsatz	152
2.	Wichtige Pflichten und Sanktionen	152
2.1	Schaubild	152
2.2	Erläuterungen zu dem Schaubild	155
3.	Duldungspflichten gegenüber einer Durchsuchung (§ 15 Abs. 4 AsylG)	155
4.	Erkennungsdienstliche Behandlung (§ 16 AsylG)	156
5.	Die Rücknahmefiktion nach § 33 AsylG	156
5.1	Voraussetzungen und Folgen der Rücknahmefiktion	156
5.2	Die Fiktion des Nichtbetreibens	156
5.3	Der Einstellungsbescheid nach § 33 AsylG	157
5.4	Rechtsmittel gegen den Einstellungsbescheid	158
5.5	Der „Restart" – das besondere Wiederaufnahmeverfahren nach § 33 Abs. 5 AsylG	158

VI. Mitwirkungspflichten und Rücknahmefiktion

1. Grundsatz

Das AsylG erwartet von dem Asylbewerber an vielen Punkten die Mitwirkung. Für die Beratung sind die Mitwirkungspflichten deswegen wichtig, weil das Unterlassen Rechtsverluste und Sanktionen nach sich ziehen kann. Das Gesetz kennt mehrere Typen von Sanktionen: Es gibt die Rücknahmefiktion nach § 33 AsylG; in diesem Fall wirkt sich eine unterlassene Mitwirkung dahin aus, dass das Bundesamt den Asylantrag als zurückgenommen bewerten darf. Allerdings muss das Unterlassen auch zurechenbar sein, also nicht unverschuldet. Außerdem muss darüber belehrt worden sein. Diese Folgen sind erheblich, weil dies der Ablehnung des Antrags gleichkommt. Es droht möglicherweise die Abschiebung und ein erneuter Antrag wird als Folgeantrag gewertet. Es gibt aber auch Wege, ohne diese Folgen wieder in das reguläre Verfahren zurückzukommen (dazu unten). Ähnlich wirkt die Zustellungsfiktion des § 10 AsylG: Wer hier bestimmten Obliegenheiten zur Adressmitteilung an das Bundesamt nicht nachkommt, muss Schriftstücke als wirksam zugestellt gelten lassen, auch wenn er sie vielleicht niemals in Händen hatte.

Andere Sanktionen sind Leistungskürzungen (nach § 1a AsylbLG) oder Strafen (wie etwa bei Residenzpflichtverletzungen). Schließlich gibt es auch Sanktionen, die sich auf die Entscheidung über den Asylantrag selbst auswirken, etwa dass ein verspätetes Vorbringen nicht mehr berücksichtigt werden muss oder dass der Asylantrag aus Gründen mangelnder Mitwirkung auch als offensichtlich unbegründet abgelehnt werden darf.

2. Wichtige Pflichten und Sanktionen

2.1 Schaubild

Das Schaubild zeigt die Sanktionen auf. Zu beachten ist, dass ein und derselbe Unterlassenstatbestand auch mehr als eine Sanktion nach sich ziehen kann.

2. Wichtige Pflichten und Sanktionen

Pflicht/Obliegenheit	Norm AsylG	Sanktion	Norm AsylG
Nach dem Asylgesuch muss der Asylbewerber in bestimmter Zeit seinen formellen Asylantrag stellen.	§ 23 Abs. 1	Der Asylantrag gilt bei Unterlassen / Säumnis als zurückgenommen, wenn der Antragsteller nicht nachweist, dass er keinen Einfluss darauf hatte.	§ 23 Abs. 2 mit Verweis auf § 33
		Wird der Termin nicht wahrgenommen, können auch Leistungen nach dem AsylbLG gekürzt werden.	§ 1a Abs. 5 Nr. 3 AsylbLG
Bei illegaler Einreise ist der Asylantrag unverzüglich zu stellen.	§ 13 Abs. 1	Der Asylantrag kann, wenn er unbegründet ist, zusätzlich als „offensichtlich unbegründet" abgelehnt werden.	§ 30 Abs. 3 Nr. 5
Einhaltung der räumlichen Beschränkung	§§ 56 ff.	Bei Verlassen: Ordnungswidrigkeit, im Wiederholungsfall: Straftat	§ 86 Abs. 1, § 85
Einhaltung der räumlichen Beschränkung im beschleunigten Verfahren	§ 30a Abs. 3	Rücknahmefiktion bei Verlassen des zugewiesenen Bezirks des beschleunigten Verfahrens	§ 33 Abs. 2 Nr. 3
Erreichbarkeit für die Behörden		Bei Untertauchen gilt der Asylantrag als zurückgenommen.	§ 33 Abs. 2 Nr. 2
Obliegenheit, nicht in das Herkunftsland zurückzureisen		Rückreise in das Herkunftsland bewirkt Rücknahmefiktion.	§ 33 Abs. 3
Pflicht zur Mitteilung der Anschrift	§ 10 Abs. 1	Fiktion der wirksamen Zustellung an die letzte bekannte Anschrift	§ 10 Abs. 2

VI

VI. Mitwirkungspflichten und Rücknahmefiktion

Pflicht/Obliegenheit	Norm AsylG	Sanktion	Norm AsylG
Vorsprache bei Behörden bei Anordnung	§ 15 Abs. 2 Nr. 3	Der Asylantrag kann, wenn er unbegründet ist, zusätzlich als „offensichtlich unbegründet" abgelehnt werden.	§ 30 Abs. 3 Nr. 5
Passüberlassungspflicht	§ 15 Abs. 2 Nr. 4	Bei Unterlassung kann der Asylantrag, wenn er unbegründet ist, zusätzlich als „offensichtlich unbegründet" abgelehnt werden.	§ 30 Abs. 3 Nr. 5
		Es können Leistungen nach dem AsylbLG gekürzt werden.	§ 1a Abs. 5 Nr. 1 AsylbLG
Urkundenüberlassungspflicht	§ 15 Abs. 2 Nr. 5	Der Asylantrag kann, wenn er unbegründet ist, zusätzlich als „offensichtlich unbegründet" abgelehnt werden.	§ 30 Abs. 3 Nr. 5
Pflicht zur Identitätsklärung durch Aushändigung von Urkunden		Wenn der Verstoß gegen die Urkundenüberlassung die Identitätsklärung betrifft, kann dies Leistungskürzungen nach sich ziehen.	§ 1a Abs. 5 Nr. 2 AsylbLG
Bei Aufforderung wesentliche Informationen oder Urkunden zu geben bzw. zu überlassen		Verstoß kann bei Aufforderung und nicht entschuldigtem Unterlassen zur Rücknahmefiktion führen.	§ 33 Abs. 2 Nr. 1

Pflicht/Obliegen- heit	Norm AsylG	Sanktion	Norm AsylG
Persönliches Erscheinen zur Anhörung („Interview")	§ 25 Abs. 1	Unentschuldigtes Nichterscheinen kann zur Rücknahmefiktion führen.	§ 33 Abs. 2 Nr. 1
		Bei gröblicher Verletzung kann auch ein unbegründeter Asylantrag als „offensichtlich" unbegründet abgelehnt werden.	§ 30 Abs. 3 Nr. 5

2.2 Erläuterungen zu dem Schaubild

2.2.1 Unterlassen oder Handeln muss vertretbar sein

Die Rücknahmefiktion tritt nur ein, wenn die Unterlassung oder Handlung vertretbar ist; das bedeutet, dass der Asylbewerber keinen Einfluss darauf gehabt haben darf, dass er der Pflicht nicht nachkam. Bei der Rückreise in den Herkunftsstaat wäre nach einem rechtfertigenden Grund zu suchen (z. B. dringender familiärer Grund).

Bei den Pflichtverletzungen, die eine „Offensichtlichkeitsablehnung" zur Folge haben (§ 30 Abs. 3 Nr. 5 AsylG), muss die Verletzung „gröblich" sein.

2.2.2 Pflichten im „beschleunigten Verfahren" (§ 30a AsylG)

Wer sich in dem beschleunigten Verfahren befindet, muss in der ihm zugewiesenen Einrichtung wohnen, ein Verstoß kann zur Rücknahmefiktion führen. Die Voraussetzungen des beschleunigten Verfahrens sind in § 30a Abs. 1 AsylG geregelt. Das beschleunigte Verfahren wird allerdings derzeit nicht vom Bundesamt angewandt, so dass hier auf die weitere Erläuterung verzichtet wird.

3. Duldungspflichten gegenüber einer Durchsuchung (§ 15 Abs. 4 AsylG)

In den §§ 15 und 15a AsylG finden sich weitere Pflichten, insbesondere Duldungspflichten, die nicht im Sanktionenkatalog zu finden sind. Der Asylbewerber kann demzufolge auch gegen seinen Willen veranlasst werden, diese Maßnahmen zu dulden. Folgende Pflichten nennt das Gesetz:

- Duldung der körperlichen Durchsuchung und hinsichtlich mitgeführter Sachen (Taschen u. a.) bei der Frage nach Ausweisen, Flugscheinen, Datenträgern, Pässen u. a., wenn der Antragsteller trotz Aufforderung solche Dokumente bei seiner Vorsprache nicht freiwillig herausgibt
- Duldung des Auslesens von Daten auf einem mitgeführten Datenträger (z. B. Mobilfunkgerät, USB-Stick); dieser Aspekt ist neu und wurde im Juli 2017 in das Gesetz eingeführt. Aufgrund des besonders wichtigen Rechtsguts, das hier betroffen ist, dürfen solche Daten nur zu dem Zweck gelesen werden, die Identität und die Staatsangehörigkeit des Betroffenen zu ermitteln. Außerdem muss diese Maßnahme verhältnismäßig sein und sie darf nur von Mitarbeitern vorgenommen werden, die Volljuristen sind (§ 48 Abs. 3a Satz 4 AufenthG).

4. Erkennungsdienstliche Behandlung (§ 16 AsylG)

Im Zuge der erkennungsdienstlichen Behandlung werden dem Asylsuchenden die Fingerabdrücke von allen zehn Fingern abgenommen, außerdem werden Lichtbilder gefertigt. Des Weiteren sind Tonaufnahmen statthaft, die der Ermittlung der Herkunftsregion dienen sollen. Der Antragsteller wird gebeten, vorgegebene Sätze zu sprechen, die dann linguistisch ausgewertet werden.

5. Die Rücknahmefiktion nach § 33 AsylG

5.1 Voraussetzungen und Folgen der Rücknahmefiktion

Wenn der Ausländer sein Verfahren nicht weiter betreibt, gilt sein Asylantrag als zurückgenommen. Die Rücknahme führt zu einem Einstellungsbescheid, der im negativen Fall, wenn auch die nationalen Abschiebungsverbote verneint werden, eine Abschiebungsandrohung in den Herkunftsstaat enthält.

5.2 Die Fiktion des Nichtbetreibens

Das Gesetz nennt vier Fälle, in denen vermutet wird, dass der Ausländer sein Verfahren nicht weiter betreibt. Die Fiktion tritt nur ein,

5. Die Rücknahmefiktion nach § 33 AsylG

wenn der Ausländer auf diese Folge hingewiesen worden ist. Bei den ersten drei Fällen muss hinzukommen, dass der Betroffene auf seine Säumnis oder sein Fehlen keinen Einfluss hatte. Im vierten Fall, der Rückreise in das Herkunftsland, darf kein Ausnahmefall einer sittlich gebotenen Reise vorliegen.

Verhalten des Antragstellers	Vermutung des Nichtbetreibens
Nichtvorlage wesentlicher Informationen nach § 15 AsylG	§ 33 Abs. 2 Nr. 1 AsylG
Nichterscheinen bei einer Anhörung nach § 25 AsylG	§ 33 Abs. 2 Nr. 1 AsylG
Untertauchen	§ 33 Abs. 2 Nr. 2 AsylG
Verstoß gegen eine räumliche Beschränkung im Zuge der Residenzpflicht im beschleunigten Verfahren	§ 33 Abs. 2 Nr. 3 AsylG
Rückreise in das Herkunftsland	§ 33 Abs. 3 AsylG

Die Rücknahmefiktion in den Fällen der Nrn. 1–3 ist erst dann ausgelöst, wenn diese nicht unverschuldet geschehen ist:

§ 33 Abs. 2 Satz 2 AsylG:
Die Vermutung (...) gilt nicht, wenn der Ausländer unverzüglich nachweist, dass das in Satz 1 Nummer 1 genannte Versäumnis oder die in Satz 1 Nummer 2 und 3 genannte Handlung auf Umstände zurückzuführen war, auf die er keinen Einfluss hatte."

Bei der Rückreise ins Heimatland kann diese ausnahmsweise unschädlich sein, wenn es sich nur um einen kurzen Besuch zur Erfüllung einer sittlichen Pflicht gehandelt hat.

5.3 Der Einstellungsbescheid nach § 33 AsylG

Der Einstellungsbescheid drückt aus, dass das Verfahren aufgrund einer Rücknahme eingestellt worden ist. Es werden die nationalen Abschiebungsverbote geprüft und im Negativfall wird die Abschiebung in den Herkunftsstaat angedroht.

VI. Mitwirkungspflichten und Rücknahmefiktion

5.4 Rechtsmittel gegen den Einstellungsbescheid

5.4.1 Klage und Eilantrag

Gegen diesen Beschluss müssen Klage und Eilantrag gestellt werden, die Klage selbst hat keine aufschiebende Wirkung.

5.4.2 Begründung des Rechtsmittels

In der Begründung des Rechtsmittels sind die Umstände aufzuführen, die es nahelegen, dass den Antragsteller kein Verschulden trifft.

Am häufigsten kommen Einstellungsbeschlüsse vor, weil die Asylsuchenden nicht zum Termin zur mündlichen Anhörung erschienen sind. Vielfach liegt das aber an mangelhaften Ladungen, die zu spät oder an eine falsche Adresse verschickt worden sind. Hierfür empfiehlt es sich, im Eilverfahren eidesstattliche Versicherungen der Beteiligten (z. B. des Hausmeisters) vorzulegen, die das Geschehen für das Gericht glaubhaft machen.

Neben solchen Gründen kann der Antragsteller aber auch formelle Fehler des BAMF ins Feld führen. Hier ist es eine gegebenenfalls unterlassene Belehrung nach § 33 Abs. 4 AsylG. Die Belehrung muss sich ausdrücklich und in einer für den Antragsteller verständlichen Sprache auf die drohende Rücknahmefiktion beziehen; eine allgemeine Belehrung dahin, dass mangelnde Mitwirkung zu Nachteilen führt, genügt nicht. Die Belehrung ist vom Antragsteller zu quittieren.

Insbesondere in alten Verfahren, die noch vor der Einführung der Rücknahmefiktion begonnen wurden, fehlt es an solchen konkreten Belehrungen. Ob es die Belehrung wirklich gibt, ist durch einen Antrag auf Akteneinsicht nachzugehen.

5.5 Der „Restart" – das besondere Wiederaufnahmeverfahren nach § 33 Abs. 5 AsylG

5.5.1 Grundlage

Neben Klage und Eilantrag kann der Betroffene aber auch einen anderen Weg wählen, nämlich den „Restart" des Verfahrens, also die besondere Wiederaufnahme, die nicht als Neuantrag oder Folgeantrag zählt. Erklärt der Asylsuchende persönlich bei der Außenstelle, bei der er vormals zu wohnen verpflichtet war, dass er das Verfahren trotz der Einstellungsentscheidung wieder aufnehmen

5. Die Rücknahmefiktion nach § 33 AsylG

will, führt das Bundesamt das Asylverfahren an der Stelle fort, wo es beendet worden war. Diese Wiederaufnahmeerklärung ist aber innerhalb von neun Monaten nach Erhalt der Einstellungsentscheidung abzugeben.

Es gibt noch eine weitere wichtige Einschränkung: Jeder Asylsuchende darf nur einmal von dieser Möglichkeit Gebrauch machen. Stellt das Bundesamt ein zweites Mal das Verfahren ein, weil der Betreffende z. B. wieder nicht zum Anhörungstermin erschienen ist, dann ist ihm dieser „Restart" verwehrt.

5.5.2 Voraussetzungen der besonderen Wiederaufnahme

Die Voraussetzungen sind in § 33 Abs. 5 AsylG geregelt:

§ 33 Abs. 5 Satz 2 bis 6 AsylG:

„Ein Ausländer, dessen Asylverfahren (...) eingestellt worden ist, kann die Wiederaufnahme des Verfahrens beantragen. Der Antrag ist persönlich bei der Außenstelle des Bundesamtes zu stellen, die der Aufnahmeeinrichtung zugeordnet ist, in welcher der Ausländer vor der Einstellung des Verfahrens zu wohnen verpflichtet war. Stellt der Ausländer einen neuen Asylantrag, so gilt dieser als Antrag im Sinne des Satzes 2. Das Bundesamt nimmt die Prüfung in dem Verfahrensabschnitt wieder auf, in dem sie eingestellt wurde. Abweichend von Satz 5 ist das Asylverfahren nicht wieder aufzunehmen und ein Antrag nach Satz 2 oder Satz 4 ist als Folgeantrag (§ 71) zu behandeln, wenn

1. die Einstellung des Asylverfahrens zum Zeitpunkt der Antragstellung mindestens neun Monate zurückliegt oder
2. das Asylverfahren bereits nach dieser Vorschrift wieder aufgenommen worden war."

5.5.3 Verfahren der besonderen Wiederaufnahme

Macht der Asylsuchende davon Gebrauch, fertigt das Bundesamt einen Aufhebungsbescheid, in dem die Einstellungsverfügung aufgehoben wird.

Der Asylsuchende sollte für die persönliche Vorsprache ein entsprechendes Schreiben bei sich haben, das er zur Erklärung seines Antrags übergibt. Es empfiehlt sich, um einen Eingangsvermerk auf einer weiteren Kopie zu bitten, diese kann der Ausländerbehörde vorgelegt werden.

VI. Mitwirkungspflichten und Rücknahmefiktion

> **Beispiel für einen Antrag nach § 33 Abs. 5 AsylG:**
>
> An das Bundesamt
> – Außenstelle –
>
> **In dem Asylverfahren**
> **Antragsteller ... (Aktenzeichen: ...)**
>
> Sehr geehrte Damen und Herren,
>
> mit meinem heutigen persönlichen Erscheinen verbinde ich den Antrag, mein Verfahren nach § 33 Abs. 5 Satz 2 AsylG wieder aufzunehmen. Ich bitte, den Eingang dieses Antrags auf der von mir mitgeführten Kopie zu bestätigen. Ferner wird gebeten, die Ausländerbehörde über diesen Antrag zu informieren.
>
> Mit freundlichen Grüßen
> *Unterschrift*

5.5.4 Entscheidung über das Vorgehen

Der Asylsuchende kann zwischen den Verfahren wählen. Wenn er mit dem Klage- und Eilverfahren beginnt, kann er den anderen Weg später noch einschlagen. Welche Verfahrensweise schneller geht, lässt sich nicht pauschal beantworten. Kosten fallen allenfalls nur bei gerichtlichen Verfahren an. Zu bedenken ist allerdings, dass der „Restart" nur einmal möglich ist, so dass man vielleicht aus Vorsicht den Klageweg gehen sollte.

Vereinzelt war der Einwand zu hören, dass der Antragsteller für Klage und Eilantrag kein Rechtsschutzbedürfnis habe, weil er den „Restart" einschlagen könne. Dem wird aber mit Recht entgegengehalten, dass der Antragsteller damit sein Wiederaufnahmerecht verbraucht und dieses für einen etwaigen zweiten Fall nicht mehr hätte. Sich also damit zu verteidigen, dass die Rücknahme in seinem Fall rechtswidrig fingiert worden ist, muss als zulässiges Vorgehen bezeichnet werden.

VII. Unzulässige Asylanträge wegen Berührung mit einem anderen Staat

1.	Unzulässige Asylanträge nach § 29 AsylG	162
1.1	Was sind unzulässige Asylanträge?	162
1.2	Unzulässige Asylanträge mit Berührung eines Drittstaates	163
1.3	Andere unzulässige Asylanträge	164
2.	Unzulässige Anträge wegen anderweitiger Zuständigkeit aufgrund der Dublin-III-VO	164
2.1	Die Dublin-III-VO	164
2.2	Die Dublin-Kriterien	171
2.3	Zuständigkeit bei mehrmalig gestellten Asylanträgen	175
2.4	Die Pflicht zum Selbsteintritt	176
2.5	Das Dublin-Verfahren	177
2.6	Der „Dublin-Bescheid"	180
2.7	Überstellungsfrist und Überstellung	181
2.8	Tipps für die Beratung mit „Dublin-Fällen"	186
3.	Unzulässige Anträge wegen Schutz in der EU	186
3.1	Grundsatz	186
3.2	Inhalt des „Drittstaatenbescheides"	187
3.3	Rechtsmittel gegen einen Drittstaatenbescheid	187
4.	Unzulässige Anträge wegen Schutz in einem sonstigen Staat (§ 29 Abs. 1 Nr. 4 AsylG)	189
5.	Unzulässige Zweitanträge	190
5.1	Begriff	190
5.2	Prüfungsschema bei einem Zweitantrag	190
5.3	Der Bescheid bei erfolglosem Zweitantrag	191
5.4	Rechtsmittel	191

VII. Unzulässige Asylanträge wegen Berührung mit einem anderen Staat

1. Unzulässige Asylanträge nach § 29 AsylG

1.1 Was sind unzulässige Asylanträge?

Mit dem Integrationsgesetz 2016, das im August 2016 in Kraft trat, hat der Gesetzgeber mit § 29 AsylG eine Regelung für alle unzulässigen Asylanträge geschaffen. Unzulässige Asylanträge zeichnen sich dadurch aus, dass das Schutzbegehren nicht mehr inhaltlich geprüft wird, weil der Antrag entweder bei der Behörde im falschen Staat gestellt wurde oder weil schon eine andere Entscheidung über den Schutzantrag existiert und die Behörde nicht verpflichtet ist, den Fall wieder aufzugreifen.

Wichtig: Bei unzulässigen Anträgen tritt das BAMF nicht in die eigentliche Prüfung der Verfolgungsgründe ein; es lehnt mit der Begründung ab, dass es den Antrag nicht prüfen muss.

In diesem Abschnitt werden die Fälle vorgestellt, in denen das BAMF einen Asylantrag als unzulässig ablehnt, weil der Asylsuchende durch seine vorherige Berührung mit einem anderen Staat hierzu Anlass gegeben hat. Dieser Anlass ist nicht zwingend durch einen vorherigen Aufenthalt oder eine Durchreise begründet, es kann auch sein, dass von dem anderen Staat ein Visum erteilt worden ist oder dass sich dort Familienmitglieder aufhalten.

Ablehnungen „als unzulässig" sind durch diese Formulierung im Bescheid erkennbar. Sie unterscheiden sich nach dem Zielort der Abschiebungsandrohung. Die Abschiebung kann in den anderen zuständigen Staat erfolgen, den Staat, in dem bereits Schutz gewährt wurde, oder in den Herkunftsstaat. Solche Ablehnungen verlangen nach der neuesten Rechtsprechung des Bundesverwaltungsgerichts auch eine andere Reaktion des Anwalts bei der Klage als die sonst bekannten Ablehnungen. Hier ist nämlich eine Anfechtungsklage zu erheben, keine Verpflichtungsklage (dazu mehr in Kap. XIII.3.2.1).

1. Unzulässige Asylanträge nach § 29 AsylG

1.2 Unzulässige Asylanträge mit Berührung eines Drittstaates

Es gibt vier Fälle, in denen ein Asylantrag als unzulässig abgelehnt wird, weil der Antragsteller zuvor in relevanter Weise Berührung mit einem anderen Staat hatte.

Übersicht: Die Fälle der Unzulässigkeit wegen Drittstaatbezugs		
Sachlage	Reaktion des BAMF	Rechtsnorm / Stichwort
Für den (noch nicht positiv beschiedenen oder bereits abgelehnten) Asylantrag ist nach der Dublin-III-Verordnung ein anderer Staat Europas zuständig.	Ablehnung des Asylantrags als unzulässig und Abschiebungsanordnung in den zuständigen Dublin-Staat	§ 29 Abs. 1 Nr. 1 AsylG „Dublin-Fall"
Der Antragsteller hat bereits den Flüchtlingsstatus oder subsidiären Schutz in einem anderen EU-Staat.	Ablehnung des Asylantrags als unzulässig und Abschiebungsandrohung in den betreffenden anderen EU-Staat	§ 29 Abs. 1 Nr. 2 AsylG „Anerkannten-Fall"
Der Antragsteller hat in einem sonstigen Staat (außerhalb der EU) Schutz gefunden.	Ablehnung des Asylantrags als unzulässig und Abschiebungsandrohung in diesen anderen Staat (sofern der Staat den Geflüchteten zurücknimmt)	§ 29 Abs. 1 Nr. 4 AsylG „sonstiger sicherer Staat"
Der Antragsteller ist in einem anderen Dublin-Staat abgelehnt, Deutschland ist (z. B. wegen Fristablaufs) zuständig geworden und erkennt keine neuen Gründe („Wiederaufnahmegründe") an	Ablehnung des Asylantrags als unzulässig, Abschiebungsandrohung in den Herkunftsstaat	§ 29 Abs. 1 Nr. 5 2. Alt. AsylG „Zweitantragsfall (§ 71a AsylG)"

1.3 Andere unzulässige Asylanträge

Es gibt noch einen weiteren Fall eines unzulässigen Antrags, hier besteht aber kein Bezug zu einem anderen Staat, deswegen wird dieser Fall gesondert behandelt. Das ist der Folgeantrag nach § 71 AsylG, wenn der Ausländer bereits in Deutschland einen Asylantrag gestellt hatte und sein neuer Antrag aus diesem Grund nicht nochmals zur Prüfung angenommen wird.

2. Unzulässige Anträge wegen anderweitiger Zuständigkeit aufgrund der Dublin-III-VO

2.1 Die Dublin-III-VO

2.1.1 Inhalt: Zuständigkeits- und Übernahmeregelung

Die Dublin-VO – oder förmlicher: Verordnung (EU) Nr. 604/2013 – ist zunächst einmal eine Zuständigkeitsregelung. Sie trifft keine Entscheidungen darüber, ob einem einzelnen Antragsteller ein Schutzstatus zusteht, sondern besagt, welcher der am Dublin-System teilnehmenden Staaten für einen in der Dublin-Zone gestellten Asylantrag zuständig ist. Zugleich ist sie aber auch eine Übernahmeregelung, weil hier auch geregelt ist, unter welchen Bedingungen ein Antragsteller von einem auf den anderen Staat überstellt werden kann und von dem anderen Staat aufzunehmen ist.

„Dublin" kann man auch als ein konstruktives Zuständigkeitssystem betrachten, weil bei einer ablehnenden Entscheidung des unzuständigen Staates der andere Staat, der zuständig ist, an den Flüchtling mitzuteilen ist – und noch wichtiger – dieser Staat auch verbindlich zuständig ist. Dass es sich um eine konstruktive Zuständigkeitsregelung handelt, ergibt der Vergleich mit der Drittstaatenregelung in Art. 16a Abs. 2 GG: Dort kann ein Schutzantrag abgelehnt werden, ohne dass sich damit die Zuständigkeit eines anderen Staates begründet.

Dieses konstruktive Element findet seinen Niederschlag darin, dass nicht allein objektive Kriterien über die Zuständigkeit entscheiden (sie sind natürlich von besonderer Bedeutung), sondern dass die Zuständigkeit selbst erst durch ein Übernahmeverfahren begründet wird.

2. Anderweitige Zuständigkeit aufgrund der Dublin-III-VO

> **Beispiel:**
> A stellt einen Asylantrag in Deutschland. Er war über Italien ohne Papiere in den Dublin-Raum eingereist; das ergibt sich aus den Fingerabdrücken, die von ihm gespeichert sind. Nach der Dublin-VO ist Italien für den Asylantrag zuständig. Das aber genügt noch nicht. Die Dublin-VO verlangt von den deutschen Behörden einen fristgerechten Übernahmeantrag an Italien. Erst wenn Italien diesen Antrag ausdrücklich annimmt oder durch Schweigen, das hier als Annahme angesehen wird, dem Antrag beitritt, wird Italien zuständig.

Die Dublin-III-VO geht aber noch weiter, sie vereinigt diese beiden Aspekte, Zuständigkeits- und Übernahmeregelung, auf die Weise, dass sie einen endgültigen Übergang der Zuständigkeit eines Staates auf ein bestimmtes Asylverfahren daran anknüpft, dass auch die Überstellung durchgeführt worden ist. Damit soll erreicht werden, dass der Geflüchtete in einen Staat überstellt wird, dessen Verpflichtung zur Behandlung des Asylantrags feststeht – oder umgekehrt betrachtet, dass der Staat des eigentlichen Aufenthalts ab einem gewissen Zeitpunkt die Verantwortung für das Verfahren übernimmt. Die Erklärung für diese Verfahrensweise ist in den Zielen der Dublin-VO zu suchen, nämlich schnell und effektiv den zuständigen Staat zu ermitteln.

> **Beispiel:**
> In dem vorherigen Beispiel hat die Bundesrepublik rechtzeitig das Übernahmeverfahren begonnen und Italien hat dem Antrag zugestimmt. Damit beginnt aber eine weitere Frist zu laufen, nämlich die Überstellungsfrist. Wenn Deutschland es nun versäumt, den A innerhalb dieser Frist nach Italien zu überstellen, fällt die Zuständigkeit für das Asylverfahren an Deutschland. Der von A in Deutschland gestellte Antrag wird nun im nationalen Verfahren geprüft.

VII

Dass wir es bei der Dublin-Verordnung mit einer eigenen Rückführungsregelung zu tun haben, erkennt man auch daran, dass für Dublin-Überstellungen kein Pass des Ausländers vorliegen muss. Für eine Dublin-Überstellung genügt ein Laissez-Passer, wie es in der Verordnung definiert ist. Bei einer Abschiebung in das Her-

VII. Unzulässige Asylanträge

kunftsland muss dagegen der Nachweis erbracht werden, dass die betreffende Person tatsächlich Staatsangehörige dieses Herkunftsstaates ist. Dazu ist ein Pass oder aktuelles Heimreisedokument dieses Staates erforderlich. Bei einer Dublin-Überstellung ergibt sich die Übernahmepflicht des aufnehmenden anderen europäischen Staates nicht aus der Staatsangehörigkeit des Ausländers, sondern aus dem Dublin-Verfahren.

2.1.2 Der Name „Dublin-Verordnung"

Der Name „Dublin" erklärt sich übrigens daraus, dass der heutigen Verordnung (mittlerweile „Dublin-III-VO") ein Übereinkommen des Jahres 1990 von mehreren europäischen Staaten vorangegangen ist, das damals in der irischen Hauptstadt Dublin abgeschlossen worden war und das damals die Zuständigkeit der Vertragsstaaten für die Asylanträge regelte. Da man Übereinkommen, also Verträge zwischen Staaten, häufig nach dem Ort benennt, an dem dieser Vertrag geschlossen wurde (z. B. Vertrag von Maastricht, Genfer Konvention), sprach man früher vom „Dubliner Übereinkommen". An diesem Sprachgebrauch hat man festgehalten, obwohl die heutige Verordnung (EU) Nr. 604/2013 mit der Stadt Dublin nichts mehr zu tun hat, denn wie jede EU-Verordnung wurde auch sie in Brüssel verabschiedet. Aber so ist es dabei geblieben, die Regelungen zur innereuropäischen Zuständigkeit für Asylanträge als „Dublin-Recht" zu bezeichnen. Das geschieht übrigens auch international: Wer mit finnischen oder italienischen Flüchtlingsberatern spricht, wird sofort verstanden, wenn er das „Dublin-System" oder „the Dublin regulation" beklagt.

2.1.3 Die teilnehmenden Staaten

Der Kreis der europäischen Staaten, der Dublin-Recht anwendet, ist nicht mit dem Kreis der EU-Staaten deckungsgleich. Der EU-Mitgliedstaat Dänemark hatte sich an der Annahme der Dublin-III-VO nicht beteiligt (siehe den Erwägungsgrund 42), ist aber gemeinsam mit den Nicht-EU-Staaten Island, Norwegen, Liechtenstein und der Schweiz durch Abkommen am Dublin-System beteiligt. Damit gilt die Dublin-VO derzeit in 31 europäischen Staaten.

2. Anderweitige Zuständigkeit aufgrund der Dublin-III-VO

2.1.4 Der persönliche Anwendungsbereich

Mit dem persönlichen Anwendungsbereich ist die Frage gemeint, für wen dieses Regelwerk gilt. Sie gilt nämlich nicht für alle Geflüchteten, sondern nur für jene, die in einem der Dublin-Staaten einen Asylantrag gestellt haben, der entweder noch offen ist, zurückgenommen oder der abschlägig beschieden worden ist.

Daraus folgt, dass die Dublin-Regeln nicht gelten für Geflüchtete, die überhaupt keinen Asylantrag gestellt haben, und solche, deren Anträge bereits positiv beschieden worden sind.

Es ergibt sich folgende Übersicht:

Dublin-Verfahren	Kein Dublin-Verfahren
Asylantrag in einem Dublin-Staat, der – noch nicht beschieden ist – zurückgenommen wurde – abgelehnt wurde	Keine Asylantragstellung im Dublin-Raum Zuerkennung des internationalen Schutzes (Flüchtlingsstatus oder subsidiärer Schutz) in einem EU-Staat

Praxis-Hinweis:
Weil das Dublin-Verfahren nur durch einen Asylantrag ausgelöst wird, kann sich in einer Beratungssituation die strategische Frage stellen, ob ein Asylantrag überhaupt sinnvoll ist, weil man Dublin-Zuständigkeit und Überstellung meiden will. In Betracht kommt es, einen auf die Feststellung der nationalen Abschiebungsverbote beschränkten Antrag zu stellen. Das ist natürlich nur dann möglich, wenn es noch keinen Asylantrag in einem anderen europäischen Staat gibt.

Beispiel:
G ist eine äthiopische Frau, die mit einem Schengen-Visum aus Spanien nach Deutschland eingereist ist. Sie hat noch keinen Asylantrag irgendwo in Europa gestellt. In der Beratung stellt sich die Frage, ob sie ihren Antrag auf die nationalen Abschiebungsverbote (§ 60 Abs. 5 und 7 AufenthG) beschränkt stellen soll. Dann löst dieser Antrag kein Dublin-Verfahren aus. Auf der anderen Seite bekommt sie nicht den gestatteten Aufenthalt,

VII. Unzulässige Asylanträge

den man mit dem Asylantrag erhält. Sie müsste einen Antrag auf Duldung stellen oder bei der Ausländerbehörde erreichen, dass die Abschiebung nicht vor Antragsprüfung durchgeführt wird.

Möglich wäre auch noch die Rücknahme des Asylantrags, um das Dublin-Verfahren zu vermeiden. Im Fall der G aus dem oben genannten Beispiel könnte der Anwalt raten, einen bereits in Deutschland gestellten Asylantrag wieder zurückzunehmen. Die Überstellung nach Spanien wird dadurch aber nur dann ausgeschlossen, wenn der Asylantrag noch vor dem Übernahmeverfahren (also hier der Anfrage an Spanien) zurückgenommen werden würde.

Die Dublin-III-VO erfasst nur erstmalige Asylanträge in einem Staat, nicht nationale Folgeanträge.

Beispiel:
R ist aus Äthiopien über Italien nach Deutschland gekommen. Das Dublin-Verfahren endete wegen Fristablaufs mit der Zuständigkeit Deutschlands. R wurde aber vom BAMF im nationalen Verfahren mit seinem Asylantrag abgelehnt. Nach zwei Jahren geduldetem Aufenthalt stellt R einen Folgeantrag, weil sich in seiner Person wesentliche neue Gründe ergeben haben. Ein Dublin-Verfahren findet hier nicht statt.

2.1.5 Regelungsprinzipien der Dublin-III-VO

Das Dublin-System wird in der Literatur als Antwort auf die Schengen-Regelung angesehen. Mit der Öffnung der Binnengrenzen zwischen europäischen Staaten im Zuge des Schengener Übereinkommens, das seit 1985 schrittweise immer mehr europäische Staaten betraf und zu immer mehr offenen europäischen Binnengrenzen führte, wollte man auf die potenzielle Binnenwanderung von Asylsuchenden reagieren. Konnte man einen Flüchtling früher durch die Grenzkontrollen davon abhalten, in einen anderen europäischen Staat zu reisen, um dort ein weiteres Asylverfahren zu beginnen, fiel diese Form der Einschränkung nunmehr weg. An diese Stelle trat das Dublin-System mit dem Prinzip, dass jeder Flüchtling nur noch in einem – und zwar dem für ihn zuständigen – europäischen Staat seinen Asylantrag stellen sollte. Diesen Staat sollte sich die

2. Anderweitige Zuständigkeit aufgrund der Dublin-III-VO

flüchtende Person auch nicht selbst aussuchen dürfen, sondern er bestimmte sich nach objektiven Kriterien des Dublin-Übereinkommens. Und so gilt es auch heute: Wird ein Antrag in einem Staat gestellt, prüft die Asylbehörde, ob ein anderer Staat zuständig ist. In einem solchen Fall kommt es zur Ablehnung und Rückführung in diesen zuständigen Staat. Auch ein bereits abgelehnter Flüchtling kann unter dieser Regelung in den Staat, der ihn abgelehnt hat, zurücküberstellt werden.

Aus dem Gesagten folgen drei Grundsätze, die das Dublin-Verfahren durchziehen:

- one chance only (nur ein Asylantrag in der Dublin-Zone)
- no cherry picking (keine freie Wahl des Asylstaates)
- no refugee in orbit (für einen Flüchtling gibt es immer einen zuständigen Staat; dass sich kein einziger europäischer Staat findet, der für den Geflüchteten zuständig ist, soll es nicht geben)

2.1.6 EURODAC-Datenbank

Das organisatorische Herzstück des Dublin-Systems ist die Datenbank EURODAC. Dazu gehört auch die Verpflichtung der teilnehmenden Staaten, relevante Ereignisse, also das Stellen eines Asylantrags, die illegale Einreise und andere Tatbestände mit diesen Fingerabdrücken gemeinsam abzuspeichern. Der Nachweis von Fingerabdrücken in einem anderen Staat (hier spricht man von sogenannten „EURODAC-Treffern") ist meistens auch Grundlage für ein Ersuchen an den anderen Staat, den Flüchtling zu übernehmen oder zurückzunehmen.

Es gibt zwei wichtige Kategorien von sogenannten EURODAC-Treffern, die definiert sind:

Treffer der Kategorie 1 = Asylantragstellung
Treffer der Kategorie 2 = illegaler Grenzübertritt aus einem Nicht-Dublin-Staat

Beispiel:

L ist über Sizilien aus Libyen nach Deutschland gelangt. Bei seiner Einreise hat die italienische Polizei seine Fingerabdrücke abgenommen und gespeichert. Eine EURODAC-Anfrage der deutschen Behörden ergab einen „Treffer der Kategorie 2" für Italien. Damit war dem BAMF klar, dass L in Italien die Außen-

VII. Unzulässige Asylanträge

> grenze illegal überschritten hatte (EURODAC-Treffer 2 weist auf die illegale Einreise über eine Außengrenze in das Dublin-Gebiet hin).

2.1.7 Probleme mit Dublin-III

Das Dublin-System lebt von der Prämisse gleicher Bedingungen und Chancen in den verschiedenen europäischen Staaten, was aber zu keinem Zeitpunkt realistisch war. Unbeachtet ist auch, dass ein an objektiven Kriterien orientiertes System an den Wünschen und Lebensplänen der Betroffenen vorbeigeht, was umso dramatischer wird, je ungleicher die wirtschaftlichen Verhältnisse in den verschiedenen Staaten sind und je weiter auch eine Mobilität nach einer Flüchtlingsanerkennung eingeschränkt ist. Die Perspektive nämlich, nach einer Anerkennung innerhalb der EU in den Wunschstaat weiterwandern zu können, ist nicht wirklich vorhanden, weil die Binnenfreizügigkeit für Drittstaatsangehörige (nach der Daueraufenthaltsrichtlinie) erst nach fünf Jahren beginnt – und auch das nur bei eigener Lebensunterhaltssicherung.

Am Beispiel Griechenlands konnte man beobachten, wie die höchstrichterliche Rechtsprechung in den europäischen Staaten einschließlich des EGMR (und mit Zustimmung des EuGH) die Dublin-Überstellungen für einen Staat immer umfänglicher aussetzten, weil das Asylsystem dort schwerwiegende Mängel aufwies und noch immer aufweist. Schließlich hat dann auch die deutsche Bundesregierung im Jahr 2012 eine generelle Erklärung abgegeben, Flüchtlinge nicht mehr nach Griechenland zu überstellen. Das wird heute aber wieder anders gesehen und die Überstellungen wurden im Frühsommer 2017 wieder aufgenommen.

Es ist aber nicht mehr nur Griechenland, das hier als Problem genannt wird. Mittlerweile begleiten die Berichte aus vielen europäischen Ländern die Dublin-Diskussion, sei es, dass dort der Zugang zu Wohnungen, zum Arbeitsmarkt oder zu sozialen und medizinischen Leistungen für Antragsteller im Argen liegen oder dass vereinzelte Staaten sogar geäußert haben, überhaupt keine Flüchtlinge mehr aufnehmen zu wollen.

2. Anderweitige Zuständigkeit aufgrund der Dublin-III-VO

„Problematische Dublin-Staaten":

- Griechenland (derzeit keine Überstellungen von vulnerablen Personen)
- Italien (derzeit keine Überstellungen von Familien mit kleinen Kindern)
- Ungarn, Malta, Bulgarien (hier setzen viele Gerichte die Überstellung aus)

Praxis-Hinweis:
Sofern ein erwachsener Geflüchteter einen dieser Staaten auf der Reise passiert hat und somit Anzeichen dafür bestehen, dass das Bundesamt eine Rücküberstellung dorthin anvisieren könnte (weil dort etwa ein illegaler Grenzübertritt stattfand oder ein Asylantrag gestellt worden ist), sollte ein Rechtsanwalt eingeschaltet werden, der durch Akteneinsicht ermitteln kann, ob Fingerabdrücke in diesem anderen Staat vorliegen. Er kann dann auch feststellen, ob von deutscher Seite bereits die Übernahme durch den anderen Staat beantragt worden oder gar bestätigt worden ist.

2.1.8 Reformvorhaben: „Dublin-IV"

Derzeit erarbeitet die EU-Kommission einen Reformentwurf, der die Dublin-III-Regelungen ersetzen soll. Es ist allerdings nicht absehbar, wie und wann dieses Projekt zu einem neuen „Dublin-IV" führt. Die Neuregelungen werden, wenn sie in Kraft treten, aber nur für die neuen Asylanträge anwendbar sein. Für Flüchtlinge, die vor dem etwaigen Inkrafttreten nach Europa gekommen sind, und das gilt für alle, die in diesen Tagen noch einreisen, gilt in jedem Fall noch die Dublin-III-VO.

2.2 Die Dublin-Kriterien

2.2.1 Zuständigkeitskriterien nach Art. 8–15 Dublin-III-VO

Die Zuständigkeitskriterien sind in den Art. 8–15 der Dublin-III-VO geregelt. Die Zuständigkeit ist auch in dieser numerischen Reihenfolge von Art. 8–15 zu prüfen. Das ergibt sich aus Art. 7 Dublin-III-VO. Bei den Kriterien kommen mehrere Grundprinzipien zum

VII. Unzulässige Asylanträge

Tragen: Zunächst geht es um unbegleitete Minderjährige, die eine Sonderrolle einnehmen. Dann werden Regelungen geprüft, die der Zusammenführung erwachsener Antragsteller innerhalb des Dublin-Raums dienen. Schließlich werden Asylsuchende nach dem „Verursacherprinzip" an den Staat verteilt, der deren Einreise in irgendeiner Weise zu verantworten hat. Führen alle diese Kriterien zu keinem anderen Staat, ist der Staat der Antragstellung zuständig.

2.2.2 Selbsteintritt („Souveränitätsklausel")

Unabhängig von allen Kriterien kann der Staat, in dem ein Antrag gestellt wurde, die Prüfung jederzeit auch ohne Einhaltung der Zuständigkeitsregeln selbst übernehmen (Art. 3 und Art. 17 Dublin-III-VO). Das liegt daran, dass die Dublin-III-VO keine Einschränkung der Souveränität eines einzelnen Staates begründet. Den eintretenden Staat treffen dann gegebenenfalls Mitteilungspflichten an den anderen Staat (falls bereits ein Übernahmeverfahren durchgeführt worden ist). Gegenüber dem Asylsuchenden stellt dieses Vorgehen keinen Nachteil dar, da er mit seiner Schutzantragstellung ja gerade zum Ausdruck gebracht hat, dass er den Antrag in dem betreffenden Staat geprüft wissen will.

Eine andere Frage (die auch in dem anderen Zusammenhang bearbeitet wird) ist die der Verpflichtung zum Selbsteintritt. Ein Staat kann aus Gründen der Wahrung von Menschenrechten und anderen Rechtsgrundsätzen verpflichtet sein, den Selbsteintritt auszuüben, um Schaden von dem Schutzsuchenden abzuwenden. Dies wird unten im Zusammenhang mit den Gründen für eine Rechtmäßigkeit der Zuständigkeitsentscheidung behandelt.

2.2.3 Unbegleitete Minderjährige (Art. 8 Dublin-III-VO)

Bei unbegleiteten Minderjährigen ist der Dublin-Staat zuständig, in dem sich ein Familienangehöriger, Geschwisterteil oder Verwandter (Art. 8 Abs. 2 Dublin-III-VO) rechtmäßig aufhält, allerdings muss die Übernahme dem Kindeswohl entsprechen. Interessant ist hier, dass nach der Definition für „Verwandte" gemäß Art. 2 lit. h Dublin-III-VO auch volljährige Onkel, Tanten oder Großeltern in Betracht kommen. Das Verhältnis kann auch durch Adoption begründet worden sein. Wichtig ist aber, dass dieses Adoptionsverhältnis – oder auch eine Vormundschaft – bereits am Tag der Antragstellung bestan-

2. Anderweitige Zuständigkeit aufgrund der Dublin-III-VO

den hat. Für die Zuständigkeitsbestimmung gilt nämlich dieser Tag (Art. 7 Abs. 2 Dublin-III-VO, sogenannte „Versteinerungstheorie").

Das Kindeswohl entscheidet auch darüber, bei welchem Familienangehörigen das Verfahren fortgeführt wird, wenn es mehrere Familienangehörige in verschiedenen Staaten gibt.

Fehlt es im Dublin-Gebiet an einem solchen Familienangehörigen, dann wird der Staat der Antragstellung zum zuständigen Staat (Art. 8 Abs. 4 Dublin-III-VO). Das gilt seit einer Entscheidung des Europäischen Gerichtshofs auch, wenn der Minderjährige zuvor in einem anderen Staat einen Asylantrag gestellt hat, dann aber weitergereist ist. Die Begründung hierfür ist, dass sich hier auch das Kindeswohl auswirkt. Man will ihm keinen weiteren Ortswechsel zumuten (EuGH, Urt. v. 06.06.2013, Az.: C-648/11).

2.2.4 Familienzusammenführung von Volljährigen (Art. 9–11 Dublin-III-VO)

In den Art. 9–11 Dublin-III-VO finden sich Vorschriften zur Familienzusammenführung während des Verfahrens. Im Unterschied zu der Familienzusammenführung von UMF greifen die Art. 9–11 Dublin-III-VO nur ein, wenn in dem anderen Staat ein Familienangehöriger lebt, der selbst internationalen Schutz erhalten hat oder sich als Asylsuchender dort aufhält. Familienangehörige – hier gilt die Definition in Art. 2 lit. g Dublin-III-VO –, die einen anderen Hintergrund ihres Aufenthalts haben, lösen den Dublin-Familiennachzug nicht aus. Für den Zuständigkeitsübergang ist erforderlich, dass der Zusammenführungswille kundgetan wird.

Beispiel:

Die beiden volljährigen Afghanen D und C stellen in Deutschland einen Asylantrag. Beide haben einen Ehegatten in Frankreich und wollen dorthin überstellt werden. Die Frau des D hat dort einen Asylantrag gestellt, die Ehefrau des C studiert dort. Nur D kann den Familiennachzug über das Dublin-Verfahren erhalten. Für den C gelten diese Regeln nicht, hier kann Frankreich über die Ermessensklausel des Art. 11 Abs. 2 Dublin-III-VO zuständig werden.

In Art. 11 Dublin-III-VO findet sich eine Regelung zur Zusammenführung von Familien, die zeitlich versetzt und getrennt in ver-

VII. Unzulässige Asylanträge

schiedenen Staaten ihren Antrag stellen. Solche Fälle der Trennung während der Flucht sind nicht selten und werden hier aufgefangen.

2.2.5 Verursacherprinzip

Wird die Zuständigkeit nicht nach den vorherigen Kriterien geklärt, kommt das „Verursacherprinzip" zur Anwendung. Zuständig ist der Staat, der ein Visum oder eine Aufenthaltserlaubnis erteilt hat (Art. 12 Dublin-III-VO) oder der die illegale Einreise des Asylantragstellers nicht verhindert hat (Art. 13 Abs. 1 Dublin-III-VO). Wichtig ist, dass es sich um die illegale Einreise aus einem Nicht-Dublin-Staat handelt. Eine Einreise ohne Überschreitung einer Dublin-Außengrenze ist hier irrelevant.

Bei der Zuständigkeit aufgrund Visumerteilung ist darauf hinzuweisen, dass die Visumerteilung ausreicht; der Antragsteller muss nicht in dem Land der Visumerteilung gewesen sein.

> **Beispiel:**
> T hat ein Schengenvisum der Auslandsvertretung von Irland. Damit fliegt er am 05.08.2017 nach Rom, um dann mit dem Zug nach München zu fahren. Dort stellt er einen Asylantrag. Irland ist wegen des Visums zuständig.

Zu beachten ist aber, dass die Zuständigkeit bei illegaler Einreise – wie auch bei Visum- oder Titelerteilung – nach einiger Zeit erlischt.

> **Beispiel:**
> Im Falle des T war das Visum bis zum 18.08.2017 gültig. Die Zuständigkeit wegen eines Visums endet sechs Monate nach Ablauf des Visums (Art. 12 Abs. 4 Dublin-III-VO). Würde T seinen Asylantrag erst nach dem 18.02.2018 stellen, wäre nicht mehr Irland, sondern Deutschland zuständig.

Auch die Wirkungen der illegalen Einreise sind zeitlich beschränkt. Eine Migration innerhalb des Dublin-Raums kann dann auch zu einer neuen Zuständigkeit führen, wenn der Antragsteller sich nach der illegalen Einreise über eine gewisse Zeit in einem weiteren Staat aufhält, bevor er sich neuerlich woanders hinwendet und dort einen Asylantrag stellt.

2. Anderweitige Zuständigkeit aufgrund der Dublin-III-VO

> **Beispiel:**
> A reist am 01.08.2016 von der Türkei aus nach Griechenland ein – und von dort weiter nach Österreich, wo er sich nachweislich über 5 Monate aufhält. Er kommt Anfang August 2017 nach Deutschland, wo er am 15.08.2017 (erstmals) einen Asylantrag stellt. Für den Antrag ist nach Art. 13 Abs. 1 und 2 Dublin-III-VO nicht mehr Griechenland zuständig, sondern wegen des mindestens 5-monatigen Aufenthalts Österreich.

2.2.6 Auffangregelung

In den Art. 14–17 Dublin-III-VO finden sich noch einige Sonderregeln, die aber wenig praktische Bedeutung haben.

2.3 Zuständigkeit bei mehrmalig gestellten Asylanträgen

2.3.1 Grundsatz

Nicht im Katalog der Zuständigkeitskriterien nach Art. 8–15 Dublin-III-VO behandelt ist der Fall der mehrmaligen Schutzantragstellung. Wie hier zu verfahren ist, ergibt sich aber aus Art. 23 Dublin-III-VO. Darin wird der Fall geregelt, wenn ein Ausländer, der in einem anderen Staat bereits ein Anerkennungsverfahren begonnen hat, in dem Staat seines neuen Aufenthalts einen „neuen" Schutzantrag stellt. Hier gilt der Grundsatz, dass der Staat der Antragstellung zur Wiederaufnahme verpflichtet ist. Im Einzelnen sind das folgende drei Fälle:

Der Antragsteller

- hat während der Prüfung seines ersten Antrags diesen Staat verlassen (Art. 18 Abs. 1 lit. b),
- hat seinen im anderen Staat gestellten Antrag zurückgenommen (Art. 18 Abs. 1 lit. c),
- ist mit seinem dort gestellten Antrag abgelehnt worden (Art. 18 Abs. 1 lit. c).

2.3.2 Kollisionsfälle

Mit diesem weiteren Kriterium können sich natürlich Kollisionsfälle ergeben, wenn ein Antragsteller nach einer Asylantragstellung weiterreist und einen erneuten Antrag stellt. Diese Fälle werden aber

VII. Unzulässige Asylanträge

dadurch gelöst, dass ein Staat nach der Dublin-VO immer nur einen anderen Staat nach dem anderen wegen der Übernahme anfragen kann. Begrenzt werden solche mehrmaligen Anfragen aber auch durch die Fristen.

> **Beispiel:**
> A reist am 06.02.2017 illegal über Italien ein und stellt noch in der gleichen Woche in der Schweiz einen Asylantrag. Noch bevor die Schweiz über den Antrag entscheiden kann, fährt A über die Grenze nach Deutschland, um am 05.08.2017 einen weiteren Asylantrag zu stellen. Das BAMF sieht beide EURO-DAC-Treffer in der Datenbank und hat nun die Wahl, entweder Italien wegen der Übernahme des Flüchtlings anzufragen oder die Schweiz.

2.4 Die Pflicht zum Selbsteintritt

2.4.1 Die Voraussetzung: „systemische Mängel"?

Es gibt Staaten, die dem Geflüchteten nicht den Standard gewähren, den das Unionsrecht vorsieht. Wann das dazu führt, dass der Staat des Aufenthaltes dazu verpflichtet wird, das Asylverfahren zugunsten des Betroffenen an sich zu ziehen, hat seit den Griechenlandfällen viele Gerichte befasst. Heute ist diese Pflicht dem Grunde nach unumstritten, wenn sich die Verhältnisse in dem anderen Staat als derart nachteilig darstellen, dass der Betroffene dort nicht mit einem zweckgerichteten Verfahren oder mit einer anforderungsgemäßen Unterbringung und sozialen Sicherung rechnen kann. Problematisch ist nur der Maßstab dafür, wann diese Grenze überschritten ist. In seiner Entscheidung „M.S.S." hat der EuGH 2011 (EuGH, Urt. v. 21.12.2011, Az.: C-411/10, C-493/10) die Selbsteintrittspflicht als Folge der Grundrechtsbindung des Mitgliedstaates unter der Voraussetzung des Bestehens „systemischer Mängel" postuliert. Der Begriff der „systemischen Mängel" (genauer: „systemischer Schwachstellen") hat dann 2013 auch Eingang in den Normtext der Dublin-III-VO gefunden (in Art. 3 Abs. 2 Dublin-III-VO).

2.4.2 Die Diskussion heute

Dass eine Selbsteintrittspflicht nicht nur mit der allgemeinen Lage – und „systemischen Mängeln" – begründet werden kann, sondern jeder einzelnen Grundrechtsverletzung, die droht, ist eigentlich

2. Anderweitige Zuständigkeit aufgrund der Dublin-III-VO

überzeugend. Das Bild in der Rechtsprechung zeigt hier ein uneinheitliches Bild. Entscheidungen folgen dem Einzelfall; wie das jeweilige Verwaltungsgericht in den als kritisch bekannten Staaten entscheidet, hängt von den einzelnen Richtern und Kammern ab, die mit dem Fall befasst sind. Insgesamt aber lässt sich sagen, dass bei Ungarn die Tendenz zu einem Selbsteintritt wegen der Annahme systemischer Mängel geht, bei Italien hängt es mehr von der Schutzbedürftigkeit der Person ab. Sofern es um Kinder (unter 14 Jahren) geht, werden auch Abschiebungen nach Italien ausgesetzt. Im Übrigen ist für den Einzelfall zu sagen, dass die Wahrscheinlichkeit eines Selbsteintrittes höher ist, je individueller eine Schutzbedürftigkeit des Ausländers besteht.

2.5 Das Dublin-Verfahren

2.5.1 Grundsatz: Zuständigkeitsübergang durch Übernahmegesuch und Übernahme

Wegen der mit der Dublin-Systematik angestrebten konstruktiven Zuweisung ist für den Übergang einer Zuständigkeit ein Übernahmeverfahren erforderlich, das mit der ausdrücklichen oder stillschweigenden Übernahme des Flüchtlings durch den anderen Staat endet. Weil allerdings auch das Beschleunigungsgebot gilt und dieses Übernahmeverfahren an Fristen bindet, hat ein Staat schon zu Beginn des Asylverfahrens entscheidende Fristen zu beachten, wenn er sich die Chance erhalten will, einen Antragsteller an einen anderen Dublin-Staat zur weiteren Durchführung des Verfahrens zu überstellen.

Wichtig: Der Wechsel der Zuständigkeit für den Asylantrag eines Ausländers kann nur durch ein rechtzeitig eingeleitetes Dublin-Verfahren herbeigeführt werden. Dazu ist fristgerecht ein Antrag an den anderen Staat zu richten, den man für den eigentlich zuständigen hält. Unterbleibt dies oder wird diese Anfrage zu spät gestellt, bleibt es dabei, dass der Staat zuständig ist, in dem der Antrag gestellt worden ist.

2.5.2 Das Aufnahme- und das Wiederaufnahmegesuch

Das Dublin-Verfahren beim Bundesamt kann auf zwei verschiedene Übernahmeersuchen hinauslaufen, je nachdem, ob der Ausländer in einem anderen Staat bereits einen Asylantrag gestellt hat oder

VII. Unzulässige Asylanträge

nicht. Zu nennen sind das Aufnahme- und das Wiederaufnahmeersuchen.

Aufnahmeverfahren (englisch: take charge)	Art. 21 Dublin-III-VO	Asylantragsteller hat erstmals in der Bundesrepublik einen Asylantrag gestellt (und nicht woanders), für diesen Antrag ist nach Art. 8–16 Dublin-III-VO aber ein anderer Staat zuständig.
Wiederaufnahmeverfahren (englisch: take back)	Art. 23 Dublin-III-VO	Asylantragsteller hat bereits in einem anderen Staat einen Asylantrag gestellt, der noch offen ist, zurückgenommen oder abgelehnt wurde.

Die beiden Aufnahmeverfahren unterscheiden sich nur hinsichtlich der Fristen, nach denen eine Zustimmungsfiktion eintritt.

2.5.3 Frist für das Gesuch zur (Wieder-)Aufnahme

Für die Frist, die das Bundesamt nach Kenntnis des Dublin-Falles hat, um ein Gesuch zu lancieren, gibt es zwei Berechnungsweisen (Art. 21 Abs. 1 bzw. Art. 23 Abs. 2 Dublin-III-VO). Sie liegt bei drei Monaten ab Asylantrag oder zwei Monaten ab Kenntnis des EURODAC-Treffers.

Die Dublin-Verordnung stellt für den Fristablauf auf die Asylantragstellung ab; für Deutschland ist aber mittlerweile geklärt, dass das nicht der Tag der formellen Asylantragstellung ist (der ja möglicherweise sehr viel später liegt), sondern der Tag, an dem das Bundesamt über das Asylgesuch erfährt. Die Frist ist abgelaufen, wenn die Frist bereits nach einer der beiden Berechnungen abgelaufen ist.

Frist zur Stellung des Ersuchens	Aufnahmegesuch	Wiederaufnahmegesuch
nach Bekanntwerden des Asylgesuchs	3 Monate	3 Monate
nach Bekanntwerden des EURODAC-Treffers	2 Monate	2 Monate

Wichtig: Der EuGH hat entschieden, dass der Asylsuchende aus der Fristüberschreitung das Recht ableiten kann, sein Asylverfahren im

2. Anderweitige Zuständigkeit aufgrund der Dublin-III-VO

aktuellen Staat der Antragstellung zu bekommen, auch dann, wenn der andere Staat die betreffende Person trotz Fristablaufs übernehmen möchte (EuGH, Urt. v. 26.07.2017, Az.: C-670/16).

2.5.4 Die Reaktion des ersuchten Staates

Auf das Ersuchen kann der andere Staat mit „ja" oder „nein" antworten. Diese Antworten sind selbsterklärend.

Zu klären ist aber, wie die Anfrage zu behandeln ist, wenn der angefragte Staat schweigt und nicht antwortet. Hier gilt die Zustimmungsfiktion, das heißt, der andere Staat wird nach gewisser Zeit des Schweigens zuständig. Wie lange diese Frist ist, kommt in der nachfolgenden Übersicht zum Ausdruck.

Zustimmung durch Schweigen	Aufnahmeersuchen	Wiederaufnahme
normal	2 Monate	1 Monat
bei EURODAC-Treffer	1 Monat	2 Wochen

Beispiel:

F stellt in Deutschland einen Asylantrag. Das BAMF ermittelt über EURODAC, dass F über Italien illegal in das „Dublin-Gebiet" eingereist ist. Am 26.09.2017 richtet das BAMF ein Übernahmeersuchen an Italien. Daraufhin kommt keine Antwort aus Italien.

Wegen der Zustimmungswirkung des Schweigens ist Italien ab dem 26.10.2017 für das Verfahren des F zuständig. Ab diesem Tag läuft auch die Überstellungsfrist.

2.5.5 Schaubild: Der Ablauf des Dublin-Verfahrens

Ein Dublin-Verfahren, das mit der Überstellung des Flüchtlings an den anderen Staat abschließt, hat dann folgende Schritte:

VII. Unzulässige Asylanträge

Der Ablauf des Dublin-Verfahrens

Ermittlung, ob die Voraussetzungen für die Zuständigkeit eines anderen Staates vorliegen („Dublin"-Interview, Fingerabdrucknahme, Prüfung der EURODAC-Treffer)

▼

Entscheidung, ob eine Anfrage an den anderen Staat stattfinden soll (anstatt eines Selbsteintritts); das kann bei bestimmten vulnerablen Personen angezeigt sein

▼

Fristgerechter Aufnahmeantrag an den betreffenden Staat (mit dem Inhalt, dass der Flüchtling übernommen wird)

▼

Annahme des Antrags durch den anderen Staat (wobei ein Schweigen nach Ablauf einer bestimmten Zeit als Zustimmung gewertet wird)

▼

Bescheid an den Betroffenen, in dem ihm mitgeteilt wird, dass sein Asylantrag unzulässig ist und seine Abschiebung an den zuständigen Staat angeordnet wird (gegen diesen Bescheid ist eine Klage statthaft, die aber wegen der fehlenden aufschiebenden Wirkung mit einem Eilantrag zu verbinden ist)

▼

Überstellung des Betroffenen innerhalb der regulären Überstellungsfrist von sechs Monaten (Beginn der Frist ist der Tag des Zuständigwerdens des anderen Staates); diese Frist kann auf 18 Monate (z. B. bei Flüchtigsein) verlängert werden.

2.6 Der „Dublin-Bescheid"

2.6.1 Inhalt

Der Inhalt des Dublin-Bescheids ergibt sich aus § 29 Abs. 1 Nr. 1 AsylG. Der Asylantrag wird als „unzulässig" abgelehnt, weil nicht Deutschland, sondern der andere Staat zuständig ist. Es werden dann noch die nationalen Abschiebungsverbote mit Blick auf den anderen europäischen Staat geprüft. Mit der ablehnenden Entscheidung wird eine Abschiebungsanordnung verbunden, die für die Verwaltung den Vorteil hat, dass hier ohne Androhung direkt vollzogen werden kann. Damit hat ein negativer Dublin-Bescheid folgenden Inhalt:

2. Anderweitige Zuständigkeit aufgrund der Dublin-III-VO

Negativer Dublin-Bescheid:

- „Der Asylantrag wird als unzulässig abgelehnt."
- „Nationale Abschiebungsverbote liegen nicht vor."
- „Die Abschiebung in den zuständigen europäischen Staat wird angeordnet."

2.6.2 Zustellung

Dieser Bescheid wird nach § 31 Abs. 1 Satz 5 AsylG direkt dem Antragsteller zugestellt, der Rechtsanwalt, auch wenn er sich mit Vollmacht zur Akte gemeldet hat, erhält nur eine Abschrift. Das ist eine Regelung, die für die anwaltliche Praxis misslich ist, weil der Bevollmächtigte nicht wirklich weiß, wann der Bescheid dem Betroffenen zugegangen ist, denn dieser Zugang ist allein für die Frist entscheidend.

Praxis-Tipp:

Ein Asylantragsteller sollte darauf hingewiesen werden, dass er immer dann, wenn er Schreiben des Bundesamtes erhält (insbesondere, wenn sie sich in einem gelben Umschlag befinden), diese unverzüglich auch seinem Anwalt weiterleiten soll. Dabei sollte das Eingangsdatum mitgeteilt werden. Er sollte wissen, dass der Anwalt nicht immer alle Schreiben direkt bekommt.

2.6.3 Rechtsmittel

Gegen einen Dublin-Bescheid ist die Klageerhebung statthaft. Weil die Klage keine aufschiebende Wirkung hat, muss ein Eilantrag erhoben werden (§ 34a Abs. 2 AsylG). Frist für beides ist eine Woche nach Zustellung.

2.7 Überstellungsfrist und Überstellung

2.7.1 Normaler Fristlauf

Mit dem Übergang der Zuständigkeit auf den ersuchten Staat beginnt die sechsmonatige Überstellungsfrist (Art. 29 Abs. 1 Dublin-III-VO). Auch diese Frist birgt eine Sanktion, nämlich das Zurückfallen der Zuständigkeit auf den Staat des gegenwärtigen Aufenthaltes, falls die Überstellung nicht innerhalb der Frist durchgeführt worden ist (Abs. 2). Ziel ist es dabei, eine schnelle Entscheidung über das Schicksal des Betroffenen herbeizuführen.

2.7.2 Drittschützender Charakter der Fristenregel

Wegen dieses Gedankens wird der Frist heute auch drittschützender Charakter zugesprochen. Für den Betroffenen heißt das, dass er sich auch in einem Klageverfahren auf den Fristablauf berufen kann. Das ist noch keine selbstverständliche Betrachtungsweise. Viele Gerichte hatten diesen Drittschutz mit dem Argument verneint, dass die Dublin-Regeln nur zwischen den Staaten Rechtswirkungen entfalten könnten – nicht aber zugunsten des Geflüchteten. Hier war es das Bundesverwaltungsgericht, das mit seinem Urteil vom 26.05.2016 (1 C 15.15) klarstellte, dass der Geflüchtete sich auch klageweise auf den Fristablauf berufen können müsse, sonst drohe der „refugee in orbit", also dass sich kein Staat mehr für ihn zuständig fühle.

> **Beispiel:**
> Für K war Spanien durch Schweigen auf ein Übernahmeersuchen zuständig geworden. Die Überstellungsfrist läuft aber ohne eine Überstellung ab. K kann sich in einem Klageverfahren darauf berufen, dass Deutschland zuständig ist, sollte das Bundesamt den Antrag wegen der angeblichen anderweitigen Zuständigkeit nicht mehr prüfen wollen.

2.7.3 Beginn und Ende des Fristlaufs

Für die Beratung in Dublin-Fällen spielt der Zeitpunkt der Überstellungsfrist eine wichtige Rolle. Sie beginnt mit dem Zuständigwerden des anderen Staates. Das ist entweder der Tag, an dem die Zustimmung erklärt wird, oder, wenn die Frist zur Ablehnung abgelaufen ist und der andere Staat durch Schweigen zuständig wird, an dem Tag nach Ablauf dieser Frist. In letzterem Fall sind Charakter des Verfahrens (Aufnahme oder Wiederaufnahme) und die Art der Anfrage zu beachten.

> **Beispiel:**
> Das BAMF hat zu dem Asylantrag des R einen EURODAC-Treffer in Italien der Kategorie 2 gefunden und stellt am 21.07.2017 einen Aufnahmeantrag an Italien. Italien schweigt. Nach Ablauf der einmonatigen Frist am 21.08.2017 ist Italien ab dem

2. Anderweitige Zuständigkeit aufgrund der Dublin-III-VO

> 22.08.2017 zuständig. Die sechsmonatige Überstellungsfrist läuft noch bis zum 21.02.2018. Kommt es nicht zur Überstellung, ist ab dem 22.02.2018 Deutschland für den Asylantrag zuständig.

2.7.4 Einfluss der Rechtsmittel auf den Fristablauf

Es gibt im Dublin-Recht eine Sonderregel für den Fall, dass der Staat, der zur Überstellung befugt ist, durch ein Rechtsmittel einstweilig an der Überstellung gehindert ist (Art. 29 Dublin-III-VO). Dann läuft nach der herrschenden Ansicht die sechsmonatige Frist wieder neu an, wenn die aufschiebende Wirkung wegfällt. Das ist bei einem gewonnenen Eilverfahren nur dann problematisch, wenn das Gericht später anders entscheidet und in der Hauptsache ablehnt. Solche Fälle sind jedoch selten.

Viel gravierender ist diese Regelung aber, wenn der Eilantrag verlorengeht. Dann tritt zwar keine aufschiebende Wirkung ein, das ist es ja, was einen verlorenen Eilantrag auszeichnet. Aber hier kommt zum Tragen, dass jeder Eilantrag, auch der erfolglose, nach § 34a Abs. 2 Satz 2 AsylG dazu führt, dass wenigstens eine ganz kurze Zeit – zwischen Eilantrag und Entscheidung des Gerichts – eine Überstellung nicht vollzogen werden darf. Das genügt, um die Frist nach Art. 29 Abs. 2 Dublin-III-VO wieder neu zum Laufen zu bringen.

> **Beispiel:**
>
> Der erwachsene junge Mann R soll nach Italien überstellt werden. Die Überstellungsfrist begann am 29.05.2017, der Bescheid wurde ihm erst am 21.07.2017 zugestellt. Mit seinem Anwalt bespricht R sofort die Folgen eines Eilantrags. Die Überstellungsfrist würde ohne Eilantrag am 29.11.2017 auslaufen. Wenn er aber den Eilantrag fristgerecht Ende Juli stellt und dieser dann Anfang August 2017 vom Gericht negativ beschieden würde, dann würde es nicht nur bei der Überstellung bleiben, die Frist würde Anfang August wieder neu zu laufen beginnen und erst Anfang Februar 2018 ablaufen. Angesichts der geringen Chancen, bei einem erwachsenen, gesunden Mann die Überstellung nach Italien abzuwenden, rät der Anwalt vom Eilantrag ab, um den Fristablauf nicht noch hinauszuzögern. Der Anwalt erhebt nur die Klage – ohne einen Eilantrag.

VII. Unzulässige Asylanträge

*2.7.5 Verlängerung der Frist bei Inhaftierung und „Flüchtigsein"
(Art. 29 Abs. 2 Dublin-III-VO)*

Um dem Ausländer damit keinen Anreiz zu bieten, sich der Überstellung zu entziehen, kann die Überstellungsfrist verlängert werden, wenn der Ausländer „flüchtig" ist (Art. 29 Abs. 2 Dublin-III-VO). Die Überstellungsfrist kann im Falle dieses Flüchtigseins höchstens auf 18 Monate verlängert werden. Ist der Asylantragsteller in Haft (und kann daher nicht überstellt werden), verlängert sich die Frist auf ein Jahr. Nach Ablauf dieser verlängerten Frist ist dann wieder der Staat des gegenwärtigen Aufenthalts zuständig.

In der Literatur wird das Flüchtigsein weit ausgelegt und dahin zusammengefasst, dass damit alle Sachverhalte erfasst sind, in denen der Antragsteller aus von ihm zu vertretenden Gründen für die Behörden nicht auffindbar ist oder sonst das Verfahren absichtlich behindert. Problematisch daran ist allerdings, dass der Asylantragsteller nicht gezwungen ist, sich ohne Unterbrechung in seiner Unterkunft aufzuhalten. Im Gegenteil, er darf, jedenfalls wenn er nicht mehr in der Erstaufnahmeeinrichtung untergebracht ist, reisen und ist nicht mehr räumlich beschränkt. Ob seine Abwesenheit von der Unterkunft ein Flüchtigsein darstellt, hängt wesentlich vom Zeitpunkt und den Umständen ab. Manche Ausländerbehörden behelfen sich hier mit einer schriftlichen Ladung des Betroffenen vor der Überstellung: Erscheint der Ausländer nicht, wird von einem Flüchtigsein ausgegangen. Es können aber auch Indizien herangezogen werden, etwa der Umstand, dass die persönlichen Gegenstände nicht mehr in der Unterkunft sind und der Betroffene über Tage nicht mehr gesehen wurde. Allein genügend ist es nicht, wenn der Hausmeister der Einrichtung die Abmeldung vorgenommen hat.

2.7.6 Meldung des Flüchtigseins

Nach § 9 Abs. 2 der Durchführungsverordnung zur Dublin-VO ist der überstellende Staat verpflichtet, noch vor Ablauf der Überstellungsfrist an den anderen Staat Meldung zu machen, wenn eine Überstellung aufgrund von Flüchtigsein nicht stattfinden kann. Nur dann wird die Überstellungsfrist auf die 18 Monate verlängert. Unterlässt er es, geht nach Ablauf der ursprünglichen Überstellungsfrist die Zuständigkeit wieder an den Staat des Aufenthalts über.

2. Anderweitige Zuständigkeit aufgrund der Dublin-III-VO

Praxis-Tipp:
Steht ein Flüchtigsein im Raum, sollte durch eine Akteneinsicht ermittelt werden, ob noch während des Laufs der Überstellungsfrist die erforderliche Meldung an den anderen Staat gemacht wurde. Ist dies nicht geschehen, ist die Bundesrepublik für das Verfahren zuständig.

2.7.7 Kirchenasyl und „Flüchtigsein"

Ein Fall, der die öffentliche Diskussion öfter beschäftigt, ist das sogenannte Kirchenasyl. Dem liegt die Annahme zugrunde, dass es sich bei Kirchenräumen um sakrale Räume handelt, in die die Staatsgewalt nicht gegen den Willen – jedenfalls auch nicht ohne einen besonderen rechtfertigenden Grund – interveniert. Im Zuge von Dublin-Überstellungen kam es immer wieder zu Fällen des Kirchenasyls durch Kirchengemeinden. Im Hinblick auf das Flüchtigsein wurde vorgebracht, dass der Aufenthaltsort der Behörde bekannt sei und sie nicht davon abgehalten würde, die Überstellung vorzunehmen. Der Einwand der Kritiker, dass es ein solches Kirchenasyl kirchen- oder staatskirchenrechtlich gar nicht gebe und auch keine „rechtsfreien" Räume existieren, greift zu kurz. Im Ergebnis unterstützt diese Argumentation die Auffassung der Kirchengemeinden, weil sie herausstellt, dass das Zögern des Staates, die Überstellung zu bewirken, gerade eine eigene – vor allem aber der Behörde zuzurechnende Entscheidung – darstellt.

Wichtig bei Kirchenasylen ist es, dass die beteiligten Behörden nahtlos über den Aufenthaltsort des Ausländers informiert sind, um den Vorwurf des Flüchtigseins nicht aufkommen zu lassen. In der Zwischenzeit haben auch Gespräche zwischen Bundesamt und den Kirchen stattgefunden, in denen das Bundesamt eine gewisse Akzeptanz gegenüber dem Kirchenasyl erklärt hat, von den Kirchen aber erwartet, dass die Fälle, in denen Kirchasyl gewährt wird, von den Kirchengemeinden verantwortungsbewusst ausgewählt werden. Im Gegenzug unterlässt das Bundesamt die Meldung des Flüchtigseins, wenn es rechtzeitig und umfassend über den Aufenthaltsort des Betroffenen informiert wird.

VII. Unzulässige Asylanträge

2.8 Tipps für die Beratung mit „Dublin-Fällen"

Dublin-Verfahren sind ohne die Hilfe erfahrener Beratungsstellen oder Anwälte nicht zu begleiten. Zu empfehlen ist es, regelmäßig die Akteneinsicht zu beantragen, um Erkenntnisse über stattfindende Dublin-Verfahren zu erhalten.

Hilfreich ist es, gemeinsam mit den Betroffenen ausführliche schriftliche Erklärungen zu den Erlebnissen in einem Transitland zu erarbeiten. Diese können dem Bundesamt oder dem Gericht vorgelegt werden. Sie sollten Auskunft darüber geben, falls es zu menschenunwürdigen Bedingungen gekommen ist. In diese Erklärung wären die folgenden Punkte aufzunehmen:

Aussagen über die Lebensverhältnisse in einem Transitstaat:
▪ Dauer des Aufenthalts, Orte, Begleitpersonen
▪ Wohnverhältnisse (bei Familien: Privatsphäre, gemeinsame Unterbringung, kindgerechte Unterbringung)
▪ Sozialleistungen
▪ Zugang zu medizinischen Leistungen
▪ Arbeitsmöglichkeiten
▪ Umstände des Asylverfahrens: Anhörung, Dolmetscher, Rechtsbeistand
▪ besondere Vorkommnisse (z. B. Übergriffe, Verhalten der Polizei)

3. Unzulässige Anträge wegen Schutz in der EU

3.1 Grundsatz

Wer in einem anderen Staat der EU den internationalen Schutz erhalten hat, kann in der Bundesrepublik diesen Schutz nicht noch einmal bekommen. Der Antrag ist unzulässig (§ 29 Abs. 1 Nr. 2 AsylG). Das Bundesamt prüft dann nur noch, ob die Abschiebung in diesen Staat der Schutzgewährung an einem nationalen Abschiebungsverbot (§ 60 Abs. 5 und 7 AufenthG) scheitern könnte.

3. Unzulässige Anträge wegen Schutz in der EU

3.2 Inhalt des „Drittstaatenbescheides"

Diese Bescheide werden beim Bundesamt „Drittstaatenbescheide" genannt. Das Bundesverwaltungsgericht spricht hier von Fällen der „Sekundärmigration", weil es um die Weiterwanderung in der EU nach einer Anerkennung geht.

> **Bescheid nach § 29 Abs. 1 Nr. 2 AsylG:**
>
> - „Der Asylantrag wird als unzulässig abgelehnt."
> - „Abschiebungsverbote hinsichtlich des Staates der Anerkennung liegen nicht vor."
> - „Die Abschiebung in den Staat der Anerkennung wird angedroht."
> - „Eine Abschiebung in den Herkunftsstaat ist verboten."

Das Verbot einer Abschiebung in den Herkunftsstaat folgt daraus, dass dieser Schutz durch die Anerkennung im Ausland für den Betroffenen feststeht. Das ist auch für deutsche Behörden bindend. Ein im Ausland anerkannter Flüchtling kann nicht in den Staat der Verfolgung abgeschoben werden (§ 60 Abs. 1 Satz 2 AufenthG). Das gilt auch für Personen mit einem ausländischen subsidiären Schutz.

Wichtig: Wer in einem anderen Staat als Flüchtling anerkannt ist, darf auch von Deutschland aus nicht in den Verfolgerstaat abgeschoben werden. Er bekommt aber keine Aufenthaltserlaubnis nach § 25 Abs. 2 AufenthG, weil diese Vorschrift nur für Anerkannte gilt, die ihren Status vom deutschen Bundesamt erhalten haben.

3.3 Rechtsmittel gegen einen Drittstaatenbescheid

3.3.1 Problemlage

Auch im Kontext der Anerkannten wirken sich die ungleichen Verhältnisse in der EU aus. Die Betroffenen beklagen, je nach Transitstaat, mangelnden Zugang zu Sozialleistungen, Medizin, Arbeit oder Wohnung. Die Klagen reichen hin bis zu dem Vorwurf menschenunwürdiger Bedingungen. Das Argument, dass es in Staaten, wie z. B. in Italien, auch für die einheimische Bevölkerung keine engmaschige Sozialhilfe gebe, Flüchtlinge in diesem Sinne also auch nicht schlechter gestellt seien, hat im Kontext mit Geflüchteten aber nicht den gleichen Zugzwang: Menschen, die als Geflüchtete nach Europa gelangen, haben in der Regel gerade keinen familiären

VII. Unzulässige Asylanträge

Rückhalt, wie er etwa Einheimischen zur Bewältigung von Lebenskrisen zur Verfügung steht. Im Übrigen ist diese Sekundärmigration im EU-Recht nicht vorgesehen: Eine reguläre Binnenwanderung von EU-Ausländern scheitert hier in der Regel, weil die fünfjährige Voraufenthaltszeit bei gleichzeitiger Lebensunterhaltssicherung, die von der EU-Daueraufenthaltsrichtlinie verlangt wird, nicht erfüllt ist.

3.3.2 Klage und Eilantrag

Klage und Eilantrag gegen den Drittstaatenbescheid sind binnen einer Woche zu stellen.

3.3.3 Die Begründung des Rechtsmittels

Viele Verwaltungsgerichte gehen mit solchen Problemfällen ähnlich um wie mit den Dublin-Fällen, das heißt, sie berücksichtigen die individuelle Schutzbedürftigkeit und die Verhältnisse im Drittstaat. Die Begründung kann auch hier zwei Wege gehen, zum einen ließe sich die Unzulässigkeitsentscheidung wegen der Verhältnisse im Drittstaat angreifen, was allerdings sehr voraussetzungsvoll ist, da eine Grundrechtsverletzung begründet werden muss. Der andere Weg verläuft über die individuellen Umstände und zielt auf die nationalen Abschiebungsverbote nach § 60 Abs. 5 und 7 AufenthG ab.

Beispiel:

Das Ehepaar R und W aus Äthiopien hat mit zwei Kindern im Vorschulalter in Italien die Flüchtlingsanerkennung erhalten. Ihre Asylanträge wurden deswegen in Deutschland als unzulässig abgelehnt. Bei Gericht konnten sie aber wegen der Unterbringungssituation und der besonderen Schutzbedürftigkeit (Kleinkinder) Abschiebungsverbote erhalten. Nach der erforderlichen Zeit des Voraufenthalts wechselt dann auch die Zuständigkeit für die Verlängerung des italienischen Flüchtlingspasses nach dem Straßburger Übereinkommen auf die deutschen Behörden. Das führt dann zu der auf den ersten Blick seltsamen Situation, dass R und W (und die Kinder) einen deutschen „blauen" Pass besitzen (Flüchtlingspass), allerdings mit einer Aufenthaltserlaubnis nach § 25 Abs. 3 AufenthG.

Im Juni 2017 hat das Bundesverwaltungsgericht dem EuGH mit Blick auf die Verhältnisse in Italien die Frage vorgelegt, ob es für eine

Ausnahme von der Unzulässigkeit des Asylantrags nicht bereits ausreiche, wenn die Lebensbedingungen in dem Staat der primären Migration nicht den Vorgaben der Art. 20 ff. QLR entsprechen, ohne dass es auf eine Menschenrechtsverletzung ankomme (BVerwG, Beschluss v. 27.06.2017, Az.: 1 C 26/16). Solche Rechte sind dann insbesondere Sozial- und Integrationsleistungen. Damit hat das Bundesverwaltungsgericht noch nicht gesagt, dass es von einer Verletzung dieser Standards in Italien ausgeht. Es hat sie aber auch nicht ausgeschlossen.

Im Eilverfahren bezüglich eines Drittstaatenbescheides muss der Antragsteller vortragen, dass „ernstliche Zweifel an der Rechtmäßigkeit des angegriffenen Verwaltungsaktes" bestehen (§ 36 Abs. 4 AsylG). Dieser Maßstab ist für den Antragsteller ungünstiger als bei der Anfechtung eines „Dublin-Bescheides". Dieser Unterschied ist nicht nachvollziehbar und kann nur als Fehler bei der Verweisung durch den Gesetzgeber erklärt werden.

3.3.4 Folgen eines erfolgreichen Eilverfahrens

Wer seinen Eilantrag gegen den Drittstaatenbescheid gewinnt, begegnet einem Kuriosum. In § 37 Abs. 1 AsylG wird nämlich als Folge einer stattgebenden gerichtlichen Eilentscheidung angeordnet, dass der ganze Bundesamtsbescheid unwirksam wird. Damit erledigt sich auch die Klage. Der Beschwerdeführer gewinnt auf ganzer Ebene. Der Eilbeschluss im Asylverfahren ist auch nicht anfechtbar. Das Bundesamt muss das Verfahren in der Sache fortführen und hat den Schutzantrag vollständig inhaltlich zu prüfen.

4. Unzulässige Anträge wegen Schutz in einem sonstigen Staat (§ 29 Abs. 1 Nr. 4 AsylG)

Diese Fälle sind derzeit äußerst selten. Sicherer Staat kann in diesem Kontext jeder Staat des früheren Aufenthalts irgendwo in der Welt sein, wo der Antragsteller keine Abschiebung in den Verfolgerstaat fürchten musste. Es ist nicht erforderlich, dass der sichere Staat die Genfer Flüchtlingskonvention unterzeichnet hat, allerdings müssen Mindeststandards für die Existenzsicherung erfüllt sein. Weil aber der sichere Staat zur Übernahme bereit sein muss, ist der Anwendungsbereich dieser Regelung gering. Das kann sich aber ändern, wenn es entsprechende Übernahmevereinbarungen mit Transitstaaten außerhalb Europas gibt.

5. Unzulässige Zweitanträge

5.1 Begriff

Ein Zweitantrag (§ 71a AsylG) liegt vor, wenn der Asylantragsteller bereits zuvor in einem sicheren Drittstaat, also einem EU-Staat, in der Schweiz oder Norwegen, einen erfolglosen Asylantrag gestellt hat. In den meisten Fällen geht dem Zweitantrag ein Dublin-Verfahren voraus, weil nach den oben beschrieben Regeln der andere europäische Staat zuständig ist, wenn dort ein erfolgloser Asylantrag gestellt worden ist. Warum es dann dazu kommt, dass das Bundesamt einen Bescheid über einen Zweitantrag macht, liegt daran, dass Deutschland durch Fristablauf oder Selbsteintritt zuständig geworden ist.

> **Beispiel:**
>
> M ist Äthiopierin, sie hat in den Niederlanden Asyl beantragt, wurde dort aber abgelehnt, sie reist daraufhin in die Bundesrepublik weiter und stellt einen weiteren Antrag. Das dadurch ausgelöste Dublin-Verfahren endet mit der Zuständigkeit Deutschlands, weil M nicht während der Überstellungsfrist in die Niederlande zurücküberstellt worden ist. Daraufhin ist Deutschland zuständig und prüft den Antrag der M als Zweitantrag.

5.2 Prüfungsschema bei einem Zweitantrag

Bei einem Zweitantrag prüft das Bundesamt den Asylantrag nur, wenn es zuständig ist und wenn Wiederaufgreifensgründe nach § 51 VwVfG vorliegen. Solche Wiederaufgreifensgründe sind neue Gründe, die erst nach der Ablehnung im ersten Staat entstanden sind. Es können auch neue Beweismittel sein, damit unterscheidet sich der Zweitantrag nicht von einem Folgeantrag. Diese neuen Gründe oder Beweismittel sollen dem Gesetz nach innerhalb von einer Frist von drei Monaten vorgetragen werden. Diese Frist ist aber sehr vermutlich unionsrechtswidrig, weil sie nicht mit der Verfahrensrichtlinie übereinstimmt. Gleichwohl ist zu empfehlen, die Dreimonatsfrist zu beachten.

5. Unzulässige Zweitanträge

Beispiel:

Wenn M aus dem vorherigen Beispiel zur Vorsitzenden einer äthiopisch-exilpolitischen Partei gewählt worden ist (und damit in Verfolgungsgefahr gerät), sie den Antrag in Deutschland innerhalb der Dreimonatsfrist gestellt hat, dann bestünden gute Chancen, dass ihr Asylantrag nochmal – jedenfalls hinsichtlich der neuen Gründe – geprüft wird. Es bestehen auch gute Gründe, dass sie sogar den Flüchtlingsschutz erhält, weil man an der Anwendung des § 28 AsylG auf Zweitanträge zweifeln kann.

5.3 Der Bescheid bei erfolglosem Zweitantrag

Das Bundesamt lehnt den Asylantrag als unzulässig ab und prüft die Abschiebungsverbote hinsichtlich des Herkunftslandes. Damit verknüpft es eine Abschiebungsandrohung in den Herkunftsstaat.

Bescheid nach § 29 Abs. 1 Nr. 5 AsylG (Zweitantrag):

- „Der Asylantrag wird als unzulässig abgelehnt."
- „Abschiebungsverbote hinsichtlich des Herkunftsstaates liegen nicht vor."
- „Die Abschiebung in den Herkunftsstaat wird angedroht."

5.4 Rechtsmittel

5.4.1 Klage und Eilantrag

Gegen die Entscheidung sind Klage und Eilantrag zu erheben. Die Frist hierfür ist eine Woche.

5.4.2 Gründe im Rechtsmittelverfahren

Klage und Eilantrag gegen diesen Bescheid können verschieden begründet werden. Es kann sowohl die Grundannahme des Bundesamtes, dass es sich um einen Zweitantrag handelt, angezweifelt werden, wie auch die herkunftslandbezogene Wertung, dass keine Wiederaufgreifensgründe und keine Abschiebungsverbote vorliegen.

Zu der Frage, ob es in dem anderen Staat wirklich ein abgeschlossenes Verfahren gibt, hat das Bundesverwaltungsgericht im Dezember 2016 eine interessante Entscheidung getroffen (BVerwG, Urt. v.

VII. Unzulässige Asylanträge

14.12.2016, Az.: 1 C 4.16): Es ist Aufgabe des Bundesamtes, dies zu ermitteln und zu belegen. Außerdem ist zu berücksichtigen, ob ein wegen Weiterreise eingestelltes Asylverfahren im anderen Land vielleicht noch wiederaufnahmefähig war (vergleichbar der Regelung in § 33 Abs. 5 AsylG, die es in allen EU-Staaten gibt).

Die Begründung bei der Ablehnung eines Zweitantrags:
■ Einwände gegen die Behandlung als Zweitantrag: – Das Asylverfahren im Erststaat ist noch nicht erfolglos abgeschlossen (sondern kann noch ohne Einbußen wiederaufgenommen werden; diese Umstände sind vom BAMF zu ermitteln). – Das Asylverfahren hat nicht den europäischen Standards genügt. ■ Einwände gegen die Unzulässigkeitsentscheidung: Es liegen schwerwiegende neue Gründe vor. ■ Einwände gegen die Ablehnung der Abschiebungsverbote: Es drohen die Gefahren nach § 60 Abs. 5 und 7 AufenthG.

VIII. Das Anerkennungsverfahren und die Anhörung zu den Verfolgungsgründen

1.	Die Entscheidung des Bundesamts über Asyl und internationalen Schutz	195
1.1	Prüfungsmaßstab: Verfolgung oder ernsthafter Schaden bei Rückkehr	195
1.2	Beweiserleichterungen	195
1.3	Rechtliche Würdigung	195
2.	Der Geflüchtete zwischen Darlegungslast und Amtsermittlungsgrundsatz	196
2.1	Darlegungslast	196
2.2	Amtsermittlungsgrundsatz	196
2.3	Die konkrete Darlegungslast im Einzelfall	197
2.4	Aussage- und Auskunftsverweigerungsrechte	198
2.5	Verspätetes Vorbringen	198
3.	Die Anhörung von Minderjährigen	200
3.1	Das Mindestalter für eine Anhörung	200
3.2	Die Person des Anhörers/der Anhörerin bei UMF	200
4.	Die Durchführung der Anhörung beim Bundesamt	200
4.1	Die Ladung zur Anhörung	200
4.2	Unmittelbarkeit und Vertraulichkeit der Anhörung	201
4.3	Dolmetscher oder Sprachmittler	201
4.4	Inhalt und Ablauf der Anhörung	202
5.	Der glaubhafte Vortrag in der Anhörung	205
5.1	Glaubhaftigkeit und Glaubwürdigkeit	205
5.2	Die einzelnen Kriterien für die Glaubhaftigkeit	206
6.	Vorbereitung und Begleitung bei der Anhörung	209
6.1	Wesentliche Hinweise und Ratschläge	209

6.2 Die Ermittlung der Verfolgungsgründe in der Beratung 210
6.3 Die Vorbereitung auf mögliche Fragen in der Anhörung.. 211
6.4 Die Einflussmöglichkeiten während der Anhörung......... 214

VIII. Das Anerkennungsverfahren und die Anhörung zu den Verfolgungsgründen

1. Die Entscheidung des Bundesamts über Asyl und internationalen Schutz

1.1 Prüfungsmaßstab: Verfolgung oder ernsthafter Schaden bei Rückkehr

Das Bundesamt prüft Asyl und internationalen Schutz. Wenn es diese Prüfung negativ abschließt, werden die nationalen Abschiebungsverbote geprüft (§ 31 AsylG). Wichtig ist es, den prospektiven Charakter der Entscheidung hervorzuheben, es kommt darauf an, dass die Verfolgung oder der Schaden drohen, nicht, dass sie sich schon in der Vergangenheit realisiert haben. Maßstab ist die beachtliche Wahrscheinlichkeit.

1.2 Beweiserleichterungen

Davon zu unterscheiden ist das Beweismaß bei der Frage, ob zum Beispiel eine Person im Herkunftsland Parteimitglied war und Verfolgungshandlungen hat erleiden müssen. Hier gelten mindere Anforderungen, da der Geflüchtete typischerweise solche Umstände nicht belegen kann, sofern er sie glaubhaft darzustellen in der Lage ist. Urkunden und Beweismittel sind verzichtbar, wenn der Antragsteller sich ausreichend um deren Vorlage bemüht hat, ihr Fehlen erklärlich ist und die Aussage insgesamt glaubhaft ist (Art. 4 Abs. 5 QRL). Damit rückt die Glaubhaftigkeit des Vorbringens in das Zentrum der Entscheidung.

1.3 Rechtliche Würdigung

Nicht zu unterschätzen ist aber auch die rechtliche Würdigung des Geschehens. Selbst wer glaubhaft von seiner Drangsal und den Nachstellungen im Herkunftsland berichtet, muss deswegen noch nicht schutzberechtigt sein, weil es auf verfolgungsrelevante Ereignisse oder einen drohenden Schaden i. S. d. § 4 AsylG ankommt.

VIII. Anerkennungsverfahren und Anhörung

Beispiel:

A berichtet glaubhaft davon, dass die Nachbarsfamilie ihn wegen einer angeblichen Fälschung des Grundstückskaufvertrags mit dem Tode bedroht. Ob es sich hierbei um eine schutzrelevante Bedrohung handelt oder ihm gar der Schutzstatus als Flüchtling zusteht, ist hier der Hauptteil der Beurteilung.

2. Der Geflüchtete zwischen Darlegungslast und Amtsermittlungsgrundsatz

2.1 Darlegungslast

Die Anhörung (oder das „Interview", wie es von den Betroffenen zumeist genannt wird) ist das Herzstück des Asylverfahrens. Hier soll der Antragsteller seine Gründe schildern, weswegen er nicht mehr in sein Herkunftsland zurückkehren kann. Was hierzu genau vorzutragen ist und inwieweit das Bundesamt hierbei auch in der Pflicht ist, hat das Gesetz knapp mit zwei Grundprinzipien umrissen: Das Gesetz bürdet zunächst dem Geflüchteten eine Darlegungslast auf. § 25 Abs. 1 AsylG verlangt von ihm nämlich, selbst die Tatsachen vorzutragen, die seine Verfolgungsfurcht oder den drohenden Schaden begründen. Das richtet sich ganz besonders auf die persönlichen und individuellen Lebensumstände und Erlebnisse des Geflüchteten, die das Bundesamt nicht kennen kann.

§ 25 Abs. 1 Satz 1 AsylG:
„Der Ausländer muss selbst die Tatsachen vortragen, die seine Furcht vor Verfolgung oder die Gefahr eines ihm drohenden ernsthaften Schadens begründen, und die erforderlichen Angaben machen."

2.2 Amtsermittlungsgrundsatz

Wenn der Geflüchtete aber seine persönliche Seite geschildert hat, geht die Pflicht auf das Bundesamt über, die damit verbundene allgemeine Situation des Betroffenen zu ermitteln oder gar die Konsequenzen zu beschreiben, die aus dem persönlichen Schicksal folgen. Das Bundesamt hat, und hierauf können sich der Geflüchtete und seine Berater berufen, den Sachverhalt insoweit nämlich aufzuklären und erforderliche Beweise zu erheben. In der Praxis bedeutet das, dass das Bundesamt sich ausgehend von dem, was der Geflüchtete vorgetragen hat, ein umfassendes Bild von der Gefähr-

2. Zwischen Darlegungslast und Amtsermittlungsgrundsatz

dung des Betroffenen zu machen hat. Es hat sich dabei auch nicht auf die persönlich geäußerte Verfolgungsfurcht zu beschränken, sondern muss auch solche Gefahren prüfen, die der Antragsteller nicht genannt hat, die sich aber aus dem geschilderten Fall ergeben.

§ 24 Abs. 1 Satz 1 AsylG:
„Das Bundesamt klärt den Sachverhalt und erhebt die erforderlichen Beweise."

2.3 Die konkrete Darlegungslast im Einzelfall

Mit diesen beiden sich gegenüberstehenden Anforderungen ist die Ermittlungslage bei der Anhörung umschrieben. Je individueller ein Geschehensablauf ist, umso mehr trifft den Geflüchteten die Obliegenheit, Vorgänge und Sachverhalte zu schildern. Je allgemeiner und objektiver Geschehen und Sachverhalte sind, desto mehr ist das Bundesamt in der Pflicht. Natürlich ist dem Antragsteller immer auch zu raten, die allgemeinen Erkenntnisse, die sein Land betreffen, dem Bundesamt zugänglich zu machen, wenn hier das Amt noch nicht von sich aus vertiefende Kenntnisse hat oder sich anzueignen im Begriff ist.

Übersicht über die Darlegungslast bei der Anhörung:	
Vom Geflüchteten darzulegen (§ 25 Abs. 1 AsylG)	**Amtsermittlungspflicht des Bundesamtes (§ 24 Abs. 1 AsylG)**
Individuelles, privates Geschehen	Allgemeine Sachverhalte
K ist Sympathisant der oppositionellen R-Partei, er hat an mehreren informellen Treffen teilgenommen. K hat für die R-Partei Propagandamaterial versteckt bzw. transportiert.	Verfolgungsgefahr eines Oppositionellen, der mit der R-Partei sympathisiert oder sie unterstützt, Lage der Oppositionsparteien, Verfolgungspraxis, Verfolgungsmethoden
R ist ein 5-jähriges Mädchen aus Dschibuti und gehört der Ethnie der Afar an.	Gefahr der drohenden Genitalverstümmelung ist vom Bundesamt zu ermitteln
L ist an Diabetes erkrankt und bedarf einer bestimmten Behandlung.	Versorgungslage im Herkunftsland, Verfügbarkeit von Insulin, Erreichbarkeit von Ärzten usw.

VIII. Anerkennungsverfahren und Anhörung

Gerade aber das letzte Beispiel zeigt, dass diese Aufteilung nicht schematisch vorgenommen werden darf. Beschreibt ein Geflüchteter glaubhaft bestimmte Symptome einer Krankheit, fällt die Aufklärung darüber, ob der Geflüchtete an einer bestimmten Krankheit leidet und welche Behandlungsbedürftigkeit sich daraus ergibt, wieder in das Feld der Amtsermittlung.

Eine Besonderheit gilt allerdings, wenn der Antragsteller unter einer „posttraumatischen Belastungsstörung" („PTBS") leidet. Hier verlangt das Bundesverwaltungsgericht wegen des „unscharfen Krankheitsbilds" und der „vielfältigen Symptomatik" für einen substantiierten Sachvortrag die Vorlage eines fachärztlichen Attestes, das bestimmten Mindestanforderungen genügt und etwa Angaben über die Diagnosestellung (Zahl der Therapiestunden, Methode), das Krankheitsbild und den Krankheitsverlauf u. a. enthält (Urt. v. 11.09.2007, Az.: 10 C 8.07).

2.4 Aussage- und Auskunftsverweigerungsrechte

Bei der Anhörung gelten die üblichen Aussageverweigerungsrechte, wie es sie in jedem Verfahren gibt. Da es hier aber keine Pflichten gibt, auszusagen (wie es etwa Zeugen vor Gericht trifft), wirken diese Rechte sich nur auf die Aussagewürdigung aus, also bei der Frage, ob ein Geschehen hinreichend glaubhaft gemacht worden ist. Von Bedeutung sind Auskunftsverweigerungsrechte in Bezug auf eigene Straftaten. Solche Sachverhalte müssen nicht berichtet werden, denn niemand ist gezwungen, sich selbst zu belasten. Wer sich in einer Anhörung z. B. dahin äußert, dass er von der Al-Shabaab-Miliz für einen Bombenanschlag eingesetzt worden ist, löst ein strafrechtliches Ermittlungsverfahren gegen sich aus. Auch für Taten eines Ausländers im Ausland kann die deutsche Staatsanwaltschaft zuständig sein (§§ 6 und 7 StGB).

2.5 Verspätetes Vorbringen

2.5.1 Auswirkungen im Verfahren vor dem BAMF

Die Anhörung ist dem Gesetz nach auf die konzentrierte Schilderung aller ins Gewicht fallender Tatsachen gerichtet. Folglich stellt es in § 25 Abs. 3 AsylG die Regel auf, verspätetes Vorbringen nach der Anhörung nicht mehr zu berücksichtigen. Dieser Satz gilt aber nicht ausnahmslos. Er gilt nur für die Fälle im Asylverfahren, in denen das verspätete Vorbringen die Entscheidung auch wirklich ver-

2. Zwischen Darlegungslast und Amtsermittlungsgrundsatz

zögert – das ist aber so gut wie nie der Fall. Wenn der Geflüchtete kurz vor dem Tag der Entscheidung eine neue Schilderung abgibt, die ein Nachforschen des Amtes erforderlich macht, wäre denkbar, dass das dann zur Verzögerung führen würde. Ausgenommen von der Regelung sind natürlich alle Gründe, die sich erst nach der Anhörung ergeben haben. Stellt sich nach der Anhörung heraus, dass sich Verhältnisse im Herkunftsland verschlimmert haben, ist dies vom Bundesamt selbstverständlich noch zur Kenntnis zu nehmen.

Das Nachreichen von Erklärungen ist daher nicht so strikt ausgeschlossen, wie das beim ersten Lesen des Paragrafen anklingt. Allerdings besteht die Gefahr bei einem solchen Vorbringen, dass das Amt jemandem die nachgereichten Informationen nicht mehr glaubt oder sogar das gesamte Vorbringen in Zweifel zieht. Dahinter steckt die – menschlich verständliche – Regung, dass man davon ausgeht, dass wichtige Dinge gleich erzählt werden und nicht erst später nachgeschoben werden. Hierbei handelt es sich um die von Behörde und Gericht so oft als Indiz der Unglaubhaftigkeit genannten „Steigerungen". Auch das kann natürlich seine Gründe haben. Diese Frage wird in Kap. VIII.5 über die Kriterien der Glaubhaftigkeit von Aussagen nochmal aufgenommen.

Als Grundsatz lässt sich aber anführen: Verspätetes Vorbringen ist immer dann unschädlich, wenn es die Entscheidung nicht verzögert und wenn es keine neuen Wendungen im Verfolgungsschicksal mit sich bringt, so dass Zweifel an der Glaubhaftigkeit aufkommen.

Das Nachreichen von Dokumenten, die das bereits Geschilderte bestätigen und die der Geflüchtete erst später nachgesandt erhalten hatte, oder deren Wichtigkeit sich erst durch die Anhörung ergeben hat und die er deswegen nicht gleich mitgebracht hatte, ist immer unschädlich.

2.5.2 Auswirkungen auf ein späteres Gerichtsverfahren

Verspätetes Vorbringen während des Asylverfahrens wirkt sich auch nicht auf ein sich anschließendes gerichtliches Hauptsacheverfahren und die dortige mündliche Verhandlung aus. Wird die Entscheidung des Bundesamtes also bei Gericht angefochten, dann können in einem Hauptsacheverfahren alle Gründe vorgetragen werden, auch wenn sich darunter Gründe finden, die in der Anhörung überhaupt nicht genannt worden sind. Bei Eilverfahren (z. B. bei einer Ablehnung als offensichtlich unbegründet, § 30 AsylG) gilt das allerdings

VIII. Anerkennungsverfahren und Anhörung

so nicht, hier könnte es sich negativ auswirken, wenn wichtige Gründe erst nach der Anhörung genannt werden. Das Gesetz begründet hier nämlich einen erweiterten Ausschluss.

§ 36 Abs. 4 Satz 3 AsylG (über das Eilverfahren):
„Ein Vorbringen, das nach § 25 Abs. 3 im Verwaltungsverfahren unberücksichtigt geblieben ist, sowie Tatsachen und Umstände im Sinne des § 25 Abs. 2, die der Ausländer im Verwaltungsverfahren nicht angegeben hat, kann das Gericht unberücksichtigt lassen, wenn andernfalls die Entscheidung verzögert würde."

3. Die Anhörung von Minderjährigen

3.1 Das Mindestalter für eine Anhörung

Minderjährige unter 14 Jahren werden vom Bundesamt in der Regel nicht angehört. Das ist auch in der Dienstanweisung entsprechend niedergelegt. Den Eltern oder dem Vormund eines UMF unter 14 Jahren ist in diesem Fall aber unter Umständen geraten, schriftlich die Gründe an das BAMF mitzuteilen. Ausnahmsweise kann aber auch eine Anhörung stattfinden.

3.2 Die Person des Anhörers/der Anhörerin bei UMF

Die Anhörung von unbegleiteten Minderjährigen wird beim Bundesamt von sogenannten Sonderbeauftragten für UMF durchgeführt. Das ist Personal des Bundesamtes, das für die Belange der besonders schutzbedürftigen Minderjährigen, die ohne Eltern in der Bundesrepublik sind, besonders geschult ist.

4. Die Durchführung der Anhörung beim Bundesamt

4.1 Die Ladung zur Anhörung

Zu der Anhörung wird der Antragsteller schriftlich in eine Außenstelle des Bundesamtes geladen. Zur Anhörung wird auch ein Sprachmittler (Dolmetscher) bestellt. Da zumeist mehrere Antragsteller auf eine Uhrzeit geladen werden, ist mit Wartezeiten zu rechnen. Wer auf Wunsch des Antragstellers noch weiter teilnahmebefugt ist, wird unten erläutert.

Ein wichtiges Recht des Antragstellers ist es, bei begründeter Verhinderung die Verlegung des Termins zu verlangen. Auch auf den Terminplan eines Rechtsanwalts muss das Bundesamt Rücksicht neh-

4. Die Durchführung der Anhörung beim Bundesamt

men, sonst wäre das Recht auf Hinzuziehung des Rechtsanwalts, das jedem Asylsuchenden zusteht, von Zufälligkeiten abhängig. Der Rechtsanwalt nimmt in der Regel aber schon aktiv den Kontakt mit dem Bundesamt auf, um einen Termin zu vereinbaren, wenn er die Absicht hat, an der Anhörung teilzunehmen.

4.2 Unmittelbarkeit und Vertraulichkeit der Anhörung

Die Anhörung muss unmittelbar zwischen dem Anhörer und dem Betroffenen erfolgen, eine Anhörung unter Zuschaltung von Videotechnik ist ohne Einwilligung des Betroffenen nicht erlaubt. Die Vertraulichkeit der Anhörung erfordert es außerdem, dass die Anhörung in einem einzelnen abgeschlossenen Raum (und nicht in Großraumbüros) stattfindet und dass die Öffentlichkeit ansonsten ausgeschlossen ist. Die in der Anhörung gegebenen Informationen dürfen nicht an Dritte weitergegeben werden. Es begegnet häufig die Sorge der Betroffenen, dass Personen oder Institutionen im Herkunftsland über den Inhalt der Anhörung informiert werden könnten; ein solches Verhalten auf Seiten des Bundesamts wäre aber eine schwere Verfehlung.

4.3 Dolmetscher oder Sprachmittler

Für die Anhörung soll ein Sprachmittler geladen werden, der die Muttersprache des Geflüchteten spricht. Steht ein solcher nicht zur Verfügung, kann ein Sprachmittler für eine Sprache herangezogen werden, „deren Kenntnis" beim Antragsteller „vernünftigerweise vorausgesetzt werden kann und in der er sich verständigen kann" (§ 17 AsylG). Selbstverständlich kann auf einen Dolmetscher verzichtet werden, wenn der Antragsteller gut Deutsch spricht.

Ein leider immer wieder aufgeworfenes Thema ist die Frage, ob ein Übersetzer wegen des Verdachtes der Befangenheit oder auch wegen mangelnder Kompetenz abgelehnt werden kann. Hier muss man differenzieren: Befangenheit der Übersetzungsperson kann ebenso wenig hingenommen werden wie ein befangener Entscheider. Allerdings muss der Verdacht auf sachlichen Gründen fußen. Die Befürchtung, der Angehörige einer anderen Ethnie könne das Asylbegehren gar nicht unverfälscht wiedergeben, ist in dieser pauschalen Weise ungeeignet, den Verdacht der Befangenheit zu begründen. Hier müsste vom Antragsteller eine substantiierte Mitteilung verlangt werden, was genau diese Befürchtung nährt.

VIII. Anerkennungsverfahren und Anhörung

Auch die mangelnde Eignung ist ein problematisches Thema, zumal das Bundesamt im Zuge der vielen Asylanträge neue Dolmetscher beschäftigt, deren Sprachkenntnisse es nicht eigentlich geprüft hat. Stellt sich heraus, dass der Dolmetscher in der Anhörung die deutsche Sprache nicht ausreichend beherrscht oder dass er Sachverhalte inhaltlich falsch wiedergibt, ist das anzumahnen. Die Wirkungen einer falschen Übersetzung sind unübersehbar. Nur selten lässt sich das anhand des Protokolls später rekonstruieren. Und auch Tonaufzeichnungen stehen für diese Zwecke nicht zur Verfügung.

Der Betroffene wird immer gefragt, ob die Verständigung mit dem Dolmetscher funktioniert. Diese Frage sollte der Geflüchtete nicht leichtfertig bejahen, wobei auch anzumerken ist, dass es schwierig ist, Verständigungsfehler zu entdecken, wenn man nur die eine der Sprachen versteht. Der ausländische Antragsteller wird es aber auch möglicherweise für unhöflich halten, dem Übersetzer mangelnde Kenntnisse der gemeinsamen eigenen Sprache ins Gesicht zu sagen.

Zur Korrektur der Übersetzung kann der Antragsteller aber immer auch einen Dolmetscher seines Vertrauens (und auf eigene Kosten) zur Anhörung hinzuziehen (§ 17 Abs. 2 AsylG). Allerdings ist diesem Dolmetscher die Mitwirkung an der Befragung nicht gestattet. Es ist jedoch gestattet, dass der Antragsteller sich mit dem Dolmetscher seines Vertrauens während der Anhörung bespricht. Auf diese Weise kann dann der Antragsteller etwaige Fehler berichtigen.

4.4 Inhalt und Ablauf der Anhörung

4.4.1 Anhörung zur Zulässigkeit des Asylantrages

Falls dieser Punkt nicht schon in einer früheren eigenen Anhörung behandelt worden ist, beginnt die Anhörung mit den Fragen zur Zulässigkeit. Für Betroffene etwas verwirrend ist, dass diese Fragen auch dann gestellt werden, wenn es zwar EURODAC-Treffer gibt, die Fristen für ein Dublin-Verfahren aber schon abgelaufen sind. Das liegt daran, dass es eben auch andere Gründe geben kann, die zu einer Unzulässigkeit des Antrags führen, z. B. Schutzanerkennungen im anderen EU-Staat.

Die Anhörung richtet sich auf humanitäre Aspekte; gefragt wird nach einer etwaigen Familientrennung während der Flucht, nach Erkrankungen, Behinderungen und Gebrechen (auch die von mitreisenden Kindern) sowie nach Schwangerschaften. Im Anschluss daran erhält der Antragsteller die Gelegenheit, sich zu seinen Erlebnissen

4. Die Durchführung der Anhörung beim Bundesamt

in dem Transitstaat zu äußern. Diese Fragen sind das Resultat der oben bereits geschilderten neuen Rechtslage, auch wenn das Bundesamt den Antrag als unzulässig einstuft, muss es die nationalen Abschiebungsverbote mit Bezug auf diesen anderen Staat ermitteln.

4.4.2 Ablauf der Anhörung zu den Verfolgungsgründen

Die eigentliche Anhörung wird mit einer Reihe von Fragen zur Person des Antragstellers eröffnet. Sie beziehen sich auf die Personalien, den familiären Hintergrund und die Ausbildung. Gefragt wird nach der letzten Anschrift, dem Zeitpunkt der Ausreise und dem Datum der Ankunft in Deutschland. Dann wird der Reiseweg, wenn er nicht vorher schon Gegenstand einer gesonderten Befragung war, ermittelt. Hier kommt es dann zu Fragen nach den finanziellen Ausgaben (für Reise und Schleusung) und wer diese Kosten verauslagte. Bei längerer Dauer der Flucht wird nach Gründen dafür gefragt (z. B. ob gearbeitet worden ist).

Erst dann wird das Verfolgungsschicksal zum Thema. Die Frage wird offen gestellt, dem Antragsteller wird bedeutet, die Gründe zu nennen, warum er sein Land verlassen habe oder warum er nicht mehr in sein Herkunftsland zurückkehren könne. Anknüpfungspunkt für den Flüchtlingsschutz ist die Furcht vor Verfolgung oder vor einem drohenden ernsthaften Schaden. Das ist der Hintergrund dieser Fragen.

Die EU-Verfahrensrichtlinie führt hierzu aus, dass dem Antragsteller hier die Gelegenheit gegeben werden solle, im Zusammenhang zu berichten. Die Fragen der Anhörer sollen sich somit nur darauf richten, die Erzählung voranzubringen (z. B. mit Fragen wie „was war dann?").

Nach diesem Teil kommen die Nachfragen des Anhörers, die den Sachverhalt weiter aufklären sollen, und die Fragen anderer Teilnehmer der Anhörung. Rechtsanwalt und Vormund (oder auch Betreuer) haben das Recht, Fragen zu stellen oder auch Anmerkungen zu machen.

4.4.3 Die Anhörungsniederschrift (das Protokoll)

Über die Anhörung ist eine Niederschrift anzufertigen, die dem Ausländer spätestens mit der Entscheidung zugänglich zu machen ist. So bestimmt es das Gesetz (§ 25 Abs. 7 AsylG). Die Anhörungsnieder-

VIII. Anerkennungsverfahren und Anhörung

schrift ist von entscheidender Bedeutung; hieran orientieren sich die Entscheidung des Bundesamts und die Entscheidung des Gerichts.

Das Anhörungsprotokoll ist aber auch bedeutsam, weil es beim Bundesamt derzeit eine organisatorische Trennung zwischen der Durchführung der Anhörung und dem Entscheiden über den Antrag gibt. Dieser auch vom Bundesamt zum Teil selbst als unbefriedigend empfundene Zustand ist das Resultat der gegenwärtigen Arbeitsteilung, die in der Trennung von Ankunfts- und Entscheidungszentren ihren Ausdruck findet. Praktisch bedeutet das, dass ein Entscheider den Fall oft auf der Grundlage eines fremdverfassten Anhörungsprotokolls entscheiden muss, selbst aber weder den Betroffenen persönlich erlebt hat, noch die gestellten Fragen auswählen konnte.

Dieses Auseinanderfallen von Anhörer und Entscheider, das aus Gründen der Effizienz vom Bundesamt eingeführt worden ist, darf aber nicht zu Lasten des Antragstellers gehen. Diese Gefahr besteht jedoch – nicht nur, weil entscheidende emotionale Regungen, die der Anhörer nicht im Protokoll verschriftlicht hat, untergehen können. Ein Entscheider, der selbst an der Anhörung nicht teilgenommen hat, könnte sich an Antworten stoßen, die er für unzureichend oder ausweichend erachtet, die für den Anhörer in der konkreten Situation und aufgrund seines persönlichen Eindrucks der Stimmigkeit aber keine Rückfragen notwendig machten.

> **Praxis-Tipp:**
> Es ist bei der Protokollierung auch von Beraterseite darauf zu achten, dass das im Protokoll wiedergegebene Geschehen auch für einen Außenstehenden Sinn ergibt. Das wird auch von vielen Anhörern so beherzigt, die mit dem Hinweis, dass der Fall ja möglicherweise von einer anderen Person entschieden werden könnte, sehr ausführlich protokollieren.

4.4.4 Teilnahme von Begleitpersonen

Dem gesetzlichen Vertreter eines Minderjährigen und dem Rechtsanwalt ist die Teilnahme zu gewähren. Andere Personen können als Beistände nach dem Verwaltungsverfahrensgesetz (VwVfG) teilnehmen.

5. Der glaubhafte Vortrag in der Anhörung

§ 14 Abs. 4 VwVfG:

„Ein Beteiligter kann zu Verhandlungen und Besprechungen mit einem Beistand erscheinen. Das von dem Beistand Vorgetragene gilt als von dem Beteiligten vorgebracht, soweit dieser nicht unverzüglich widerspricht."

Diese Begleiter sind auch berechtigt, Fragen zu stellen oder Anmerkungen zu machen. Allerdings ist ihnen durch das Rechtsdienstleistungsgesetz (RDG) eine Grenze gezogen: Beistände, die keine abgeschlossene Juristenausbildung (mit 2. Examen) haben, können von der Wahrnehmung ausgeschlossen werden, wenn die Tätigkeit „eine rechtliche Prüfung des Einzelfalls erfordert" (§ 2 Abs. 1 RDG). Diese Grenze ist aber erst dann in Sicht, wenn der Beistand in der Anhörung für den Antragsteller rechtliche Erklärungen abgibt, z. B. den Antrag zurücknimmt oder sonst Erklärungen mit Rechtswirkung abgeben will. Bleibt es bei der Mitwirkung an der Sachverhaltsaufklärung, bei Rückfragen und Erklärungen zum Geschehen, um Missverständnisse aufzuklären, ist eine „rechtliche Prüfung" nicht erforderlich gewesen und kein Ausschlussgrund gegeben.

Wegen der Einlasskontrollen, die das Bundesamt bei seinen Außenstellen durchführt, sollte man aber als Begleitung darauf achten, dass die Teilnahme bereits vor der Anhörung angezeigt wird, sodass man auf die entsprechende E-Mail verweisen kann. Es erleichtert den Ablauf insgesamt, wenn die teilnehmenden Personen ihre Beteiligung rechtzeitig anzeigen und dabei auch eine entsprechende Einverständniserklärung des Betroffenen vorweisen können.

5. Der glaubhafte Vortrag in der Anhörung

5.1 Glaubhaftigkeit und Glaubwürdigkeit

Glaubhaftigkeit ist eine Bewertung, die sich – anders als die Glaubwürdigkeit – auf eine Aussage bezieht. Eine Aussage ist glaubhaft oder unglaubhaft, die Quelle der Aussage ist dann glaubwürdig oder unglaubwürdig. In den Asylverfahren steht allerdings fast immer die Glaubhaftigkeit im Zentrum.

Das Bundesamt prüft die Glaubhaftigkeit einer Aussage anhand von drei Kriterien, die man in den Bescheiden des Amtes finden kann und die übrigens auch in § 30 Abs. 3 Nr. 1 AsylG aufgezeigt werden. Das ist zwar die Regelung der „offensichtlich unbegründeten" Asylanträge, aber die Grundaussage, woran ein unglaubhafter

VIII. Anerkennungsverfahren und Anhörung

Vortrag zu erkennen ist, lässt sich schon dort entnehmen und auf die Fälle „einfacher" Unbegründetheit übertragen. Es kommt für eine glaubhafte Darstellung demnach darauf an, dass der Vortrag eines Asylsuchenden substantiiert ist, widerspruchsfrei und nicht mit bekannten Tatsachen (oder Annahmen), die man über die Verhältnisse im Herkunftsland oder allgemeine Sachzusammenhänge hat, unvereinbar ist.

5.2 Die einzelnen Kriterien für die Glaubhaftigkeit

5.2.1 Substantiiertes Vorbringen

Mit der Forderung nach substantiiertem Vortrag ist die Annahme verbunden, dass ein Mensch, der ein Geschehen selbst erlebt hat, dieses detailreich und mit Einzelheiten illustriert berichten kann. Dazu gehören auch subjektive Färbungen, etwa die Gedanken, Erwartungen und Gefühle, die jemand in den berichteten Situationen hatte. Dazu können aber auch überraschende Wendungen und belanglose Einzelheiten gehören, die für den Gang des Geschehens unerheblich sind, von denen man sich nicht vorstellen kann, dass sie ausgedacht sind.

> **Beispiel:**
>
> A (aus Äthiopien) wird bei der Anhörung gefragt, ob sie denn nach der Festnahme durch die Sicherheitskräfte vernommen worden sei. Hierzu antwortet sie nicht gleich mit „ja", sondern sagt: „Nein, ich musste noch über eine Stunde warten, bis man einen Offizier gefunden hatte, der auch Oromisch spricht. Die Polizeieinheit, die mich auf der Demonstration festgenommen hatte, kam aus einer anderen Region und die sprachen nur Amharisch."

In den Ablehnungsbescheiden des Bundesamts werden Berichte, die stereotyp verlaufen als „blass", „blutarm" oder „oberflächlich" kritisiert. Das ist gegenüber dem Betroffenen nicht immer fair, weil er bei seinem Bericht nicht unbedingt diese Anforderung vor Augen gehabt haben muss.

Schwierig wird ein detaillierter Sachvortrag auch immer dann, wenn komplexe Sachverhalte zum Thema werden, wie etwa die Zusammenarbeit in einer oppositionellen Gruppe oder einem organisier-

5. Der glaubhafte Vortrag in der Anhörung

ten Ausbruch aus dem Gefängnis. Hier werden hohe Anforderungen an die Plastizität gestellt.

> **Beispiel:**
> Wer von dem Ausbruch aus einer Haftanstalt berichtet, kann verschiedene Stadien der Planung berichten, aber auch Versuche und Probleme, die sich planwidrig ergaben. Er könnte auch Hoffnungen und Enttäuschungen zum Thema machen und wüsste auch zu sagen, welche Rolle andere an dem Ausbruch Beteiligte hatten oder hätten haben sollen.

In der Praxis kommt es dabei auch zu Missverständnissen, weil der Antragsteller Sachverhalte, die er gar nicht eindeutig wissen kann, die er vielleicht nur vermutet oder sich überhaupt nicht erklären kann, mit dem Siegel des Wissens präsentiert, weil er befürchtet, sonst als unglaubhaft zu erscheinen.

> **Beispiel:**
> A wird gefragt, warum er von der Polizei festgenommen worden sei. Er antwortet, weil er regimekritische Flugblätter morgens vor Gottesdienstbeginn in einer Kirche ausgelegt habe. Auf die Nachfrage, wie denn die Polizei von seiner Tätigkeit erfahren habe, antwortet er, dass der Kirchendiener ihn gesehen und an die Polizei gemeldet habe. Der Antragsteller begibt sich mit dieser Antwort in den Bereich der Vermutung, wird aber vom Bundesamt dahin verstanden, dass er sicheres Wissen wiedergibt.

Dieses Beispiel zeigt auch, wie wichtig eine gute Übersetzung ist, weil Gesehen-Werden oder Glauben, gesehen worden zu sein, einen großen Unterschied ausmacht.

5.2.2 Widerspruchsfreie Berichte

Das Kriterium der Widerspruchsfreiheit bezieht sich auf die Konsistenz der gesamten Erzählung, die eine Person macht. Widersprüche können sich hier durch verschiedene Berichte zum gleichen Geschehen ergeben. Das muss nicht erst der Fall sein, wenn es eine weitere Anhörung gibt, die dann mit dem Protokoll der ersten Anhörung verglichen wird. Widersprüchliche Aussagen können auch

VIII. Anerkennungsverfahren und Anhörung

innerhalb einer Anhörung vorkommen, wenn das Geschehen später nochmal in einem anderen Zusammenhang aufgeworfen wird.

> **Beispiel:**
> K berichtet, dass er immer alleine zu den Demonstrationen gegangen sei. In einem anderen Zusammenhang erzählt er davon, wie er sich mit einem anderen Sympathisanten der Regierungsgegner vor einer Demonstration verabredet hatte.

Weniger schnell zu erkennen sind aber logische Widersprüche, die sich erst bei der Gesamtbetrachtung ergeben. Diese sind dann aber ein sehr schwer zu widerlegendes Indiz dafür, dass die vorgetragene Geschichte nicht stimmt.

> **Beispiel:**
> Ein Mann berichtet, drei Jahre inhaftiert gewesen zu sein. Im Frageteil zu seinem familiären Hintergrund hatte er angegeben, ein Kind zu haben. Auf die Frage des Anhörers, wie alt denn das Kind gewesen sei, als er nach der Flucht aus der Haft kurz seine Familie wiedergesehen habe, antwortet er, das Kind sei etwa zwei Jahre alt gewesen. Das Bundesamt wertet diesen Widerspruch als gravierendes Indiz für die Unglaubhaftigkeit und glaubt die gesamte Inhaftierung nicht.

5.2.3 Vereinbarkeit mit Hintergrundwissen oder Lebenserfahrung

Das dritte Kriterium ist die Vereinbarkeit mit Vorwissen oder allgemeiner Lebenserfahrung. Berichte über die Diskriminierung wegen seiner sexuellen Orientierung, die ein Geflüchteter abgibt, können mit den Informationen abgeglichen werden, die man über die menschenrechtliche Lage in einem Land hat. Auch Vorstellungen (sogenannte „Alltagstheorien") über den Ablauf von Geschehnissen kommen hier zum Tragen.

> **Beispiel:**
> Der regimekritische L berichtet, unbehelligt mit seinem eigenen Pass über den Flughafen in X-Stadt ausgereist zu sein. Das Bundesamt glaubt die politische Gefährdung des L nicht und schreibt in seinem Bescheid, dass es allgemeinen Erfahrungen

> entspreche, dass man Personen, derer man habhaft werden wolle, durch Kontrollen am Flughafen an der Ausreise hindert.

An diesem Kriterium ist problematisch, dass das Bundesamt hier Wissen zum Maßstab macht, das durchaus auch ungesichert oder auch überholt sein kann. In solchen Fällen ist es besonders geboten, dem Antragsteller durch Rückfragen die Möglichkeit zu geben, warum das Urteil des Bundesamtes in seinem Fall vielleicht unzutreffend sein mag. In dem erwähnten Beispiel müsste L erklären, wie es ihm gelungen ist, die Ausreisekontrollen zu umgehen, oder er müsste darlegen, dass es in seinem Fall keine solchen Kontrollen gab.

6. Vorbereitung und Begleitung bei der Anhörung

6.1 Wesentliche Hinweise und Ratschläge

Der Vorbereitung der Anhörung kommt eine große Bedeutung zu. Ein guter Ausgangspunkt hierfür ist es, dem Betroffenen zu erklären, was die Anhörung bedeutet, wie sie abläuft und wie das Bundesamt das Vorbringen in der Regel würdigt. Gerade die Kriterien für die Ermittlung der Glaubhaftigkeit sind nicht bekannt oder transparent. Asylsuchende glauben, sie würden deswegen nach Einzelheiten gefragt, weil das Amt wissen wolle, was passiert sei. In der Tat geht es aber um die Prüfung der Stimmigkeit oder des Detailreichtums.

Wichtig ist es auch darauf hinzuweisen, dass es um das eigene Schicksal geht, darum, welche Gründe einer Rückkehr im Weg stehen. Es muss pointiert werden, dass es nicht darauf ankommt, wie die Lage im Heimatland allgemein ist, sondern dass die Asylbehörde sich für eine künftige persönlich drohende Verfolgung oder Gefahr interessiert.

Das bedeutet in erster Linie, sich von Legenden, also fremden Verfolgungsgeschichten, die möglicherweise ein Schleuser oder anderer als gut gemeinten Ratschlag mit auf den Weg gegeben hat, zu lösen. Dies ist sicherlich schwierig und erfordert den Aufbau von Vertrauen.

Bei der eigenen Geschichte ist auch auf die persönliche Rolle zu achten. Diese ist besonders herauszustellen. Das ist immer dann bedeutsam, wenn an dem Geschehen mehrere Personen beteiligt

VIII. Anerkennungsverfahren und Anhörung

sind. Die Aussage „wir haben Flugblätter gegen die Regierung verteilt" wirkt auf einen Anhörer unkonkret, weil sie den genauen Beitrag offen lässt. Es empfiehlt sich, auch wenn das vielleicht kulturell nicht als angemessen empfunden wird, solche Geschehnisse mehr aus der Ich-Perspektive zu erzählen.

Schließlich ist auch darauf zu verweisen, dass es für die Anhörung keine zeitlichen Beschränkungen gibt. Wenn man sich z. B. nach langer Wartezeit hungrig fühlt, sollte man lieber auf eine Pause drängen, als die Anhörung schnell durchzuführen.

6.2 Die Ermittlung der Verfolgungsgründe in der Beratung

Die eigentliche Vorbereitung erfordert es, dass ein Rechtsanwalt, Begleiter oder Vormund – all die Personen, die den Antragsteller durch das Asylverfahren begleiten – genauer über das Schicksal des Betroffenen Bescheid wissen, damit sie helfen können, die entscheidenden Punkte herauszuarbeiten. Auch in der Anhörung selbst hilft das, um Falschübersetzungen zu entdecken oder zu achten, dass die wichtigen Punkte nicht vergessen werden.

Die Betreuer sollten mit einem Asylbewerber zunächst die aktuellen Lebensumstände in der Heimat erfassen. Gefragt werden sollte nach Eltern, Geschwistern und ihrem derzeitigen (oder mutmaßlichen) Aufenthaltsort, den Bedingungen, unter denen der Geflüchtete vor seiner Flucht gelebt hat (Wohnort, Familienmitglieder in der Hausgemeinschaft, Schule, Arbeitstätigkeit, Beruf der Eltern, Ehegatten und Geschwister u. v. a.). Oft werden hier schon Grundzüge der Bedrohung sichtbar, seien dies familiäre, religiös-politische oder andere Anfeindungen.

Dann wäre ein tabellarischer Lebenslauf zu schreiben, der nach verschiedenen Sachthemen gegliedert werden kann:

- Links stünden die Ereignisse der Familie: Geburt und Tod von Familienmitgliedern (aber auch Umzüge der Familie an andere Orte), berufliche Veränderungen der Eltern, die Aufnahme oder Aufgabe eines elterlichen Familienbetriebes, der Verkauf von familieneigenem Ackerland usw.;

- in der nächsten Spalte stehen die Ereignisse aus dem Leben des Antragstellers, schulisch-berufliche Wendepunkte (Einschulung, Aufnahme in die Religionsgemeinschaft, Schule und Ausbildung, Aufnahme einer Arbeit);

6. Vorbereitung und Begleitung bei der Anhörung

- und schließlich könnte dann in der rechten Spalte alles stehen, was für eine Verfolgungsgefahr relevant ist (z. B. politische Tätigkeit, Drohungen, Repressalien, Gewaltakte, Inhaftierungen).

Dieser tabellarische Aufbau hat den Vorteil besonderer Anschaulichkeit; außerdem erlaubt er es, zeitliche Abläufe besser zu vergegenwärtigen und Widersprüche rechtzeitig zu erkennen.

Praxis-Tipp:
Für die Befragung durch das Bundesamt spielen Zeit und Ort eines Ereignisses eine große Rolle. Mit der Tabelle lassen sich diese Abläufe gut historisch erfassen: War der erste Gewaltakt gegen die Familie noch vor dem Umzug oder schon im neuen Haus? War der Antragsteller damals noch in der Ausbildung, als die Polizisten zum ersten Mal kamen?

Es ist durchaus empfehlenswert, sich solche Aufzeichnungen als Gedächtnisstütze in die Anhörung mitzunehmen. Meistens wird man sie nicht benötigen. Aber auch der Anhörer weiß, dass man nervös ist, und er wird das vor dem Antragsteller liegende Papier nicht negativ bewerten.

6.3 Die Vorbereitung auf mögliche Fragen in der Anhörung

6.3.1 Erklärung der Funktion von Fragen und Vorbereitung

Bei der Vorbereitung sollten dem Antragsteller Fragen gestellt werden, wie sie auch vom Bundesamt gestellt werden könnten. Es empfiehlt sich, dieses Vorgehen kurz dahingehend zu erklären, dass solche Fragen weder als Ausdruck des Misstrauens oder der besonderen Neugier zu werten sind. Ferner sollte erklärt werden, dass der Anhörer sich ein Bild zu machen habe und dass er sich das aufgrund der besonderen Umstände (weil es sich um viele private Vorgänge in einem anderen Land handelt) nur dadurch machen kann, dass er auf eine detailreiche und widerspruchfreie Aussage achtet.

VIII. Anerkennungsverfahren und Anhörung

6.3.2 Fragen in Zusammenhang mit politischer Aktivität und Inhaftierung

Beispiel:

Der Antragsteller erklärt, wegen seiner politischen Betätigung inhaftiert worden zu sein. Mit diesen Fragen muss in der Anhörung gerechnet werden:

- Worin bestand Ihre politische Tätigkeit? Wo, wann und mit wem wurde sie ausgeführt?
- Wie kam es zur Inhaftierung? Wieso fiel der Verdacht auf Sie, wer wurde mit Ihnen verhaftet, woran haben Sie erkannt, dass Sie wegen der politischen Betätigung inhaftiert wurden?
- Wie gestaltete sich Ihre Haft? Wo waren Sie untergebracht, wie waren die Haftbedingungen, wie der Gefängnisalltag?
- Wie ist es Ihnen gelungen, der Haft zu entrinnen?
- Wo waren Sie danach? Wurden Sie dann gesucht, haben Sie sich versteckt?
- Wie kam es zur Ausreise? Sind Sie unter Ihren eigenen Personalien über den Flughafen ausgereist?
- Wer hat Ihnen bei der Flucht geholfen? Im Falle eines Schleusers: Wer hat ihn bezahlt, wie viel musste bezahlt werden, woher hatten Sie so viel Geld?
- Wann haben Sie Ihre Familie zuletzt gesehen? Waren Sie nach der Flucht oder Entlassung aus dem Gefängnis nochmal bei Ihrer Familie?

Das Bundesamt verwendet die Technik, diese Fragen, wie eben in dem Beispiel genannt, mit den allgemeinen Angaben zu verknüpfen, die der Antragsteller zu seinen Lebensumständen gemacht hat. Missverständnisse können sich etwa dann ergeben, wenn er bei der Angabe der letzten Wohnanschrift im Heimatland die elterliche Wohnung nennt, bei seinem Fluchtschicksal aber erklärt, er habe sich die letzten vier Monate versteckt im Lande aufgehalten. Das ist ein an sich leicht aufklärbarer Widerspruch, dieser Fall zeigt aber, wie ein Anhörer oder Entscheider verschiedene Angaben des Ge-

6. Vorbereitung und Begleitung bei der Anhörung

flüchteten in Beziehung setzt, um nach möglichen Widersprüchen zu suchen.

Bei der Schilderung einer Inhaftierung ergibt sich für einen Antragsteller schnell ein Dilemma: Erklärt er, dass die Sicherung im Gefängnis sehr professionell war, dann ist eine Flucht oft nur unter sehr glücklichen Umständen oder aufgrund einer ausgefeilten Planung möglich. Hier besteht das Risiko, dass dem Antragsteller nicht geglaubt wird. Schildert er die Haftbedingungen als eher lax, geht das Bundesamt vielleicht davon aus, dass der Antragsteller gar nicht verfolgt wird.

6.3.3 Fragen im Zusammenhang mit einer Bedrohung durch die Taliban

Beispiel:

Ein afghanischer junger Mann berichtet, Mitglieder der Taliban hätten ihn für den Kampf rekrutieren wollen. Als er nicht darauf eingegangen sei, habe es Drohbriefe und andere Drohungen gegeben. Schließlich sei er allein, ohne seine übrige Familie, geflohen. Hier könnten (neben den Fragen nach den Tätern und den Drohungen) folgende Fragen gestellt werden:

- Wer hat den Entschluss gefasst, dass Sie fliehen?
- Warum sind Ihre anderen Familienmitglieder nicht geflohen?
- Was haben andere Familienmitglieder zu Ihren Fluchtplänen gesagt?
- Wo und unter welchen Umständen haben Sie Ihre Familie zuletzt gesehen?
- Was haben Sie mit Ihrer Familie ausgemacht, um weiter Kontakt zu halten?

6.3.4 Fragen im Zusammenhang mit Nachfluchtaktivitäten

Nachfluchtaktivitäten (meist sind es politische Aktivitäten) haben ihren Schauplatz in der Bundesrepublik; Fragen, die sich auf einen solchen Vortrag beziehen, sind daher oft sehr praktisch:

VIII. Anerkennungsverfahren und Anhörung

Beispiel:

- Wo und wann finden die Veranstaltungen statt? (Adresse, Teilnehmerzahl, Häufigkeit der Teilnahmen)
- Wie gelangen Sie dorthin? (Verkehrsmittel, Preis, Zeitaufwand)
- Seit wann sind Sie Mitglied/Teilnehmer? (Stimmt diese Angabe mit der Bescheinigung überein?)
- Inhalte der Betätigung (Welche konkrete Funktion haben Sie, wie heißen Ihre Mitstreiter?)
- Was war das Thema der letzten Versammlung/Demonstration?

6.3.5 Fragen im Zusammenhang mit einer Konversion zum Christentum (Glaubenswechsel/Religionsübertritt)

Auch einem Übertritt zum Christentum, insbesondere wenn er sich zeitnah mit Aus- oder Einreise vollzieht, begegnet das Bundesamt mit Misstrauen. Die Fragen zielen auf die inneren Motive für diesen Glaubenswechsel. Dabei können auch äußere Indizien herangezogen werden. Hier werden oft theologische Fragen gestellt. Bei der Anhörung kann sich das Problem stellen, dass der Dolmetscher mit der Übersetzung christlich-theologischer Ausdrücke nicht vertraut ist. Bei der Vorbereitung kann es helfen, eine Wörterliste zu schaffen und diese in die Anhörung mitzubringen.

6.4 Die Einflussmöglichkeiten während der Anhörung

Wenn der Asylsuchende von einem Rechtsanwalt, Vormund oder Beistand begleitet wird, dann kommt diesen in der Anhörung eine sehr wichtige, aber im besten Fall unauffällige Aufgabe zu. Es ist ihre Aufgabe, zu kontrollieren, ob die Anhörung umfassend, fair und dem Antragsteller gegenüber zugewandt verläuft. Sie haben auch darauf zu achten, dass Widersprüche aufgedeckt und fehlende Angaben ergänzt werden.

Das ist insbesondere dort anzuraten, wo der Anhörer keine weitere Sachaufklärung betreibt.

6. Vorbereitung und Begleitung bei der Anhörung

> **Beispiel:**
> A und B berichten, für ihre Flucht mit dem Flugzeug aus Teheran den Betrag von über 15.000 US-$ aufgewendet zu haben. Der Anhörer stellt hierzu keine weiteren Fragen. Später, vor Gericht, kommt die Frage auf, wie A und B als angeblich Verfolgte das Land denn unbehelligt über den Flughafen haben verlassen können. Der Aussage, dass das Geld seinerzeit auch für die Bestechung eines Beamten bei der Ausreisekontrolle gezahlt worden sei, schenkt das Gericht keinen Glauben, da dies nicht schon bei der Anhörung gesagt worden sei.

Diese ergänzenden Fragen sind auch wichtig, wenn ein Antragsteller entscheidende Angaben in der Aufregung vergisst, oder auch, wenn erkennbar wird, dass die Angaben, so wie sie gemacht werden, vom Anhörer nicht oder falsch verstanden werden.

Rechtsanwalt und Vormund haben auch die Aufgabe, auf die Korrektheit des Protokolls zu achten. Das ist besonders deswegen wichtig, weil die allermeisten Fälle nicht vom Anhörer, sondern von einem Entscheider nach Aktenlage entschieden werden.

VIII

IX. Soziale Rechte des Antragstellers während des Verfahrens

1.	Grundsatz: physisches und soziokulturelles Existenzminimum	218
2.	Sozialleistungen während des Verfahrens	218
2.1	Prinzip	218
2.2	Sachleistungsprinzip während der Wohnpflicht in der Erstaufnahmeeinrichtung	218
2.3	Leistungen nach dem Transfer	219
2.4	Leistungen nach dem Wechsel in die „Analogleistungen"	219
3.	Medizinische Leistungen während des Verfahrens	219
3.1	Während der ersten 15 Monate des gestatteten Aufenthalts	219
3.2	Nach 15 Monaten (bei Wechsel in die Analogleistungen)	220
4.	Zugang zu Integrationskursen während des Verfahrens	220
5.	Leistungskürzungen bei mangelnder Mitwirkung und anderen Gründen	220
6.	Exkurs: Leistungen für Anerkannte	221

IX. Soziale Rechte des Antragstellers während des Verfahrens

1. Grundsatz: physisches und soziokulturelles Existenzminimum

Während des Verfahrens hat der Antragsteller Anspruch auf bestimmte medizinische Versorgung und soziale Leistungen. All das ergibt sich aus Verfassungsrecht (Wahrung des Existenzminimums) oder auch aus den europarechtlichen Vorgaben. Zu nennen sind hier insbesondere die Verfahrens- und die Aufnahmerichtlinie. Im Übrigen gilt das Asylbewerberleistungsgesetz (AsylbLG). Mit den politischen Bemühungen um eine frühzeitige Integration von Flüchtlingen, wie sie in den öffentlichen Debatten und Gesetzgebungsvorhaben 2015/2016 zum Ausdruck kommen, haben auch Fragen nach dem Zugang zu Ausbildung, Sprache und Qualifikation an Bedeutung gewonnen. Entscheidend ist auch hier die Entscheidung des Bundesverfassungsgerichts zum Asylbewerberleistungsgesetz aus dem Jahr 2012 (BVerfG, Urt. v. 18.07.2012, Az.: 1 BvL 10/10; 1 BvL 2/11), die in zwei Punkten zur Kenntnis zu nehmen war, dahingehend, dass das physische und soziokulturelle Existenzminimum auch für Asylsuchende gilt und die Höhe der Leistungen nicht migrationspolitisch instrumentalisiert werden darf. Vor diesem Hintergrund muss ein Minderbedarf im Einzelnen gerechtfertigt werden.

2. Sozialleistungen während des Verfahrens

2.1 Prinzip

Die Leistungen, die der Asylsuchende nach dem AsylbLG erhält, sind von dem zeitlichen Stand des Verfahrens abhängig und davon, ob ein Asylsuchender noch der Wohnpflicht unterliegt oder nicht.

2.2 Sachleistungsprinzip während der Wohnpflicht in der Erstaufnahmeeinrichtung

In der Erstaufnahmeeinrichtung gilt das Sachleistungsprinzip. Unterkunft, Verpflegung und Kleidung erhält der Asylsuchende in Gestalt von Sachleistungen. Kann Kleidung nicht in Gestalt von Sachleistungen erbracht werden, erfolgt die Ausgabe in Form von

Wertgutscheinen (§ 3 Abs. 1 AsylbLG). Darüber hinaus steht ihm ein Geldbetrag für den persönlichen Bedarf zur Verfügung. Für einen Alleinstehenden liegt der Betrag für den persönlichen Bedarf derzeit bei 135 Euro im Monat. Die früher an dieser Stelle zu nennende Summe von 145 Euro wurde zuletzt gekürzt, da mit der Differenz von 10 Euro der Beitrag für den Integrationskurs beglichen werden soll.

2.3 Leistungen nach dem Transfer

Nach dem Transfer wechselt der Asylbewerber vom Sachleistungsprinzip über in das Geldleistungsprinzip. Nach § 3 Abs. 2 AsylbLG stehen dem Alleinstehenden neben der Unterbringung (einschließlich Heizung und Hausrat) 219 Euro als notwendiger Bedarf zur Verfügung. Dazu kommen die 135 Euro persönlicher Bedarf, so dass der Gesamtbetrag bei 354 Euro liegt.

2.4 Leistungen nach dem Wechsel in die „Analogleistungen"

Einem Asylbewerber, der sich länger als 15 Monate in der Bundesrepublik aufhält und der diese lange Aufenthaltsdauer nicht rechtsmissbräuchlich selbst herbeigeführt hat, erhält die sogenannten „Analogleistungen". Der Ausdruck kommt daher, dass § 2 Abs. 1 AsylbLG ab diesem Zeitpunkt auf eine entsprechende Anwendung der Vorschriften des SGB XII verweist. Wörtlich heißt es: „Abweichend von §§ 3 und 4 sowie 6 bis 7 ist das Zwölfte Buch Sozialgesetzbuch (...) entsprechend anzuwenden, (...)." Damit ergeben sich für einen alleinstehenden Asylsuchenden neben der Leistung für Miete, Heizung und Hausrat 404 Euro monatlich an staatlichen Leistungen.

3. Medizinische Leistungen während des Verfahrens

3.1 Während der ersten 15 Monate des gestatteten Aufenthalts

Auch im Hinblick auf die Berechtigung zu medizinischen Leistungen spielt der Voraufenthalt eine große Rolle. In der Zeit der ersten 15 Monate ist der Asylsuchende nach § 4 AsylbLG nur zu medizinischen Leistungen berechtigt, die zur „Behandlung akuter Erkrankungen und Schmerzzustände" erforderlich sind. Über die zahnärztliche Behandlung heißt es dort: „Eine Versorgung mit Zahnersatz erfolgt nur, soweit dies im Einzelfall aus medizinischen Gründen unaufschiebbar ist." Die Einschränkungen bei den Gesundheits-

IX. Soziale Rechte des Antragstellers während des Verfahrens

leistungen, die sich auch bei der Übernahme von Psychotherapien bemerkbar machen, haben immer wieder zu Kritik geführt, gleichwohl bestehen sie fort. Es gibt Kommunen, die den Geflüchteten durch die Ausgabe der Krankenkassenkarte den unbeschränkten Zugang zu medizinischen Leistungen ermöglichen.

3.2 Nach 15 Monaten (bei Wechsel in die Analogleistungen)

Mit dem Wechsel in die Analogleistungen erhält der Asylsuchende unbeschränkte Gesundheitsleistungen. Sie sind, auch wenn sie nicht von den gesetzlichen Krankenversicherungen erbracht werden, dem Leistungsstandard entsprechend.

4. Zugang zu Integrationskursen während des Verfahrens

Asylsuchende haben Zugang zu den Integrationskursen, wenn ein „dauerhafter Aufenthalt zu erwarten ist" (§ 44 Abs. 4 Nr. 1 AufenthG). Das wird allerdings nicht individuell geprüft; die Behörden gehen bei Antragstellern aus den Staaten Iran, Irak, Eritrea, Syrien und – zuletzt auch – aus Somalia davon aus, dass gute Bleibeperspektiven bestehen. Allerdings darf den betroffenen Antragstellern keine „Dublin-Überstellung" drohen; das führt regelmäßig zum Ausschluss aus dem Integrationskurs.

Der Bescheid des Bundesamts, mit dem der Zugang zum Integrationskurs verweigert wird, kann mit einem Widerspruch angefochten werden.

5. Leistungskürzungen bei mangelnder Mitwirkung und anderen Gründen

Die Leistungen an einen Geflüchteten können nach § 1a AsylbLG gekürzt werden, wenn der Asylsuchende wesentliche Mitwirkungshandlungen unterlässt. Welche das sind, ist in § 1a Abs. 5 AsylbLG geregelt (siehe auch das Schaubild, Kap. VI.2.1). Wichtig ist, dass die Leistungen wieder in vollständiger Höhe aufzunehmen sind, wenn eine Mitwirkungshandlung nachgeholt worden ist.

Daneben können Leistungen für Personen gekürzt werden, deren Asylantrag wegen Dublin oder anderweitiger Sicherheit in der EU unzulässig ist oder die in einen anderen Staat verteilt worden sind, sich aber trotzdem noch in der Bundesrepublik aufhalten.

6. Exkurs: Leistungen für Anerkannte

Personen mit Asyl, Flüchtlingsschutz oder einem Status als subsidiär Schutzberechtigte haben Leistungszugang nach den allgemeinen Regeln. Etwas anderes gilt für Personen, die einen Aufenthalt nach § 25 Abs. 3 AufenthG haben (also Personen mit einem nationalen Abschiebungsverbot), sie sind bei einigen Sozialleistungen erst nach einer Wartezeit gleichberechtigt (z. B. beim BAföG nach 15 Monaten, beim Elterngeld nach drei Jahren).

X. Erwerbstätigkeit, Ausbildung und Studium während des Asylverfahrens

1.	Grundsatz: Liberalisierung bei Erwerbstätigkeit, Ausbildung und Studium	224
2.	Gestattung der Erwerbstätigkeit (§ 61 AsylG)	224
2.1	Erwerbsverbot während der Zeit der Wohnpflicht/ während der ersten drei Monate	224
2.2	Erwerbsverbot für Personen aus sicheren Herkunftsstaaten im Asylverfahren	224
2.3	Möglichkeit einer Beschäftigung nach Ablauf von drei Monaten (und Ablauf der Wohnpflicht)	225
2.4	Wegfall der Einschränkungen nach 15 Monaten	226
3.	Berufsausbildung	226
4.	Studium	227
4.1	Grundsatz	227
4.2	Studium ist keine Erwerbstätigkeit	227
4.3	Mobilität und Studium	227
4.4	Anerkennung der Studienvoraussetzungen	227
4.5	Studienfinanzierung	228
4.6	Wechsel in einen Studienaufenthalt	228

X. Erwerbstätigkeit, Ausbildung und Studium während des Asylverfahrens

1. Grundsatz: Liberalisierung bei Erwerbstätigkeit, Ausbildung und Studium

Seit 2014 hat der Gesetzgeber eine Reihe von Liberalisierungen hinsichtlich der Lebensbedingungen der Asylsuchenden vorgenommen. Es begann mit der Abschaffung der Residenzpflicht für Asylsuchende nach drei Monaten des gestatteten Aufenthalts und der Lockerung des Arbeitsverbotes ebenfalls nach einer Wartezeit von drei Monaten. Im August 2016 ist dann auch noch die Vorrangprüfung weggefallen – jedenfalls für viele Bezirke Deutschlands. Diese Liberalisierung gilt jedoch nicht für Personen aus den sicheren Herkunftsstaaten, sie sind immer mehr von Erwerbstätigkeit und Mobilität ausgeschlossen.

Auch das Studium, das bislang keine Rolle gespielt hatte, wird anerkannt, auch wenn die wichtigste Forderung, die Asylsuchenden in eine angemessene Studienfinanzierung einzubinden, noch nicht erfüllt ist. Das BAföG gilt nicht für Asylbewerber.

2. Gestattung der Erwerbstätigkeit (§ 61 AsylG)

2.1 Erwerbsverbot während der Zeit der Wohnpflicht/während der ersten drei Monate

Während ein Antragsteller in der Erstaufnahmeeinrichtung wohnt, mindestens aber während der ersten drei Monate des gestatteten Aufenthalts, besteht ein Erwerbsverbot.

2.2 Erwerbsverbot für Personen aus sicheren Herkunftsstaaten im Asylverfahren

Personen aus sicheren Herkunftsstaaten, die einen Asylantrag nach dem 31.08.2015 gestellt haben, sind von einem durchgängigen Erwerbsverbot bis zum Ende des Verfahrens betroffen. Bei der Frage nach dem Zeitpunkt der Antragstellung ist auf das Asylgesuch abzustellen.

2. Gestattung der Erwerbstätigkeit (§ 61 AsylG)

Beispiel:
R aus Albanien reist im Februar 2015 in die Bundesrepublik ein und ersucht um Asyl, seine formelle Antragstellung ist erst im Herbst 2015. Er ist nicht von der Erwerbstätigkeit ausgeschlossen.

2.3 Möglichkeit einer Beschäftigung nach Ablauf von drei Monaten (und Ablauf der Wohnpflicht)

2.3.1 Berechnung der Voraufenthaltszeit

Hat der Asylsuchende die Erstaufnahmeeinrichtung nach einem Transfer verlassen und ist er schon seit drei Monaten gestattet im Bundesgebiet, kann ihm die Beschäftigung erlaubt werden (§ 61 Abs. 2 Satz 1 AsylG). Ein geduldeter oder erlaubter Voraufenthalt wird hier angerechnet, so dass etwa ein Asylantragsteller, der bei seiner Asylantragstellung noch im Besitz einer Aufenthaltserlaubnis war (und daher seinen Antrag schriftlich stellen durfte und nicht in eine Erstaufnahmeeinrichtung einziehen musste) die Chance hat, nahtlos weiterzuarbeiten.

2.3.2 Zustimmung der Ausländerbehörde und Beteiligung der Arbeitsagentur

Für die Arbeitsaufnahme ist die Zustimmung der Ausländerbehörde erforderlich. Sie beteiligt in der Regel auch die Agentur für Arbeit, die prüfen wird, ob Arbeit und Lohn den allgemeinen Bedingungen entsprechen. Hiermit soll das Lohndumping verhindert werden. Außerdem prüft die Arbeitsagentur, ob bevorrechtigte Arbeitnehmer im Sinne des § 39 Abs. 2 Nr. 1b AufenthG für die Arbeitsstelle zur Verfügung stehen. Solche bevorrechtigten Arbeitnehmer sind nicht nur Deutsche und EU-Bürger, sondern auch Ausländer, die eine Arbeitserlaubnis haben (also hinsichtlich der Arbeitsaufnahme den Deutschen gleichgestellt sind).

2.3.3 Lockerung der Vorrangprüfung durch das Integrationsgesetz 2016

Die Vorrangprüfung wurde durch das Integrationsgesetz 2016 für drei Jahre mit der Maßgabe ausgesetzt, dass Jobcenter in Regionen mit unterdurchschnittlicher Arbeitslosigkeit keine Vorrangprüfung mehr durchführen. Sie prüfen dann nur noch die Einhaltung der

X. Erwerbstätigkeit, Ausbildung und Studium

allgemeinen Arbeitsbedingungen. Das gilt aber nur für die Bezirke, die in der Anlage zu § 32 BeschV genannt sind. Diese Anlage ist im Internet zu finden.

Auch die Leiharbeit kann in diesen Bezirken nach drei Monaten erlaubt werden.

2.3.4 Die Praxis von Ausländerbehörden nach negativer Bundesamtsentscheidung

Es gibt Ausländerbehörden, die ihre Zustimmung zur Beschäftigung verweigern, wenn der Antragsteller mit seinem Asylantrag abgelehnt worden ist, auch wenn das Klageverfahren dagegen noch läuft. Solche Bescheide werden dann mit der mangelnden Bleibeperspektive begründet oder dem Hinweis auf die fehlende Identitätsklärung. Das ist nach hier vertretener Auffassung aber kein zulässiger Grund, da der Gesetzgeber bei der Liberalisierung des Arbeitsmarktzugangs solche Kriterien nicht aufgeworfen hat. Zudem hat nicht das Bundesamt das letzte Wort bei der Bleibeperspektive, sondern das Gericht. Wenn die Klage aufschiebende Wirkung hat, wäre das zu respektieren. Der Grund für die Verweigerung auf Seiten der Ausländerbehörde liegt auch nicht eigentlich bei der Erwerbstätigkeit, diese hat ja für den Staat den Vorteil, Transferleistungen zu sparen: Man will vielmehr verhindern, dass der Ausländer mit seiner Erwerbstätigkeit Gründe schafft, die später für eine Bleibeentscheidung eine Rolle spielen können. Diese Begründung ist dann auch in den Bescheiden zu lesen. Es bleibt abzuwarten, wie die Verwaltungsgerichte sich in dieser Frage positionieren.

2.4 Wegfall der Einschränkungen nach 15 Monaten

Befindet sich der Asylantragsteller schon seit 15 Monaten ununterbrochen gestattet in der Bundesrepublik, fällt die Vorrangprüfung in allen Bezirken weg (§ 32 Abs. 5 Nr. 2 BeschV). Ihm ist ab diesem Zeitpunkt auch die Tätigkeit als Leiharbeitnehmer gestattet (§ 32 Abs. 3 in Verbindung mit Abs. 5 BeschV).

3. Berufsausbildung

Die Aufnahme einer Berufsausbildung in einem staatlich anerkannten Ausbildungsberuf ist nur von der Ausländerbehörde zu genehmigen, die Arbeitsagenturen wirken hieran nicht mit (§ 32 Abs. 2 Nr. 2 BeschV).

Auch bei der Erlaubnis der Berufsausbildung kann es, wie oben bei der Arbeitsaufnahme, zu Problemen kommen, wenn der Ausländer sich nach abgelehntem Asylantrag in einem Klageverfahren befindet. Sofern Ausländerbehörden hier die Berufsausbildungserlaubnis damit verweigern, dass sie die Bleibechancen in Abrede stellen, sollte ein Rechtsanwalt konsultiert werden.

4. Studium

4.1 Grundsatz

Dass Asylantragsteller studieren können, hat viele Jahre keine Rolle in der Praxis oder in der Diskussion gespielt. Mit den vielen Geflüchteten, die 2015 und 2016 in die Bundesrepublik gekommen sind, hat diese Frage aber an Bedeutung gewonnen.

4.2 Studium ist keine Erwerbstätigkeit

Studium ist keine Erwerbstätigkeit, demnach ist das Studium von Anfang an erlaubt. Manche Ausländerbehörden stehen auf dem Standpunkt, das Studium einzuschränken, solange noch die Wohnpflicht in der Erstaufnahmeeinrichtung besteht. Letztlich kann dies auch auf sich beruhen, weil ein Studium selten in einem solch frühen Stadium des Aufenthalts aufgenommen wird. Problematisch ist es allerdings bei Personen aus sicheren Herkunftsstaaten.

4.3 Mobilität und Studium

Sofern noch räumliche Beschränkungen bestehen, lassen diese sich auf Antrag mit guten Gründen beseitigen. Das gilt auch für einen Umzug, wenn dieser mit dem Studium begründet werden kann.

4.4 Anerkennung der Studienvoraussetzungen

Für Geflüchtete ist es schwierig, die Nachweise der Hochschulreife zu erbringen, weil Urkunden häufig nicht oder nicht im Original vorliegen. Hier hilft der Kontakt mit den Universitäten weiter, die inzwischen vielfältige Erfahrungen mit geflüchteten Studierenden haben.

X. Erwerbstätigkeit, Ausbildung und Studium

4.5 Studienfinanzierung

Während der ersten Monate ist eine Studienfinanzierung über das AsylbLG möglich. Ein Problem ergibt sich aber nach dem Wechsel in die Analogleistungen. Das hat mit dem § 22 SGB XII zu tun, der das sogenannte Subsidiaritätsprinzip aufstellt. Das besagt, dass Sozialhilfe nur dann geleistet wird, wenn nicht ein sachnäheres, spezielles Leistungssystem vorgeht. Das ist beim Studium aber der Fall, es gibt dafür nämlich das BAföG. Dazu ist allerdings zu sagen, dass Asylsuchende derzeit von der BAföG-Berechtigung ausgeschlossen sind. In der Beratung sollte ermittelt werden, wie mit dieser Situation umzugehen ist. Möglicherweise lassen sich auch Wege finden, um über eine Härtefalllösung weiter zu studieren. Ansonsten kommen natürlich Stipendien und Arbeitsaufnahme zur Studienfinanzierung in Betracht.

4.6 Wechsel in einen Studienaufenthalt

Ein Wechsel in den Studienaufenthalt (§ 16 AufenthG) ist während des Asylverfahrens aber nicht möglich. Dem steht der § 10 Abs. 1 AufenthG entgegen; während des Verfahrens dürfen Aufenthaltserlaubnisse nicht neu erteilt werden.

Es hilft auch nicht, dass der § 16 AufenthG zuletzt zum „Anspruchsaufenthalt" aufgewertet worden ist, da die Asylsuchenden mit der gleichen Gesetzesänderung von der Begünstigung des § 16 AufenthG ausgeschlossen worden sind (§ 16 Abs. 11 AufenthG). Gleiches gilt auch für einen Aufenthalt zur Durchführung eines Forschungsprojekts (§ 20 AufenthG).

XI. Die Entscheidung des Bundesamtes über den Asylantrag

1.	Der Bescheid des Bundesamtes	230
1.1	Formerfordernisse an den Bescheid	230
1.2	Bestandskraft einer Entscheidung	230
1.3	Die Zustellung des Bundesamtsbescheides	230
2.	Inhalt des Bundesamtsbescheides	231
2.1	Übersicht	231
2.2	Wichtige Informationen für einen Anwalt	233
3.	Die Formulierung in ablehnenden Entscheidungen	233
3.1	Vollständige Ablehnung des Schutzersuchens mit Abschiebungsandrohung in den Herkunftsstaat	233
3.2	Ablehnung des Schutzantrags als „offensichtlich unbegründet"	234
3.3	Der Dublin-Bescheid	237
3.4	Ablehnung wegen des Vorliegens eines Schutzstatus in einem Drittstaat	238
4.	Beispiele für positive Bescheide	239
4.1	Zuerkennung der Flüchtlingseigenschaft	239
4.2	Anerkennung als subsidiär Schutzberechtigter	240
4.3	Feststellung von Abschiebeverboten nach § 60 Abs. 5 oder 7 AufenthG	240

XI. Die Entscheidung des Bundesamtes über den Asylantrag

1. Der Bescheid des Bundesamtes

1.1 Formerfordernisse an den Bescheid

Das Asylverfahren endet mit einem Bescheid, er ergeht schriftlich und ist in deutscher Sprache abgefasst. Nur der Entscheidungstenor, also die Grundaussage über Zuerkennung und Ablehnung, soll zusätzlich in die Herkunftssprache des Antragstellers übersetzt werden, ebenso wie die Rechtsmittelbelehrung. Der Bescheid muss dem Betroffenen oder seinem Bevollmächtigten zugestellt werden, sonst kann er keine Wirksamkeit entfalten.

Die Zustellung ist auch deswegen wichtig, weil sie den Lauf einer Rechtsmittelfrist in Gang setzt.

1.2 Bestandskraft einer Entscheidung

Der Bescheid wird, wenn er erfolglos angefochten worden ist oder nach Ablauf der Frist nicht mehr angefochten werden kann, endgültig wirksam und gilt gegenüber allen Behörden. Juristen nennen das dann die Bestandskraft; der Bescheid ist bestandskräftig.

Der Bescheid ist dann auch vollstreckbar. Das ist immer dann wichtig, wenn das BAMF zu einer negativen Entscheidung kommt und die Abschiebung androht. In Einzelfällen kann diese Abschiebungsandrohung sogar noch vor Eintritt der Bestandskraft, also vor Abschluss eines Gerichtsverfahrens, vollzogen werden. Das sind dann die Ausnahmefälle, in denen der Rechtsanwalt des Betroffenen einen Eilantrag beim Verwaltungsgericht stellen muss, um die Chance auf einen längeren Verbleib des Betroffenen im Bundesgebiet zu erhalten.

1.3 Die Zustellung des Bundesamtsbescheides

1.3.1 Besondere Zugangsregeln bei Asylbescheiden

Für die Zustellung eines Asylbescheides gelten besondere Regeln. Sofern kein Bevollmächtigter bestellt ist, darf das Bundesamt an die zuletzt bekannte Adresse zustellen.

2. Inhalt des Bundesamtsbescheides

§ 10 Abs. 2 AsylG:
„Der Ausländer muss Zustellungen und formlose Mitteilungen unter der letzten Anschrift, die der jeweiligen Stelle auf Grund seines Asylantrags oder seiner Mitteilung bekannt ist, gegen sich gelten lassen, wenn er für das Verfahren weder einen Bevollmächtigten bestellt noch einen Empfangsberechtigten benannt hat (...). Kann die Sendung dem Ausländer nicht zugestellt werden, so gilt die Zustellung mit der Aufgabe zur Post als bewirkt, selbst wenn die Sendung als unzustellbar zurückkommt."

1.3.2 Nachweis des Zustellungszeitpunkts

Die Zustellung des Bescheides erfolgt in einem gelben Umschlag im Wege der förmlichen Postzustellung durch Einlegung in den Briefkasten (nach § 180 ZPO).

Praxis-Tipp:
Es ist überaus ratsam, den Umschlag aufzuheben, da der Briefträger auf diesem das Zustellungsdatum vermerkt, das für den Beginn der Eilantrags- und Klagefristen (dazu sogleich) von entscheidender Bedeutung ist.

1.3.3 Tipps bei Empfang eines Bescheides

Nach Zustellung des Bescheides sollte kontrolliert werden, ob eine Rechtsbehelfsbelehrung auf Deutsch und der Muttersprache des Antragstellers beigefügt ist, denn nicht selten sind dem Bescheid falsche Belehrungen beigefügt. Das kann sich im Einzelfall für den Flüchtling als segensreich erweisen. Ist die Rechtsbehelfsbelehrung nämlich falsch, dann löst sie nicht die kurze Anfechtungsfrist nach dem Asylgesetz aus, sondern die Frist nach § 58 VwGO – und die beträgt ein ganzes Jahr. Daraus ist ersichtlich, dass der fehlerhafte Bescheid so manchem Asylsuchenden bei der Wahrung der kurzen Fristen geholfen hat.

2. Inhalt des Bundesamtsbescheides

2.1 Übersicht

Das Bundesamt entscheidet über vier Schutztatbestände, die abgestuft zuerkannt werden können. Das sind dann (teilweise) positive Entscheidungen. Daneben gibt es noch fünf verschiedene Typen von ablehnenden Entscheidungen: die einfache Ablehnung, die

XI. Die Entscheidung des Bundesamtes über den Asylantrag

Ablehnung als offensichtlich unbegründet, die Unzulässigkeitsentscheidung (mit Abschiebungsandrohung in den Drittstaat und mit Abschiebungsandrohung in den Herkunftsstaat) sowie die Einstellungsentscheidung.

Positive Entscheidungen	Negative Entscheidungen	
Inhalt	Inhalt	Abschiebung in
Anerkennung als Asylberechtigter	Ablehnung	Herkunftsstaat
Anerkennung als Flüchtling	Ablehnung als offensichtlich unbegründet (§§ 29a, 30 AsylG)	Herkunftsstaat
Zuerkennung des subsidiären Schutzes (bei Ablehnung des Flüchtlingsschutzes)	Ablehnung als unzulässig (Dublin oder Anerkannte)	Drittstaat
Feststellung von Abschiebungsverboten (bei Ablehnung des internationalen Schutzes)	Ablehnung als unzulässig (Zweit- und Folgeantrag)	Herkunftsstaat
	Einstellung des Verfahrens (§ 33 AsylG)	Herkunftsstaat

Bei den positiven Entscheidungen gibt es Abstufungen; wer nur die Abschiebungsverbote erhält, bekommt damit zwar eine positive Entscheidung in dem Sinne, dass er bleiben kann. Betrachtet man aber das eigentliche Ziel seines Antrages, nämlich den internationalen Schutz zu erhalten, dann handelt es sich um eine Ablehnung. Hier gibt es natürlich keine Abschiebungsandrohung, da die Person schließlich nicht abgeschoben werden darf. Die Klagefrist ist immer zwei Wochen.

Praxis-Tipp:

Ob die Bundesamtsentscheidung ein Bleiberecht ausspricht oder nicht, erkennt man am schnellsten daran, ob in der vorletzten Ziffer eine Abschiebung angedroht oder gar angeordnet wird. Fehlt es an diesen Formulierungen, handelt sich jedenfalls nicht um einen vollständig ablehnenden Bescheid.

2.2 Wichtige Informationen für einen Anwalt

Um beurteilen zu können, welcher Art eine Ablehnung ist, sollten dem Rechtsanwalt (z. B. am Telefon) die folgenden Informationen gegeben werden, wenn ein ablehnender Bescheid eingegangen ist. Diese vier Fragen helfen ihm, den Fall schnell zu erfassen:

Frage	Ziel der Frage
Herkunftsland und Wohnort in Deutschland	Ermittlung des zuständigen Verwaltungsgerichts und der zuständigen Kammer bei Gericht
Zielland der Abschiebung (Herkunftsstaat/Drittstaat)	Typ der Ablehnung
Frist zur Ausreise (eine Woche oder 30 Tage)	Ermittlung, ob Eilantrag erforderlich ist oder nicht

3. Die Formulierung in ablehnenden Entscheidungen

3.1 Vollständige Ablehnung des Schutzersuchens mit Abschiebungsandrohung in den Herkunftsstaat

War das Bundesamt für den Asylantrag zuständig und lehnt es den Schutzantrag vollständig als unbegründet ab, kommt es zur Androhung der Abschiebung in den Herkunftsstaat. Die Klagefrist beträgt 14 Tage, ein Eilantrag ist nicht erforderlich.

Beispiel (sogenannte einfache Ablehnung):

Der 19-jährige K aus Afghanistan hatte einen Schutzantrag gestellt, er bekommt einen Bescheid des Bundesamts in einem gelben Umschlag. Der Bescheid hat den folgenden Inhalt:

1. *Die Flüchtlingseigenschaft wird nicht zuerkannt.*
2. *Der Antrag auf Asylanerkennung wird abgelehnt.*
3. *Der subsidiäre Schutzstatus wird nicht zuerkannt.*
4. *Abschiebungsverbote nach § 60 Abs. 5 und 7 Satz 1 des Aufenthaltsgesetzes liegen nicht vor.*
5. *Der Antragsteller wird aufgefordert, die Bundesrepublik Deutschland innerhalb eines Monats nach Bekanntgabe dieser Entscheidung zu verlassen; im Falle einer Klageerhebung endet die Ausreisefrist 30 Tage nach dem unanfechtbaren Abschluss des Asylverfahrens. Sollte der Antragsteller die*

XI. Die Entscheidung des Bundesamtes über den Asylantrag

> *Ausreisefrist nicht einhalten, wird er nach Afghanistan abgeschoben. Der Antragsteller kann auch in einen anderen Staat abgeschoben werden, in den er einreisen darf oder der zu seiner Rückübernahme verpflichtet ist.*
> 6. *Das gesetzliche Einreise- und Aufenthaltsverbot gemäß § 11 Abs. 1 des Aufenthaltsgesetzes wird auf 36 Monate ab dem Tag der Abschiebung befristet.*

Wie sich aus Ziffer 5 des Bescheides ergibt, droht der Vollzug der Abschiebung im Falle einer Klageerhebung erst 30 Tage nach Abschluss des Klageverfahrens. Erhebt K also rechtzeitig Klage, darf er in jedem Fall bis zum Ende des Gerichtsverfahrens in Deutschland bleiben. Weil die Klage hier den Vollzug hemmt, spricht man von der aufschiebenden Wirkung der Klage. Ein Eilantrag ist daher nicht erforderlich.

3.2 Ablehnung des Schutzantrags als „offensichtlich unbegründet"

Folgenschwerer ist die Ablehnung als „offensichtlich unbegründet". Mit dieser Entscheidung kann die Abschiebung des Ausländers schon während eines noch laufenden Klageverfahrens erfolgen, wenn nicht ein Gericht diese Abschiebung auf Antrag des Betroffenen vorläufig aussetzt.

Voraussetzung für eine solche Ablehnung ist, dass der Asylantrag (also auch der Antrag auf Flüchtlingsschutz und subsidiären Schutz) nicht nur als einfach unbegründet betrachtet wird; es muss die Offensichtlichkeitswertung hinzukommen. Das ist dann der Fall, wenn entweder der Antrag selbst sich nach Würdigung aller relevanten Informationen unter keinem Aspekt als begründet erweist (§ 30 Abs. 1 AsylG).

Daneben gibt es noch die Asylanträge, die nur einfach unbegründet sind, bei denen aber die hinzutretenden Einzelumstände dazu führen, ihn als offensichtlich unbegründet abzulehnen. Das sind die Fälle des § 30 Abs. 3 AsylG. Diese Folge tritt z. B. ein, wenn das Vorbringen des Antragstellers als in wesentlichen Punkten unsubstantiiert, widersprüchlich oder offenkundig unwahr angesehen wird. In diese Fallgruppe gehören auch gefälschte Beweismittel,

3. Die Formulierung in ablehnenden Entscheidungen

Identitätstäuschungen und andere gröbliche Pflichtverletzungen durch den Antragsteller.

Beispiel:

Der 20-jährige R ist aus der Demokratischen Republik Kongo. Das Bundesamt kommt nach der Anhörung zu dem Ergebnis, dass dem Schutzantrag kein Erfolg beschieden sei. Das Vorbringen hält es in den wesentlichen Punkten für unsubstantiiert. Der Bescheid hat den folgenden Wortlaut:

1. *Der Antrag auf Zuerkennung der Flüchtlingseigenschaft wird als offensichtlich unbegründet abgelehnt.*
2. *Der Antrag auf Asylanerkennung wird als offensichtlich unbegründet abgelehnt.*
3. *Die Zuerkennung des subsidiären Schutzstatus wird als offensichtlich unbegründet abgelehnt.*
4. *Abschiebungsverbote nach § 60 Abs. 5 und 7 Satz 1 des Aufenthaltsgesetzes liegen nicht vor.*
5. *Der Antragsteller wird aufgefordert, die Bundesrepublik Deutschland innerhalb einer Woche nach Bekanntgabe dieser Entscheidung zu verlassen. Sollte der Antragsteller die Ausreisefrist nicht einhalten, wird er in die Demokratische Republik Kongo abgeschoben. Der Antragsteller kann auch in einen anderen Staat abgeschoben werden, in den er einreisen darf oder der zu seiner Rückübernahme verpflichtet ist.*
6. *Das gesetzliche Einreise- und Aufenthaltsverbot gemäß § 11 Abs. 1 des Aufenthaltsgesetzes wird auf 36 Monate ab dem Tag der Abschiebung befristet.*

Die Klage ist innerhalb einer Woche zu erheben. Aus der Formulierung in Ziffer 5 ergibt sich, dass diese Klage einer Abschiebung nicht im Weg steht. Der Betroffene muss daher einen Eilantrag stellen, will er der Abschiebung noch während des Gerichtsverfahrens entgehen. Dieser Eilantrag ist zusammen mit der Klage innerhalb von einer Woche nach Zustellung des Bescheides zu erheben.

Das Verfahren, in dem über den Eilantrag entschieden wird, ist schriftlich; es gibt keine mündliche Verhandlung. Da das Gericht

XI. Die Entscheidung des Bundesamtes über den Asylantrag

alsbald nach Eingang des Antrages entscheiden wird, empfiehlt es sich, die Begründung des Eilantrages recht zügig, am besten noch innerhalb der Einlegungsfrist, einzureichen.

Der Eilantrag ist begründet, wenn es dem Betroffenen oder seinem Anwalt gelingt, ernstliche Zweifel an der Richtigkeit der Bundesamtsentscheidung zu wecken. Gemeint sind hier ernstliche Zweifel an der sogenannten Offensichtlichkeitswertung. Es genügt, darzulegen, dass die Ablehnung als „offensichtlich unbegründet" ihrerseits unter keinerlei Gesichtspunkten haltbar ist.

Dass der Betroffene diese Begründung unter den Bedingungen eines schriftlichen Verfahrens und unter Zeitdruck abgeben muss, macht die besondere Schwierigkeit dieser Verfahrenssituation aus. So wundert es nicht, dass solche Eilanträge mehrheitlich bei Gericht verloren gehen.

Wegen dieser schwerwiegenden Folge bestimmt die Verfahrensrichtlinie, dass die Schutzanträge von UMF grundsätzlich nicht als offensichtlich unbegründet abgelehnt werden dürfen (Art. 25 Abs. 6a Verfahrensrichtlinie). Eine Ausnahme besteht, wenn der UMF aus einem sicheren Herkunftsstaat kommt oder in seiner Person eine besondere Gefahr für die Sicherheit eines EU-Mitgliedstaates begründet. Außerdem gibt es noch eine wichtige Einschränkung: Der Verfahrensrichtlinie steht es nicht entgegen, einen ehemaligen UMF, wenn er volljährig geworden ist, als „offensichtlich unbegründet" abzulehnen.

Wichtig: UMF dürfen, solange sie minderjährig sind, mit ihrem Schutzantrag nicht als „offensichtlich unbegründet" abgelehnt werden. Nach Eintritt der Volljährigkeit gilt das dann aber nicht mehr.

Wird die Entscheidung des Bundesamtes bestandskräftig, zeigt sich ein weiterer Nachteil der Ablehnung als „offensichtlich unbegründet": Die Ausländerbehörde kann später nämlich bestimmte Aufenthaltstitel aus diesem Grunde verweigern (allerdings nur, wenn der Bundesamtsbescheid sich ausdrücklich auf § 30 Abs. 3 Nrn. 1–6 AsylG stützt).

Wichtig: Personen, die mit ihrem Antrag als „offensichtlich unbegründet" gescheitert sind (und die auch mit dem Eilantrag erfolglos waren) und bei denen der Bescheid die Voraussetzungen des § 30 Abs. 3 Nrn. 1–6 AsylG feststellt, erhalten vor einer Ausreise aus dem Bundesgebiet *keine* Aufenthaltserlaubnis (§ 10 Abs. 3 AufenthG),

3. Die Formulierung in ablehnenden Entscheidungen

- außer bei einem gesetzlichen Anspruch (z. B. Familiennachzug zu Deutschen),
- oder für Aufenthalte nach § 23a (Härtefallkommission), § 25 Abs. 3 (nationale Abschiebungsverbote), §§ 25a und 25b AufenthG (Bleiberechtsregelungen).

Praxis-Tipp:
Bei der Beratung eines Asylsuchenden ist immer die Gefahr einer solchen „Offensichtlich-Unbegründet-Ablehnung" zu prüfen. Der Asylantrag muss dann gegebenenfalls unterbleiben oder rechtzeitig zurückgenommen werden.

Man kann auch versuchen, im Klageverfahren wenigstens zu erreichen, dass das Gericht die Offensichtlichkeitswertung aufhebt, auch wenn es die Klage sonst abweist.

3.3 Der Dublin-Bescheid

Der „Dublin-Bescheid" ergeht, wenn einer der Staaten für den Asylantrag zuständig ist, die die Dublin-III-VO mittragen, also EU-Staaten und Norwegen, Schweiz, Island. Wenn sich ergibt, dass einer dieser Staaten für den Asylantrag, der entweder noch gar nicht abschließend bearbeitet worden ist oder abgelehnt wurde, zuständig ist, dann hat der Bescheid zwei Elemente: die Erklärung, dass der in Deutschland gestellte Antrag als unzulässig abgelehnt wird, und die Anordnung der Abschiebung in diesen anderen Staat.

Beispiel:
Die 25-jährige F aus Äthiopien hatte ein Schengen-Visum der spanischen Botschaft bekommen und ist damit, ohne in Spanien gewesen zu sein, nach Deutschland eingereist, um einen Asylantrag zu stellen. Nach einer entsprechenden Anfrage wurde Spanien im Einklang mit der Dublin-III-VO zuständig. Das Bundesamt schickte den folgenden Bescheid:

1. *Der Asylantrag ist unzulässig.*
2. *Die Abschiebung nach (Dublin-Staat) wird angeordnet.*
3. *Das gesetzliche Einreise- und Aufenthaltsverbot gemäß § 11 Abs. 1 des Aufenthaltsgesetzes wird auf 36 Monate ab dem Tag der Abschiebung befristet.*

XI. Die Entscheidung des Bundesamtes über den Asylantrag

Hier sind Klage und Eilantrag binnen einer Woche zu erheben. Das Argument der F, niemals in Spanien gewesen zu sein, hilft dabei leider nicht weiter, da die Zuständigkeit Spaniens aus der Visumerteilung folgt, die der F den Zugang in den Schengen-Raum ermöglicht hat.

3.4 Ablehnung wegen des Vorliegens eines Schutzstatus in einem Drittstaat

Das Bundesamt kann einen Antrag auch für unzulässig erachten. Dann prüft es den Inhalt des Schutzantrages nicht (nochmal), sondern weist den Antrag ab. Eine solche Entscheidung ergeht, wenn der Antragsteller bereits Schutz in einem anderen EU-Staat erhalten hat, wo man ihm den Flüchtlingsstatus oder den subsidiären Status zuerkannt hat. Geregelt wird das jetzt in § 29 Abs. 1 Nr. 2 AsylG.

> **Beispiel:**
>
> K aus Somalia ist in Ungarn als Flüchtling anerkannt worden. Der in Deutschland gestellte Asylantrag wird nach § 29 Abs. 1 Nr. 2 AsylG als unzulässig abgelehnt – mit folgenden Worten:
>
> 1. *Der Asylantrag wird als unzulässig abgelehnt.*
>
> 2. *Der Antragsteller wird aufgefordert, die Bundesrepublik Deutschland innerhalb einer Woche nach Bekanntgabe dieser Entscheidung zu verlassen. Sollte der Antragsteller die Ausreisefrist nicht einhalten, wird er nach Ungarn abgeschoben. Der Antragsteller kann auch in einen anderen Staat abgeschoben werden, in den er einreisen darf oder der zu seiner Rückübernahme verpflichtet ist. Der Antragsteller darf nicht nach Somalia abgeschoben werden.*
>
> 3. *Das gesetzliche Einreise- und Aufenthaltsverbot gemäß § 11 Abs. 1 des Aufenthaltsgesetzes wird auf 36 Monate ab dem Tag der Abschiebung befristet.*

Gegen diese Entscheidung kann der Betroffene innerhalb einer Woche die Klage erheben, er muss sie auch mit einem Eilantrag verbinden. Ein anderer Fall mit ähnlicher Folge begegnet, wenn der Asylantragsteller bereits in einem anderen Nicht-EU-Staat sicher war. Da es außerhalb der EU den subsidiären Schutz nicht gibt, kann das die Zubilligung des Flüchtlingsstatus gewesen sein oder auch ein einfaches humanitäres Bleiberecht. Darauf, dass der andere Staat die Genfer Flüchtlingskonvention unterzeichnet hat, kommt es nicht an.

> **Beispiel:**
> C aus Syrien floh nach Venezuela, einem Staat, der die Genfer Konvention nicht unterzeichnet hat, und erhielt dort Aufenthalt. Nach kurzer Zeit reiste er nach Deutschland, wo er einen Asylantrag stellte. Das Bundesamt lehnte seinen Asylantrag als unzulässig ab (§ 29 Abs. 1 Nr. 4 AsylG) und drohte die Abschiebung nach Venezuela an.

Auch hier muss der Betroffene Klage und Eilantrag erheben.

4. Beispiele für positive Bescheide

4.1 Zuerkennung der Flüchtlingseigenschaft

Der Bescheid, mit dem der Antragsteller den gewünschten Flüchtlingsschutz erhält, hat die nachstehende Gestalt. Interessant ist, dass dem Antragsteller hier eine Eigenschaft zuerkannt wird. Das drückt aus, dass es sich hierbei um einen Status handelt.

> **Beispiel für einen Bescheid mit Flüchtlingsanerkennung:**
> 1. *Der Antrag auf Anerkennung als Asylberechtigter wird abgelehnt.*
> 2. *Dem Antragsteller wird die Flüchtlingseigenschaft zuerkannt.*

Gegen diesen Bescheid kann Klage erhoben werden, um den verweigerten Asylstatus zu erlangen. Da dies aber zu keinem besseren Recht verhilft (und meist allein wegen des Reiseweges geringe Chancen hat), wird die Klage hier unterlassen. Eine Frist, die man als Betroffener aber trotzdem in den Kalender eintragen sollte, ist die Dreimonatsfrist für die Anzeige des Familiennachzugs (siehe Kap. IV.4).

XI. Die Entscheidung des Bundesamtes über den Asylantrag

4.2 Anerkennung als subsidiär Schutzberechtigter

Liegen nach Auffassung des Bundesamtes keine Gründe für die Zuerkennung der Flüchtlingseigenschaft oder für die Anerkennung als Asylberechtigten vor, wohl aber dafür, den Antragsteller als subsidiär Schutzberechtigten anzuerkennen, lautet der Bescheid wie folgt:

> **Beispiel für einen Subsidiären-Schutz-Bescheid:**
> 1. Der Antrag auf Anerkennung als Asylberechtigter wird abgelehnt.
> 2. Der Antrag auf Zuerkennung der Flüchtlingseigenschaft wird abgelehnt.
> 3. Der Antragsteller wird als subsidiär Schutzberechtigter anerkannt.

In diesem Fall kann der Asylsuchende sich gegen die teilweise Ablehnung wenden. Während des Klageverfahrens hat er einen Anspruch auf eine Aufenthaltserlaubnis nach § 25 Abs. 2, 2. Alt. AufenthG.

4.3 Feststellung von Abschiebeverboten nach § 60 Abs. 5 oder 7 AufenthG

Ein Asylverfahren kann auch seinen Ausgang damit nehmen, dass dem Betroffenen kein Asyl, kein internationaler Schutz (Flüchtlingsstatus und subsidiärer Schutz), aber immerhin noch die nationalen Abschiebungsverbote zuerkannt werden. Dann sieht der Bescheid so aus:

> **Beispiel:**
> Die 22-jährige P aus Äthiopien, die politisch nicht in Erscheinung getreten ist, ist an Diabetes erkrankt, sie hat keine Verwandten im Heimatland und keine Chance, das notwendige Insulin zu bekommen. Das Bundesamt gewährt ihr die sogenannten nationalen Abschiebungsverbote:
> 1. Der Antrag auf Anerkennung als Asylberechtigter wird abgelehnt.
> 2. Der Antrag auf Zuerkennung der Flüchtlingseigenschaft wird abgelehnt.

4. Beispiele für positive Bescheide

> 3. Der Antrag auf Anerkennung als subsidiär Schutzberechtigter wird abgelehnt.
> 4. Das Abschiebungsverbot des § 60 Abs. 7 des Aufenthaltsgesetzes liegt hinsichtlich Äthiopiens vor.

Auch für P hier gilt, dass eine *Klage* vor dem zuständigen Verwaltungsgericht (Frist: zwei Wochen nach Zustellung) unbedingt geprüft werden sollte. Diese kann sich entweder auf den Sprung von nationalen Abschiebeverboten auf den subsidiären Schutzstatus beziehen oder auf den Sprung um zwei Schutzstufen, also von nationalen Abschiebeverboten auf den Flüchtlingsstatus.

Wichtig: In diesem Beispiel führt die Klage aber dazu, dass P keine Aufenthaltserlaubnis erhält, solange das Klageverfahren noch nicht abgeschlossen ist. Das liegt daran, dass die herrschende Meinung hier den § 10 Abs. 1 AufenthG für anwendbar hält, der besagt, dass bis zu einem Abschluss des Asylverfahrens keine Aufenthaltserlaubnis zu erteilen ist (siehe oben Kap. V.5.2).

XII. Das gerichtliche Verfahren gegen die Ablehnung durch das Bundesamt

1.	Grundrecht auf effektiven Rechtsschutz	244
1.1	Die Klageerhebung bei unabhängigen Gerichten	244
1.2	Die Rechtsmittelbelehrung	244
1.3	Die zuständigen Verwaltungsgerichte	245
1.4	Die Entscheidungskompetenz der Verwaltungsgerichte	246
1.5	Beschwerde beim Bundesverfassungsgericht oder beim Europäischen Gerichtshof für Menschenrechte (EGMR)	246
2.	Das gerichtliche Verfahren	247
2.1	Die fristgerechte Klageerhebung	247
2.2	Die Klageerhebung	248
2.3	Die Klagebegründung	249
2.4	Die mündliche Verhandlung	251
2.5	Das Urteil	253
2.6	Der Eilantrag	254
3.	Antrag auf Zulassung der Berufung nach einem negativen Urteil	255
4.	Vorgehen nach einem positiven Gerichtsverfahren	256

XII. Das gerichtliche Verfahren gegen die Ablehnung durch das Bundesamt

1. Grundrecht auf effektiven Rechtsschutz

1.1 Die Klageerhebung bei unabhängigen Gerichten

Art. 19 Abs. 4 GG sieht vor, dass jeder, der durch einen Akt der öffentlichen Gewalt in seinen Rechten verletzt wird, den Rechtsschutz bei Gericht suchen kann. Das gilt auch für Ausländer. Das Besondere an der Zuweisung dieses Schutzes an die Gerichte besteht darin, dass Gerichte gegenüber Behörden – wie dem Bundesamt – übergeordnet sind und unabhängig von jedem Einfluss entscheiden. Richter sind unabhängig und nur Recht und Gesetz unterworfen (Art. 20 Abs. 3, Art. 97 Abs. 1 GG). Eine Weisungslage, wie das vielleicht der einzelne Bundesamtsmitarbeiter erleben kann, ist bei Gericht bereits von Verfassungs wegen ausgeschlossen.

Das Mittel, mit dem ein Rechtssuchender sich an ein Gericht wendet, ist die Klage. Sie wird gegen die juristische Person gerichtet, die den Bescheid erlassen hat. Im Asylrecht ist das die Bundesrepublik Deutschland, die vom Bundesamt für Migration vertreten wird. Zuständig für diese Klagen sind die Verwaltungsgerichte.

Wichtig: Ein Einspruchs- oder Widerspruchsverfahren gibt es bei Asylsachen nicht. Es gibt nur das Klageverfahren beim Verwaltungsgericht.

Neben der Klage gibt es noch den Eilantrag; er hat das Ziel, eine Zwischenentscheidung des Gerichts zu treffen. Im Asylrecht sind das Entscheidungen über die vorläufige Aussetzung der Vollziehung.

1.2 Die Rechtsmittelbelehrung

Um dem Bürger den Weg zu den Gerichten auch möglich zu machen, muss jeder rechtsmittelfähige Bescheid eine Belehrung darüber enthalten, innerhalb welcher Frist bei welcher Stelle (Gericht) durch welche Maßnahme ein Rechtsmittel eingelegt werden kann. Diese Rechtsmittelbelehrung findet sich bei Bundesamtsbescheiden auf

1. Grundrecht auf effektiven Rechtsschutz

der letzten Seite nach der Unterschrift und dem Stempel der Außenstelle, die den Bescheid erlassen hat.

Fehlt die Rechtsmittelbelehrung oder ist sie falsch, läuft die Rechtsmittelfrist frühestens ein Jahr nach der Zustellung ab (§ 58 Abs. 2 VwGO).

1.3 Die zuständigen Verwaltungsgerichte

In Asylsachen sind die Verwaltungsgerichte zur Entscheidung berufen. Örtlich zuständig ist das Verwaltungsgericht, das sich dort befindet, wo auch der Kläger und Asylantragsteller wohnt. Das hat zur Folge, dass bundesweit rund 50 Verwaltungsgerichte mit Asylverfahren befasst sind. Intern folgt die Organisation meistens dem Herkunftsland eines Klägers, so dass man durch einen Blick auf die Karte der Gerichtsbezirke und in den Geschäftsverteilungsplan des zuständigen Gerichts erkennen kann, welche Kammer – so heißt die Organisationseinheit bei den Verwaltungsgerichten der ersten Instanz – für einen Rechtsfall zuständig ist.

> **Beispiel:**
>
> A ist ein Eritreer; er wohnt in Gladenbach im Gerichtsbezirk Gießen. Für seine Asylklage ist das Verwaltungsgericht Gießen zuständig. Es entscheidet hier die 6. Kammer, die laut Geschäftsverteilungsplan für die Klagen von Asylantragstellern aus Eritrea zuständig ist. Ebenfalls aus dem Geschäftsverteilungsplan ersichtlich sind die Namen der Richter, die über den Fall entscheiden werden.

Dass nicht nur das Gericht, sondern auch die Person des Richters abstrakt feststehen – und das schon theoretisch bevor die Klage eingereicht ist –, liegt an dem Konzept des gesetzlichen Richters, das wir in Deutschland haben. Wer in einer Sache als Richter urteilt, soll demnach nicht durch eine individuelle Entscheidung der Gerichtsleitung oder anderer Personen bestimmt werden, sondern allgemein für alle Fälle nach objektiven Kriterien von vornherein feststehen. Und so ist aufgrund des Herkunftslandes des Klägers und manchmal auch ergänzend aufgrund des Anfangsbuchstabens seines Namens ersichtlich, welche Kammer des Gerichts für einen Rechtsstreit zuständig ist.

XII. Das gerichtliche Verfahren gegen die Ablehnung

1.4 Die Entscheidungskompetenz der Verwaltungsgerichte

Die Verwaltungsgerichte entscheiden über einen Klageantrag, indem sie die Klage, wenn sie für unzulässig oder unbegründet erachtet wird, abweisen, oder indem sie im positiven Fall eine dem Klageantrag entsprechende Regelung treffen. Im Asylverfahren kann das z. B. der Ausspruch sein, dass das Bundesamt verpflichtet wird, die Flüchtlingsanerkennung auszusprechen. Wird dann das Urteil rechtskräftig, kann der Kläger damit verlangen, dass das Bundesamt ihm den begehrten Bescheid erteilt.

Gegen die Entscheidungen der Verwaltungsgerichte können die Beteiligten, also auch das Bundesamt, als Rechtsmittel die Zulassung der Berufung einlegen, darüber entscheiden dann die Oberverwaltungsgerichte. Diese Rechtsmittel sind im Asylrecht sehr stark eingeschränkt. Dass sich das Bundesverwaltungsgericht als dritte Instanz mit einem Asylfall befassen muss, kommt äußerst selten vor, ist aber grundsätzlich möglich.

1.5 Beschwerde beim Bundesverfassungsgericht oder beim Europäischen Gerichtshof für Menschenrechte (EGMR)

Wenn gegen eine gerichtliche Entscheidung kein Rechtsmittel mehr möglich ist und der Rechtsweg erschöpft ist – dieser Ausdruck steht tatsächlich so im Gesetz –, dann bleibt dem Betroffenen nur die sehr voraussetzungsvolle Möglichkeit, gegen diese Maßnahme eine Beschwerde beim Bundesverfassungsgericht – und, wenn dieses nicht abhilft – beim Europäischen Gerichtshof für Menschenrechte in Straßburg einzureichen. Voraussetzungsvoll ist die Beschwerde deshalb, weil der Beschwerdeführer nicht mehr nur behaupten muss, dass er durch eine falsche Anwendung des Rechts benachteiligt wurde; er muss dezidiert vortragen, dass eine Verletzung seiner verfassungsgemäßen Rechte vorliegt. Bei dem EGMR muss er dann die Verletzung der Rechte aus der Europäischen Menschenrechtskonvention als verletzt rügen.

Mit diesen Anforderungen werden hohe Hürden aufgestellt, gleichwohl finden sich im Asylrecht immer wieder Fälle, in denen es diese beiden Gerichte waren, die in einer für den Betroffenen ausweglos erscheinenden Lage die rettende Änderung einer gerichtlichen Entscheidung brachten.

2. Das gerichtliche Verfahren

2.1 Die fristgerechte Klageerhebung

XII

2.1.1 Maßgeblichkeit der Zustellung

Für die Berechnung der Frist, die dem Betroffenen zur Klageerhebung zur Verfügung steht, ist der Tag der Zustellung des Bescheides maßgeblich. Die Zustellung erfolgt zumeist förmlich im Weg der sogenannten Postzustellung, über die der Postbote eine Urkunde anfertigt. Der Betroffene findet sodann einen gelben Umschlag in seinem Briefkasten vor. Dem korrespondiert ein Schreiben, das der Postbote wieder mitnimmt, nachdem er zuvor den Tag und den Ort der Postzustellung dokumentiert hat. Zugleich trägt der Postbote das Datum der Zustellung auf dem Umschlag in das dafür vorgesehene Feld ein, in dem er auch seinen Namen zeichnet.

> **Praxis-Hinweis:**
> Für den Empfänger ist es wichtig, diesen gelben Umschlag mit seinem Inhalt aufzubewahren, weil er so den Tag des Zugangs seines Schreibens sich und anderen nachweisen kann.

2.1.2 Berechnung der Klagefrist

Das Asylgesetz kennt zwei Fristläufe, die zweiwöchige, das ist wichtig für die einfachen Ablehnungen, und die einwöchige, sie tritt ein, wenn ein Asylantrag als „offensichtlich unbegründet" abgelehnt worden ist oder wenn das Bundesamt den Antrag als unzulässig ansieht. Für eine Person, die hier helfen will, sind diese Überlegungen aber überflüssig, weil sich die Frist aus der Rechtsmittelbelehrung ergibt.

Die Frist wird nach Wochen berechnet. Sie wird durch die Zustellung in Gang gesetzt und endet (im Falle der 2-Wochen-Frist) zwei Wochen später. Wie das genau berechnet wird, ist in § 187 BGB geregelt. Danach endet die Frist nach zwei Wochen genau am Abend des Tages, der nach seiner Benennung dem Tag entspricht, in den das firstauslösende Ereignis gefallen ist. Wurde der Bescheid also dienstags zugestellt, endet auch die Frist am Dienstag, und zwar genau am Dienstag nach zwei Wochen abends um 24 Uhr.

Endet nach dieser Berechnung eine Frist an einem Samstag, Sonn- oder Feiertag, dann läuft die Frist erst am nächstmöglichen Wo-

XII. Das gerichtliche Verfahren gegen die Ablehnung

chentag aus. Das Gesetz will damit vermeiden, dass Fristen an Samstagen, Sonn- oder Feiertagen auslaufen.

Beispiel für den Fristablauf bei einer Zweiwochenfrist:	
Tag der Zustellung	**Fristablauf**
Mittwoch, 14.03.2018	Zwei Wochen später, Mittwoch, 28.03.2018, 24 Uhr
Freitag, 16.03.2018	Das wäre zwei Wochen später am Freitag, dem 30.03.2018, das ist aber ein Feiertag (Karfreitag), daher Fristablauf am Dienstag nach Ostern, Dienstag, dem 03.04.2018, 24 Uhr
Samstag, 19.05.2018	Eigentlich wäre das am Samstag, dem 02.06.2018, aber wegen der Feiertagsregelung läuft die Frist erst am nächstmöglichen Werktag ab, das ist hier Montag, der 04.06.2018, 24 Uhr

2.2 Die Klageerhebung

Es ist dringend zu raten, die Klage durch einen Rechtsanwalt erheben zu lassen. Im Notfall kann das aber auch der Betroffene selbst tun.

Um das Risiko einer fehlerhaften Antragstellung so gering wie möglich zu halten, sollte der Betreffende die Rechtsantragstelle des zuständigen Verwaltungsgerichts aufsuchen, den Bescheid dort vorlegen und den Klageantrag „zur Niederschrift des Urkundsbeamten erklären". Das hört sich etwas altertümlich an, ist aber im Notfall die beste Lösung. In der Rechtsantragstelle wird der Antrag mündlich gestellt und dann vom Beamten protokolliert, das weitere Verfahren geht dann seinen üblichen Gang, der Antragsteller bekommt dann die Post vom Gericht mit einer Eingangsbestätigung und dem Aktenzeichen des Gerichts.

Da Klageanträge auslegungsfähig sind und hier nicht am buchstäblich Erklärten stehengeblieben werden darf, genügt es, wenn der Asylsuchende vor dem Urkundsbeamten sinngemäß erklärt, dass er den Ablehnungsbescheid anficht und über die Anfechtung hinaus möchte, dass das Bundesamt ihm die Flüchtlingseigenschaft

2. Das gerichtliche Verfahren

(und falls das nicht geht, den subsidiären Schutz) zuerkennt. Der Geschäftsstellenbeamte wird dann die rechtlich zutreffenden Worte finden, um das Gewollte in das Protokoll aufzunehmen. Und auch wenn der Beamte hier eine missglückte Formulierung wählt, muss das Gericht den zutreffenden Sinn durch Auslegung ermitteln.

Der Klageantrag hat somit diese beiden Teile:

Anfechtungsteil	„Ich möchte, dass der Bescheid gegen mich aufgehoben wird."
Verpflichtungsteil	„Ich möchte, dass das Bundesamt verpflichtet wird, mich als Flüchtling anzuerkennen oder wenigstens den subsidiären Schutz zu erteilen. Wenn das nicht geht, möchte ich wenigstens, dass das Bundesamt die nationalen Abschiebungsverbote des § 60 Abs. 5 und 7 AufenthG ausspricht."

Praxis-Hinweis:

Die Rechtsantragstellen bei den Verwaltungsgerichten sind häufig nur vormittags besetzt, daher den Besuch dort vor 12.00 Uhr einplanen – und auch rechtzeitig vor Fristablauf.

2.3 Die Klagebegründung

2.3.1 Zeitpunkt und Frist

Die schriftliche Klagebegründung ist wichtig. In den Bescheiden wird der Kläger immer aufgefordert, die ihn begünstigenden Tatsachen und die Beweismittel hierfür innerhalb einer Frist von einem Monat ab Zustellung an das Gericht mitzuteilen. Späteres Vorbringen könne vom Gericht unberücksichtigt gelassen werden. Das führt bei Betreuern verständlicherweise zu einer gewissen Hektik. Der Hinweis auf die Begründungsfrist ergibt sich aus dem Gesetz. Wichtig ist hier aber die Bedingung, dass das spätere Vorbringen zu einer Verzögerung bei der Erledigung des Rechtsstreits führen muss, um unberücksichtigt zu bleiben. Umgekehrt heißt das, späteres Vorbringen, das nicht verzögert, kann auch später berücksichtigt werden. Da die asylrechtlichen Gerichtsverfahren derzeit aber Monate

XII. Das gerichtliche Verfahren gegen die Ablehnung

dauern, wirkt sich eine geringfügige Überschreitung der Monatsfrist überhaupt nicht aus. Der Anwalt hat Zeit, um die Klagebegründung zu entwerfen, hier muss in einem gewöhnlichen Gerichtsverfahren nichts überstürzt werden.

2.3.2 Inhalt

Die Klagebegründung sollte sich individuell mit dem Bescheid des Bundesamtes auseinandersetzen. Vielfach gründet sich der Bescheid auf die Beurteilung, dass der Asylantragsteller in seinem Vorbringen nicht glaubhaft gewesen sei. Die hierzu im Bescheid genannten Gründe sind, soweit möglich, in der Begründung jeweils zu widerlegen. Seltener sind Rechtsfragen entscheidend (z. B. die Beurteilung der Desertion im Kontext der Verfolgungsgründe).

Hilfreich ist es hier, den Bundesamtsbescheid in den allgemeinen und den individuellen Part zu unterteilen. In den mehrere Seiten langen Bescheiden finden sich lange allgemeine Abschnitte über die Voraussetzungen der Schutzgewährung und die Anforderungen an einen glaubhaften Vortrag. Diese Teile sind für die Besprechung der Klagebegründung mit dem Antragsteller überflüssig und irreführend.

> **Praxis-Tipp:**
> Es empfiehlt sich, die (wenigen) Stellen in dem Bescheid farblich zu markieren, in dem konkret über den Antragsteller geschrieben wird und dann die dort gemachten Einwände gegen die Schutzgewährung aufzulisten. Im nächsten Schritt sollte man diese Einwände widerlegen.

Ferner sollte in der Klagebegründung auf die allgemeine Lage in dem betreffenden Herkunftsland eingegangen werden. Hier ist es hilfreich, wenn diese Ausführungen sich auf die konkrete Lebenssituation des Antragstellers beziehen. Natürlich sind auch Hintergrundinformationen zu geben, sie sollten aber nicht zu viel Raum einnehmen.

Schließlich sollten Beweismittel angegeben werden. Das sind Quellen, die das Vorbringen des Klägers unterstützen. Für allgemeine Verhältnisse können das Lageberichte des Auswärtigen Amtes oder Stellungnahmen von UNHCR oder anderen internationalen Organi-

2. Das gerichtliche Verfahren

sationen sein. Gerade dann, wenn sich in einem Land wichtige Veränderungen ergeben, können solche neuen Quellen den Ausschlag geben. Vorgelegt werden können natürlich auch ärztliche Atteste.

2.4 Die mündliche Verhandlung

2.4.1 Grundsatz: kein Hauptsacheverfahren ohne mündliche Verhandlung

Die mündliche Verhandlung bei Gericht ist Teil eines jeden Gerichtsverfahrens. Sie ist das Herzstück, sozusagen das Gegenstück zur persönlichen Anhörung im Bundesamtsverfahren. Die mündliche Verhandlung gibt dem Kläger die Chance, nochmal alle Gründe für die Klage im Zusammenhang vorzubringen und diese – im Idealfall – mit Unterstützung seines Rechtsanwaltes mit dem Gericht zu diskutieren. Die mündliche Verhandlung ist auch der Ort der Beweiserhebung. Wenn etwa Zeugen oder Sachverständige gehört werden, geschieht dies in der mündlichen Verhandlung. Daraus erklärt sich die Wichtigkeit der Verhandlung. Der Kläger hat einen Anspruch auf diese mündliche Verhandlung. Gegen seinen Willen kann nicht auf sie verzichtet werden und sie kann nicht durch ein schriftliches Verfahren ersetzt werden.

Auch das sogenannte Gerichtsbescheidverfahren ändert an diesem Grundsatz nichts, denn ergeht ein negativer Gerichtsbescheid (also ohne vorherige mündliche Verhandlung), kann der Kläger die Durchführung der mündlichen Verhandlung beantragen. Dann wird der Gerichtsbescheid wirkungslos und durch das Urteil nach der dann später durchzuführenden mündlichen Verhandlung ersetzt.

2.4.2 Ablauf der mündlichen Verhandlung

Zur mündlichen Verhandlung werden die Beteiligten vom Gericht geladen. Bei Verhinderung ist vom Instrument des Verlegungsantrags Gebrauch zu machen. Nach dem Aufruf der Sache, womit festgestellt wird, welche Personen in welchen Rollen erschienen sind, stattet der Richter oder der berichterstattende Richter den Sachbericht ab. Auf den Sachbericht können die Beteiligten aber auch verzichten, was aus Gründen der Zeitersparnis häufig geschieht.

Kern der asylrechtlichen Verhandlung ist sodann die „informatorische Anhörung" des Klägers. Dieser Ausdruck erklärt sich aus dem Umstand, dass der Kläger nicht Zeuge ist, weil man im deutschen

XII. Das gerichtliche Verfahren gegen die Ablehnung

Prozessrecht nicht Zeuge in eigener Sache sein kann. Der Kläger ist aber selbst zu hören, weil das, was Gegenstand seines Asylantrages ist, nur von ihm erlebt oder befürchtet wird, und er hier nicht auf Dritte verweisen kann. Daher gibt es die informatorische Anhörung, bei der der Kläger von den Gerichten häufig auf seine Wahrheitspflicht hingewiesen wird, auch wenn er sich prozessual keines Aussagedeliktes schuldig machen kann, weil er gerade kein Zeuge ist.

Der Richter leitet diese informatorische Anhörung meist mit der Frage ein, warum der Kläger nicht wieder in sein Heimatland zurückkehren könne. Für die Zahl und Ausrichtung der gestellten Fragen gibt es keine Vorgaben. Manche Richter sind sehr stark am Bundesamtsprotokoll orientiert und prüfen, ob das dort Gesagte in der Verhandlung bestätigt wird. Manche sprechen sogleich die Widersprüche, die ihnen in der Vorbereitung des Falles aufgefallen sind, an und wollen diese aufklären. Wieder andere lösen sich mehr vom Protokoll und messen der informatorischen Anhörung höheres Gewicht bei.

2.4.3 Beweisanträge

Ein wichtiges Instrument des Klägers sind die Beweisanträge. Sie zwingen das Gericht, sich mit einem bestimmten Aspekt des Verfahrens zu befassen. Eine ungerechtfertigte Ablehnung eines Beweisantrages stellt eine Verletzung des rechtlichen Gehörs (Art. 103 GG) dar und kann einen Zulassungsgrund für eine Berufung begründen. Beweisanträge führen auch dazu, dass das Gericht seine Position erklärt, im Einzelfall können sie auch einen gewissen Druck erzeugen. Beweisanträge bestehen aus einer abstrakt beweisfähigen Behauptung und einem Beweismittel. Das Gericht kann diese Anträge unter anderem ablehnen, wenn sie nicht für die Entscheidung erheblich sind, zu unkonkret sind oder das Beweismittel nicht geeignet ist.

> **Beispiel für einen Beweisantrag:**
>
> Es wird beantragt, Beweis zu erheben über die Behauptung des Klägers, an dem internationalen Flughafen Y in dem Staat X haben in den Tagen zwischen dem ... und ... und dem ... wegen des Umsturzes und der Entmachtung der Regierung keine besonderen Ausreisekontrollen stattgefunden. Es wurden demnach lediglich Flugtickets kontrolliert und Pässe oberflächlich eingesehen.

2. Das gerichtliche Verfahren

> Beweismittel: Auskunft des Auswärtigen Amtes, X-Institut, Y-Gutachter

2.4.4 Das Rechtsgespräch (§ 104 Abs. 1 VwGO)

Einige Richter lassen in der mündlichen Verhandlung durchblicken, wie sie einen Fall beurteilen. Die Prozessordnung sieht ein solches Rechtsgespräch durchaus vor. Bei anderen Richtern ist eine allzu große Offenheit aber unbeliebt, weil sie sich gegenüber dem Vorwurf der Befangenheit angreifbar sehen. An sich ist ein offenes Rechtsgespräch positiv, es dient der Konfliktlösung, weil die Beteiligten besser ihre Argumente auf den entscheidenden Punkt lenken können.

2.5 Das Urteil

Nach der mündlichen Verhandlung folgt das Urteil. Manchmal wird es gleich im Anschluss an die Verhandlung verkündet. Meistens wird es verkündet, wenn die Beteiligten schon nicht mehr bei Gericht sind. Man kann es dann noch am gleichen Tag oder am nächsten Morgen telefonisch bei der Geschäftsstelle erfragen. Bis die schriftliche Form vorliegt, dauert es dann noch einige Tage.

Hin und wieder kommt es aber auch vor, dass das Gericht die Entscheidung nach der Verhandlung noch nicht trifft oder getroffen hat, weil etwa noch Recherchen nachzuholen sind oder der Richter sich den Fall noch einmal in Ruhe durch den Kopf gehen lassen will. In diesen Fällen wird das Urteil „zugestellt". Für die Beteiligten heißt das, dass die Entscheidung eben nicht unmittelbar nach der Verhandlung verkündet wird, sondern auf schriftlichem Wege kommt.

Gegen das Urteil kann die Zulassung der Berufung beantragt werden. Die Gründe hierfür sind aber beschränkt: Nach dem Asylprozessrecht können nur die grundsätzliche Bedeutung oder die Abweichung von Entscheidungen der Oberverwaltungsgerichte oder der Bundesgerichte angeführt werden. Das Argument, eine Entscheidung sei schlicht juristisch falsch, ist kein Zulassungsgrund. Das ist in anderen Rechtsgebieten anders; der Gesetzgeber wollte das Asylverfahren aber straffen, so kommt es zu diesen Einschränkungen der Rechtsmittel.

Seit Juli 2017 ist im Asylprozess die sogenannte Sprungrevision möglich. Wenn das Gericht der ersten Instanz diese zulässt und die

XII. Das gerichtliche Verfahren gegen die Ablehnung

anderen Beteiligten damit einverstanden sind, kann damit gleich das Bundesverwaltungsgericht zuständig werden. Der Gesetzgeber hat dieses Instrument eingeführt, um in umstrittenen Fällen eine schnelle höchstrichterliche Entscheidung herbeizuführen.

2.6 Der Eilantrag

2.6.1 Erforderlichkeit eines Eilantrags

In besonderen Fällen muss neben der Klage auch ein Eilantrag gestellt werden. Im Asylrecht sind solche Eilanträge ebenfalls fristgebunden. Das ist aber auch für sich kein Problem, weil auch diese Frist, wenn denn ein Eilantrag erforderlich ist, in der Rechtsmittelbelehrung genannt ist. Das ist nicht zu übersehen.

Der Eilantrag ist immer dann erforderlich, wenn der Bundesamtsbescheid sofort vollziehbar ist – also dann, wenn eine Klage keine Hemmung des Vollzuges bewirkt. Juristen sprechen dann davon, dass die Klage keine aufschiebende Wirkung hat. Das ist immer dann der Fall, wenn das Bundesamt einen Asylantrag als „offensichtlich unbegründet" abgewiesen hat oder wenn es den Antrag für unzulässig nach § 29 AsylG erachtet.

Praxis-Tipp:
Schon an der Frist, die das Bundesamt in seinem Bescheid für die freiwillige Ausreise setzt, kann man erkennen, ob ein Eilantrag notwendig wird. Ist diese Frist eine Woche lang, wird ein Eilantrag erforderlich sein.

Keine aufschiebende Wirkung bedeutet, dass die Abschiebung auch ungeachtet der erhobenen Klage durchgeführt wird. Im schlimmsten Fall bedeutet das, dass der Antragsteller die weitere Klage und auch die mündliche Verhandlung aus dem Ausland verfolgen muss, selbst aber nicht mehr in Deutschland ist.

2.6.2 Inhalt des Eilantrags (§ 80 Abs. 5 VwGO)

Mit dem Eilantrag wird das Gericht aufgefordert, eine vorläufige Entscheidung bis zur Entscheidung über die Hauptsache zu treffen. Es kann dann sein, dass das Gericht die aufschiebende Wirkung anordnet. Die Behörde darf dann vor Abschluss des Gerichtsverfahrens die Abschiebung nicht mehr durchführen. Lehnt das Gericht den Antrag ab, darf die Behörde sofort vollziehen.

2.6.3 Ablauf eines Eilverfahrens

Die Notwendigkeit, einen Eilantrag stellen zu müssen, ist für den Betroffenen mit vielen Problemen verbunden. Nicht nur, dass man plötzlich einer Abschiebung ins Auge sehen muss, auch die Prozessführung ist viel weniger komfortabel. Der Antragsteller hat nicht die Chance, seine Gründe in einer mündlichen Verhandlung vorzutragen, weil es im Eilverfahren keine mündliche Verhandlung gibt. Es zählen nur die schriftlichen Gründe. Außerdem gibt es kein Recht der Beschwerde im asylrechtlichen Eilverfahren. Lehnt das Gericht den Eilantrag ab, ist dieser Beschluss automatisch rechtskräftig. Hier bliebe allenfalls die Verfassungsbeschwerde. Manchmal ergibt sich aber auch die Chance, das Eilverfahren nochmal neu durchzuführen, wenn sich ein neuer relevanter Grund ergeben hat. Das wird oft ein gesundheitlicher Grund sein, der dann im Rahmen eines Abänderungsantrags (§ 80 Abs. 7 VwGO) geltend gemacht wird.

3. Antrag auf Zulassung der Berufung nach einem negativen Urteil

Nach einem klageabweisenden Urteil kann der Asylsuchende die Zulassung der Berufung beantragen. Allerdings sind die Gründe im Asylrecht sehr stark eingeschränkt. Zulässige Gründe sind nur:

- absolute Revisionsgründe (Fehlbesetzung des Gerichts, Verletzung des rechtlichen Gehörs, Mangel der Öffentlichkeit der Verhandlung u. a. schwerwiegende Verfahrensfehler)
- grundsätzliche Bedeutung
- Abweichen von der Rechtsprechung eines Oberverwaltungsgerichts, des Bundesverwaltungsgerichts, des Bundesverfassungsgerichts oder des Gemeinsamen Senats der obersten Gerichtshöfe des Bundes

Am häufigsten berufen sich die Beschwerdeführer auf den Zulassungsgrund der grundsätzlichen Bedeutung. Damit ist aber leider nur die grundsätzliche Bedeutung für die Rechtsprechung oder Rechtsfortbildung gemeint, nicht die grundsätzliche Bedeutung für den Kläger. In dem Urteil muss sich demnach eine wesentliche Aussage finden lassen, die im Zuge der Rechtsfortbildung überprüft

XII. Das gerichtliche Verfahren gegen die Ablehnung

werden soll. Diese Aussage muss verallgemeinerungsfähig sein und für eine Vielzahl von Fällen erheblich sein. Beruht das Urteil eher auf den persönlichen Feststellungen zum Einzelschicksal des Klägers, ist die Erfolgsaussicht einer Anfechtung durch das Bundesamt sehr gering.

Beispiele:

Das Urteil beruht auf der Aussage des Gerichts, dass es in Italien auch für vulnerable Schutzsuchende ausreichend Wohnraum gebe, was die Gefahr der Obdachlosigkeit ausschließe.	Hier könnte der Anwalt versucht sein, diese Aussage zum Gegenstand eines Berufungsverfahrens zu machen mit dem Argument, dass die Frage des Wohnraums für Flüchtlinge in Italien entweder noch nicht höchstrichterlich geklärt sei oder dass die Aussage des Gerichts, dieser stehe zur Verfügung, von den Entscheidungen anderer Oberverwaltungsgerichte abweiche.
Das Urteil beruht auf der Feststellung, dass der äthiopische Jugendliche J in seiner Schule keine regimekritischen Flugblätter verteilt habe.	Gegen solche individuellen Gründe kann eine asylrechtliche Zulassung nicht erfolgreich geführt werden.
Das Urteil beruht darauf, dass das Gericht dem Kläger K nicht geglaubt hat.	Auch diese Wertung ist, weil es eine individuelle Würdigung des Gesetzes ist, nicht als Zulassungsgrund geeignet.

4. Vorgehen nach einem positiven Gerichtsverfahren

War die Klage erfolgreich, muss zunächst abgewartet werden, ob das Bundesamt seinerseits ein Rechtsmittel einlegt. Angesichts der Beschränkungen, die der Gesetzgeber zur Abkürzung von Asylverfahren geschaffen hat, sind solche Fälle aber eher unwahrscheinlich.

Hat das Bundesamt kein Rechtsmittel eingelegt (die Frist hierfür ist ein Monat), wird das Urteil rechtskräftig. Aber auch jetzt muss der Kläger leider noch weiter warten, nämlich auf seinen neuen Bescheid. Das Gericht hat ihm ja nicht selbst den Flüchtlingsstatus (oder einen anderen Schutz) zuerkannt, es hat lediglich das Bundesamt verpflichtet, dies zu tun. Das Bundesamt ist weiter die originäre

4. Vorgehen nach einem positiven Gerichtsverfahren

Instanz für die Zuerkennung des Flüchtlingsschutzes und muss jetzt auf Geheiß des Gerichts diesen Bescheid erlassen. Er heißt deswegen auch „Verpflichtungsbescheid". Anschaulich wird das an der Begründung. Nach der Passage über die Gewährung des Schutzes steht sodann in dem neuen Bundesamtsbescheid, dass dieses durch das Gericht zur Aussprache dieser Entscheidung verpflichtet worden sei.

Erst mit diesem Bescheid in Händen kann sich der ehemalige Kläger an die Ausländerbehörde wenden, um seine aufenthaltsrechtlichen Angelegenheiten zu klären.

XIII. Der Folgeantrag (§ 71 AsylG)

1.	Zweiteiligkeit des Verfahrens	260
1.1	Begriff des Folgeantrags	260
1.2	Beschränkung der Gründe	260
1.3	Antragstellung	260
1.4	Status während des Verfahrens	261
2.	Prüfung der Wiederaufnahmegründe	261
2.1	Wiederaufnahmegründe	261
2.2	Ohne grobes Verschulden (§ 51 Abs. 2 VwVfG)	262
2.3	Frist von drei Monaten (§ 51 Abs. 3 VwVfG)	262
3.	Bescheid und Rechtsmittel	263
3.1	Der Bescheid bei einer Ablehnung des Wiederaufgreifens	263
3.2	Rechtsmittel	263
3.3	Die Begründung des Rechtsmittels	263
3.4	Besonderheiten bei Folgeanträgen auf der Grundlage von selbstgeschaffenen Nachfluchtgründen (§ 28 Abs. 2 AsylG)	264

XIII. Der Folgeantrag (§ 71 AsylG)

1. Zweiteiligkeit des Verfahrens

1.1 Begriff des Folgeantrags

Der Folgeantrag ist ein erneuter Asylantrag nach Rücknahme oder unanfechtbarer Ablehnung eines früheren Asylantrags. Dazu gehört auch der Fall, dass auf das Asylverfahren eines Kindes (§ 14a AsylG) ursprünglich verzichtet worden ist, die Eltern aber dann doch eine Prüfung der Verfolgungsgründe wünschen (§ 71 Abs. 1 Satz 2 AsylG).

1.2 Beschränkung der Gründe

Der Folgeantrag leidet unter dem Umstand, dass wegen des bereits durchgeführten Asylverfahrens und der entgegenstehenden bestandskräftigen Entscheidung nur noch solche Gründe berücksichtigungsfähig sind, die neu sind oder die im ersten Verfahren unverschuldet nicht haben vorgebracht werden können. Das Gesetz verweist in § 71 AsylG auf die Wiederaufnahmegründe aus dem VwVfG, das sind die Gründe, die zu einer erneuten Befassung führen.

Aus diesem Grund ist das Verfahren auch zweigeteilt, nämlich in einen ersten Schritt, in dem das BAMF prüft, ob es das Verfahren wieder aufnimmt, und in einen zweiten, in dem dann erst in der Sache entschieden wird. Allerdings nur, wenn das Bundesamt Wiederaufnahmegründe anerkannt. Die meisten Folgeanträge enden aber nach der ersten Stufe.

1.3 Antragstellung

Der Folgeantrag ist – wie der Erstantrag – persönlich in der Außenstelle zu stellen, die für das Erstverfahren zuständig war. Nur wenn es diese Außenstelle inzwischen nicht mehr gibt oder wenn der Antragsteller nachweislich am persönlichen Erscheinen verhindert ist, kommt es zu einer schriftlichen Antragstellung bei der Zentrale in Nürnberg.

Besonders hinzuweisen ist hier darauf, dass die Privilegien der Antragstellung nach § 14 Abs. 2 Nrn. 1 und 3 AsylG hier nicht gelten.

Wer also schon einen Aufenthaltstitel hat, muss seinen Folgeantrag trotzdem unter persönlichem Erscheinen stellen. Gleiches gilt für Minderjährige; hier haben sich die gesetzlichen Vertreter persönlich zur Außenstelle des Bundesamtes zu begeben, um den Antrag zu stellen. Im Hinblick darauf, dass der Folgeantrag fristgebunden ist, muss diese Regelung besonders beachtet werden. Denn nur der formgerechte Folgeantrag kann fristgerecht sein.

1.4 Status während des Verfahrens

Der Ausländer ist nach der Stellung eines Folgeantrags bis zur Entscheidung über die Wiederaufnahme zu dulden. Das ergibt sich aus § 71 Abs. 5 Satz 2 AsylG. Das gilt nur ausnahmsweise dann nicht, wenn in einen sicheren Drittstaat nach § 26a AsylG abgeschoben werden soll (§ 71 Abs. 5 AsylG). Wird ein Folgeantrag zeitnah vor einer drohenden Abschiebung gestellt, entscheidet das Bundesamt in der Praxis durchaus innerhalb weniger Stunden. Wird die weitere Durchführung des Verfahrens abgelehnt, kann der Ausländer wieder abgeschoben werden. Die Abschiebung muss nicht nochmals angedroht werden.

> **Beispiel:**
>
> Dem B, der mit seinem Asylantrag gescheitert war und nun längere Zeit geduldet wurde, droht nach Wegfall des Duldungsgrundes die Abschiebung in das Herkunftsland. Er stellt einen Folgeantrag. Solange bis das Bundesamt der Ausländerbehörde nicht mitgeteilt hat, dass es das Verfahren nicht wieder eröffnet, darf B nicht abgeschoben werden. Das wäre freilich anders, wenn B z. B. nach Italien abgeschoben werden soll.

Eine Anhörung des Antragstellers ist nicht zwingend vorgesehen. Es empfiehlt sich, die Gründe schriftlich mitzuteilen.

2. Prüfung der Wiederaufnahmegründe

2.1 Wiederaufnahmegründe

2.1.1 Änderung der Sach- und Rechtslage

In Betracht kommen hier alle zwischenzeitlichen Änderungen, die das Herkunftsland (oder bei Dublin-Verfahren den Mitgliedstaat) betreffen: politische Verhältnisse, aber auch Umstände des Antrag-

XIII. Der Folgeantrag (§ 71 AsylG)

stellers selbst (begonnene exilpolitische Tätigkeiten, Krankheiten, die zwischenzeitliche Anerkennung eines Familienangehörigen mit der Folge des Familienasyls u. a.). Umstritten ist, ob eine Änderung der Rechtsprechung durch die deutschen Asylgerichte zu einer Änderung der Rechtslage führt.

2.1.2 Neue Beweismittel

Hier kommen alle neuen, also die im Erstverfahren nicht existenten Beweismittel in Frage, wie auch solche, von denen erst später Kenntnis erlangt wurde. Für den Bevollmächtigten ergibt sich hier die Aufgabe der genauen Prüfung solcher Beweismittel. Insbesondere ist zu erklären, wie es zu dem Auftreten der neuen Beweismittel kam. Zu beachten ist außerdem, dass Bundesamt und Gerichte dem neuen Beweis mit einer gewissen Skepsis begegnen werden.

Das Bundesamt muss diesen Beweisen nachgehen, jedenfalls dann, wenn sie substantiiert vorgetragen werden. Eine bloße Aussage dahin, die Situation sei unverändert, genügt nicht. Darin läge eine Verletzung des rechtlichen Gehörs. Ein solches Verhalten ist auch umso angreifbarer, je höher das betroffene Rechtsgut ist.

2.1.3 Gründe nach § 580 ZPO

§ 580 ZPO erfasst Fälle, in denen eine frühere Entscheidung aufgrund einer unzulässigen Einflussnahme auf die Entscheidung (Falschaussage, Amtspflichtverletzung u. a.) entstanden ist. Das kommt sicherlich sehr selten vor.

2.2 Ohne grobes Verschulden (§ 51 Abs. 2 VwVfG)

Ob ein solches Verschulden vorliegt, ist mit Blick auf die Mitwirkungspflichten des Asylantragstellers und seinen Vortrag im Erstverfahren zu entscheiden. Ein Verschulden liegt unter anderem vor, wenn der Wiederaufgreifensgrund durch ein Rechtsmittel im früheren Verfahren hätte vorgebracht werden können.

2.3 Frist von drei Monaten (§ 51 Abs. 3 VwVfG)

§ 51 VwVfG enthält ein Zeitregime. Er spricht von der Dreimonatsfrist. Diese Frist beginnt mit der Kenntnis der Tatsachen. Schwierig ist das, wenn es keinen genauen Zeitpunkt gibt, an dem der neue Grund für eine Anerkennung entsteht (z. B. bei exilpolitischem Engagement, was davon abhängt, ab wann eine Gefährdungssituation beginnt).

Viel spricht allerdings dafür, die Fristregelung unter der unmittelbaren Geltung der Verfahrensrichtlinie 2013 als ungültig anzusehen. Das hat damit zu tun, dass in dem neuen Art. 40 Verfahrensrichtlinie, insbesondere in dem dortigen Abs. 4, kein Hinweis auf eine Verfristung mehr erkennbar ist. Das war in der früheren Richtlinie noch anders. In der Asylberatung sollte man gleichwohl konservativ vorgehen und sich an der Dreimonatsfrist orientieren.

3. Bescheid und Rechtsmittel

3.1 Der Bescheid bei einer Ablehnung des Wiederaufgreifens

Die Bescheidung erfolgt nach § 29 Abs. 1 Nr. 5 AsylG. Der Asyl(folge-)antrag wird als unzulässig abgelehnt. Das Bundesamt prüft aber noch die Abschiebungsverbote nach § 60 Abs. 5 und 7 AufenthG.

3.2 Rechtsmittel

3.2.1 Klageantrag

Gegen die Ablehnung ist die Klage zu erheben. Die richtige Klageart ist die Anfechtungsklage. Mit dieser Klage wird die Aufhebung des Bescheides begehrt. Im Erfolgsfall muss das Bundesamt dann auch in der Sache weiter prüfen. Dieser Weg ist das Resultat der Rechtsprechung des Bundesverwaltungsgerichts aus seiner Entscheidung vom 14.12.2016 (Az.: 1 C 4.16).

Hilfsweise kann vorgebracht werden, dass die nationalen Abschiebungsverbote vorliegen, was insbesondere auch dann zu empfehlen ist, wenn ein Wiederaufnahmegrund wegen der Fristüberschreitung nicht berücksichtigt wurde.

3.2.2 Eilantrag

Es ist außerdem ein Eilantrag zu erheben.

3.3 Die Begründung des Rechtsmittels

Meistens lehnt das Bundesamt Folgeanträge mit der Begründung ab, dass die neu vorgetragenen Gründe nicht zu einer anderen Entscheidung führen, seltener liegt die Ablehnung an der Frist. Dem ist in der Begründung entgegenzutreten.

XIII. Der Folgeantrag (§ 71 AsylG)

Dem Argument der Verspätung ist mit dem Hilfsantrag auf Feststellung der nationalen Abschiebungsverbote zu entgegnen.

> **Beispiel:**
> G ist äthiopischer Staatangehöriger und nach der Ablehnung seines Asylantrages in Deutschland exilpolitisch aktiv geworden. Von seiner neuen Parteifunktion als Regionalvorsitzender, die ihn in den Fokus der Sicherheitsbehörden seines Heimatlandes bringt, erfährt das Bundesamt erst nach über einem halben Jahr im Zuge des Folgeantrags. Das BAMF lehnt bereits wegen der Fristüberschreitung ab. Hier ließe sich – ungeachtet der Diskussion über die Gültigkeit der Frist – sagen, dass der G in jedem Fall menschenrechtswidrige Behandlung zu erleiden hätte. Die Fristüberschreitung spielt hier keine Rolle. Mit dieser Argumentation hat G wenigstens gute Chancen auf ein Abschiebungsverbot nach § 60 Abs. 5 AufenthG.

3.4 Besonderheiten bei Folgeanträgen auf der Grundlage von selbstgeschaffenen Nachfluchtgründen (§ 28 Abs. 2 AsylG)

Eine Besonderheit gilt bei Folgeanträgen, die sich auf selbstgeschaffene Nachfluchtgründe stützen. Gemeint sind hier Verfolgungsgründe, die das Resultat einer neu aufgenommenen Tätigkeit des Antragstellers sind (z. B. die im obigen Beispiel genannte Exilpolitik des G). Werden solche Nachfluchtgründe in einem Folgeverfahren geltend gemacht, ist die Anerkennung als Flüchtling in der Regel ausgeschlossen (§ 28 Abs. 2 AsylG). G aus dem obigen Beispiel kann hier allenfalls den subsidiären Schutz erhalten. Asyl nach dem Art. 16a GG wird ihm auch nicht gewährt, da dieser Schutz gegenüber solchen Nachfluchtaktivitäten nicht zur Verfügung steht.

XIV. Rechtsstellung von Personen aus sicheren Herkunftsstaaten und von unbegleiteten minderjährigen Flüchtlingen (UMF)

1.	Personen aus sicheren Herkunftsstaaten	266
1.1	Grundlage	266
1.2	Die sicheren Herkunftsstaaten	266
1.3	Die Vermutung in § 29a AsylG	266
1.4	Einschränkungen im Asylverfahren	267
2.	Unbegleitete minderjährige Flüchtlinge	267
2.1	Begriff	267
2.2	Unterbringung und Verteilung	267
2.3	Rechte im Verfahren	268

XIV. Rechtsstellung von Personen aus sicheren Herkunftsstaaten und von unbegleiteten minderjährigen Flüchtlingen (UMF)

1. Personen aus sicheren Herkunftsstaaten

1.1 Grundlage

Wer aus einem sicheren Herkunftsstaat kommend einen Asylantrag in Deutschland stellt, hat nicht nur mit der gesetzlichen Vermutung nach § 29a AsylG zu tun, er hat auch verschiedene einschneidende Einschränkungen während des Verfahrens hinzunehmen.

1.2 Die sicheren Herkunftsstaaten

Die sicheren Herkunftsstaaten sind in der Anlage zu § 29a AsylG aufgezählt. Es handelt sich derzeit um acht Staaten, nämlich Albanien, Bosnien und Herzegowina, Ghana, Kosovo, Mazedonien, die ehemalige jugoslawische Republik Montenegro, den Senegal und Serbien.

1.3 Die Vermutung in § 29a AsylG

§ 29a AsylG stellt eine widerlegbare Vermutung auf, dass es in dem sicheren Herkunftsstaat keine Verfolgung gibt. Diese Vermutung bezieht sich aber nicht auf nationale Abschiebungsverbote. Außerdem ist diese Vermutung widerlegbar. Der Asylantragsteller muss, so schreibt es die Norm vor, selbst Tatsachen und Beweismittel angeben, die zu der Annahme führen, dass es in seinem Falle doch eine politische Verfolgung gibt. Hat der Antragsteller dies getan, kann das Bundesamt sich nicht mehr auf § 29a AsylG berufen.

Gelingt ihm dies nicht, lehnt das Bundesamt seinen Antrag als offensichtlich unbegründet ab.

1.4 Einschränkungen im Asylverfahren

1.4.1 Die Regelungen im Asylpaket I (Oktober 2015)

Im Asylpaket I hat der Gesetzgeber an die Eigenschaft, Staatsangehöriger eines sicheren Herkunftsstaates zu sein, verschiedene Folgen geknüpft.

1.4.2 Einschränkungen hinsichtlich Wohnen, Mobilität und Erwerbstätigkeit

Antragsteller aus den sicheren Herkunftsstaaten wohnen nicht mehr dezentral nach einer Verteilung in die Landkreise, sondern verbleiben in den Erstaufnahmeeinrichtungen – und zwar bis zum Ende des Asylverfahrens und auch noch im Falle einer Ablehnung. Ihre Mobilität ist in dieser Konsequenz auch noch nach drei Monaten weiter eingeschränkt.

Für Personen aus sicheren Herkunftsstaaten, die ihren Asylantrag (wichtig aber hier: das Asylgesuch) nach dem 31.08.2015 gestellt haben, gilt ein Erwerbsverbot, das keine Ausnahmen vorsieht. Das bedeutet, dass auch eine Berufsausbildung ausgeschlossen ist.

1.4.3 Konsequenzen im Falle der Ablehnung

Das Bundesamt kann gegenüber Personen aus sicheren Herkunftsstaaten im Falle der Ablehnung (als offensichtlich unbegründet) ein Einreise- und Aufenthaltsverbot nach § 11 Abs. 5 AufenthG anordnen. Dieses Verbot tritt dann auch im Falle einer freiwilligen Ausreise ein. Es ist also nicht, wie bei § 11 Abs. 1 AufenthG, von einer Abschiebung abhängig.

2. Unbegleitete minderjährige Flüchtlinge

2.1 Begriff

UMF sind ausländische Flüchtlinge unter 18 Jahren, die sich in der Bundesrepublik ohne Eltern aufhalten.

2.2 Unterbringung und Verteilung

Im Unterschied zu den begleiteten Kindern von erwachsenen Flüchtlingen werden sie so schnell wie möglich vom Jugendamt vorläufig in Obhut genommen nach § 42 SGB VIII. Sie leben in Wohngruppen, werden aber seit 2015 auch bundesweit verteilt. Hierbei ist aber

XIV. Personen aus sicheren Herkunftsstaaten und UMF

auf ihre persönliche Situation Rücksicht zu nehmen. Am Ort der endgültigen Zuweisung wird ein Vormund bestellt. In der Zeit bis zur Bestellung des Vormunds hat das Jugendamt gewisse Vertretungsrechte. Zuletzt wurde das Jugendamt durch den im Juli 2017 geänderten § 42 SGB VIII in die Pflicht genommen, „unverzüglich" einen Asylantrag für den UMF zu stellen, wenn dieser einen solchen Schutz benötigt. Diese Norm sollte aber nicht so zu verstehen sein, dass das Jugendamt in allen Fällen zur Asylantragstellung schreitet. Wie oben gesehen, birgt die Asylantragstellung auch Nachteile, so dass diese Maßnahme im Einzelfall eben nicht „benötigt" wird.

2.3 Rechte im Verfahren

UMF haben Anspruch auf eine besonders geschulte Person bei der Anhörung. Ihnen steht nach der Verfahrensrichtlinie ein qualifizierter Vertreter zur Seite. Sie dürfen vor der Volljährigkeit nur nach den Einschränkungen des § 58 Abs. 1a AufenthG abgeschoben werden und, solange sie minderjährig sind, nicht mit der Wertung „offensichtlich unbegründet" abgelehnt werden (Ausnahme, wenn sie aus einem sicheren Herkunftsstaat sind). Gegen sie darf auch kein Flughafenverfahren nach § 18a AsylG durchgeführt werden.

Literaturverzeichnis

Dienelt, Klaus/Bergmann, Jan (Hrsg.), Ausländerrecht, München 2016

Hathaway, James/Foster, Michelle, The Law of Refugee Status, Cambridge 2014

Hocks, Stephan/Leuschner, Jonathan, Unbegleitete minderjährige Flüchtlinge, Regensburg 2017

Hofmann, Rainer M. (Hrsg.), Ausländerrecht, 2. Aufl., Baden-Baden 2016

Hundt, Marion, Aufenthaltsrecht und Sozialleistungen für Geflüchtete, Regensburg 2017

Kopp, Ferdinand/Schenke Wolf-Rüdiger, Verwaltungsgerichtsordnung, 22. Aufl., München 2016

Marx, Reinhard, AsylG. Kommentar zum Asylgesetz, 9. Aufl., Neuwied 2017

Marx, Reinhard, Aufenthalts-, Asyl- und Flüchtlingsrecht, 6. Aufl., Baden-Baden 2016

Tiedemann, Paul, Flüchtlingsrecht, Berlin, Heidelberg 2015

Stichwortverzeichnis

Abänderungsantrag 255
Ablauf 202
Ablehnung als „offensichtlich unbegründet" 148, 149
Abschiebeschutz 88
Abschiebung 31, 34, 45, 255
– Androhung 37, 143, 163
– Anordnung 143
– Aussetzung 38
– bei Folgeantrag 261
– Dauer der Aussetzung 39
– Duldung 38
– Durchführung 38
– Frist 34
– Hindernis 40
– Kosten 38, 45
– öffentliche Belange 34
– ohne Androhung 34
– Terrorverdacht 34
– Unmöglichkeit 38
Abschiebungshaft 38
Abschiebungsverbote
– nationale 59, 85, 130
Akteneinsichtsrecht 142
Alltagstheorien 208
Al-Shabaab-Miliz 84, 198
Amtsermittlungsgrundsatz 41, 196
Analogleistungen 219, 220
Änderung der Sach- und Rechtslage 261
Anerkennung 93
Anfechtung 35
Anhörer 203, 204, 208
– Person und Qualifikation 200
Anhörung 197, 199, 201, 203, 211
– Ablauf 200, 202

– Dolmetscher 201
– Fragen 211
– Ladung 200
– Protokoll 203, 204
– Terminverlegung 201
– von Minderjährigen 200
– Vorbereitung 209, 211
Ankunftsnachweis 31, 46, 137, 141
Anonymität der Großstadt 76
Antragsteller
– minderjährige Kinder 133
Antragstellung
– Folgeantrag 260
– schriftliche 141
Apostasie 70
Arbeitsagentur 45, 225, 227
Arbeitsbelastung 118
Arbeitserlaubnis 60
Assoziationsabkommen EWG/ Türkei 33
Asylanerkennung 107
– Erlöschen 115
– Erlöschensfolgen 117
– familiäre Folgen 111
– Rücknahme 120
– Widerruf 119
Asylantrag 46, 145
– Beschränkung auf internationalen Schutz 129
– Prüfung 60
– Rücknahme 144
Asylberechtigter 59
Asylberechtigung 90
Asylbewerber 25
AsylbLG 25, 39
Asylgesetz 51

XVI

www.WALHALLA.de   271

XVI. Stichwortverzeichnis

Asylgesuch 46, 134, 136, 137, 141, 178
Asylgrundrecht 60
Asylmündigkeit 132
Asylpaket I 52
Asylpaket II 54
Asylrecht
– Änderungen 51, 55
– Rechtsquellen 50
Asylverfahren
– Verzicht 144
– Zuständigkeit 165
Äthiopien 65, 89
Attest 89
Aufenthalt
– rechtmäßiger 24
– Verfestigung 30
Aufenthaltserlaubnis 31, 47, 60, 93
– Bedingungen 94
Aufenthaltsgesetz 51
Aufenthaltsgestattung 31, 46, 141, 142, 146, 147
– Ende 143
Aufenthaltssicherung 44
Aufenthaltstitel 27, 145
– Ermessen 29
– Erteilungsanspruch 29
– Erteilungsvoraussetzungen 27
– fehlender 33
– Verlängerung 148
Aufenthaltsverfestigung 120
Aufenthaltszweck 28
– zulässiger 28
Aufnahmeeinrichtung 136
Aufnahmegesuch
– nach Dublin-III-VO 177
Aufnahmerichtlinie-EU 50
Aufschiebende Wirkung 35, 254
– Anordnung 36

Ausbildung 42, 224
– Dauer 43
Ausbildungsduldung 42
Auskunftsverweigerungsrechte 198
Ausländer
– besonders berechtigte 25
Ausländerbehörde 25, 44, 110, 136, 141, 143, 160, 236
Ausländerrecht
– Gefahrenabwehrzweck 45
Auslandstaten
– strafbar in Deutschland 198
Auslandsvertretungen des Bundes 25
Ausreise
– freiwillige 34
Ausreisepflicht 33, 34, 46, 144
– Vollziehbarkeit 34
Aussageverweigerungsrecht 198
Australien 26
Ausweispflicht 96
Ausweisung 31, 45

BAföG 95, 224, 228
BAMF 59, 200
– Entscheidung 232, 236
Begründungsfrist 249
Behinderungen 202
Behördlicher Zwang 35, 38
Beistände 205
Berufsausbildung 226
Berufsqualifizierende Maßnahmen 44
Berufsvorbereitende Maßnahmen 44
Beschäftigung
– Verweigerung 226
Bescheid 239, 247
Beschleunigtes Verfahren 155

XVI. Stichwortverzeichnis

Beschränkter Antrag 130
BeschV 43, 44
Bestandskraft 35, 144, 145, 230
– Hemmung 35
– Zwang 35
Betäubungsmittelgesetz 46, 142
Bevorrechtigte Arbeitnehmer 225
Beweise 196, 197
Beweiserleichterungen 195
Beweismittel 190, 250, 266
Blaue Karte EU 30, 147
Blauer Pass 96
Bleibeinteresse 46
Botschaftsverfahren 109
Bulgarien 171
BÜMA 52, 137
Bundesverfassungsgericht 61, 218, 246
Bundesverwaltungsgericht 182, 187, 189, 246

Christentum 214
Clan 74, 75

Darlegungslast 196
Datenaustauschverbesserungsgesetz 53
Datenträger 156
Daueraufenthalt 30
Dokumente 31
– Ausweisersatz 96
– BÜMA 52
– Duldung 39
– Flüchtlingspass 95, 96
– Reiseausweis für Ausländer 97
– Übersicht 99
Dolmetscher 140, 214
– eigener 202
– Verständigung 202

Drittstaat 163, 188
Drittstaatenbescheid 187
Drittstaatsangehörige 26, 170
Dublin-Befragung 138
Dublin-Bescheid 180, 181, 237
Dublin-Fälle
– Beratungstipps 186
Dublin-III-VO 50, 166, 168
– Durchführungsverordnung 184
– Kollisionsfälle 176
– Probleme 170
– Regelungsprinzipien 168
Dublin-IV 55, 171
Dublin-Staat 163, 167
Dublin-Verfahren 145
Duldung 31, 38, 39, 47, 88
– Ausbildungsduldung 42
– Dauer 39
– Eilverfahren 41
– Ermessen 42
– Erwerbstätigkeit 44
– Gründe 39
– Passlosigkeit 41
– Vorrangprüfung 45
– während des Wiederaufnahmeantrages 261
– Zustimmung zur Erwerbstätigkeit 45
Duldungspapier 39
Durchsuchung 155

EASY 139
ED-Behandlung 139
EGMR 170
Ehebegriff 112
Ehegattennachzug 103
Eheurkunde 110
Eidesstattliche Versicherungen 158

XVI. Stichwortverzeichnis

Eilantrag 36, 230, 233, 235, 236, 238, 254, 255
– Prüfung 37
– Zuständigkeit 37
Einbürgerung 123, 124
Einreise- und Aufenthaltsverbot 30, 38, 45, 267
– Dauer 38
Einstellung 159
Einstellungsbescheid 157
Elterngeld 224
Elternnachzug 107
Entscheidung
– bestandskräftige 260
– Bundesamt 47
Erkennungsdienstliche Behandlung 156
Erkrankungen 202
Erlöschen 119
– Aufenthaltstitel 145
– Flüchtlingsstatus 124
– Folgen 117
– Konsulatsbesuch 116
– Passbeantragung 116
– Verlustgründe 115
Erlöschensgründe 116
Ermessen 29, 41, 43
Ermessensduldung 42
Ernsthafter Schaden 80, 81
Ernstliche Zweifel 236
Erstaufnahmeeinrichtung 138, 142, 146, 148, 225
Erwerbstätigkeit 26, 52, 141, 224, 226, 267
– bei Duldung 44
Erwerbs- und Aufenthaltsverbot 152
EU
– Schutzgewährung 186

EU-Bürger 26
– Familienangehörige 26
EU-Daueraufenthalt 29, 31
EU-Daueraufenthaltsrichtlinie 188
EU-Freizügigkeit 95
EuGH 173, 176, 179, 189
EURODAC 169, 182
EURODAC-Treffer 178, 179, 202
Europäischer Gerichtshof für Menschenrechte 246
EU-Staatsangehörige 25
EU-Verordnung
– Unterschied zur RL 51
Exilpolitik 65
Existenzminimum 25
Existenzsicherung 77

Falschaussage 262
Familienangehörige
– im Dublin-Verfahren 173
Familienasyl 110
– Ehegatten 112
– Eltern und minderjährige Geschwister 114
– Fristen 112
– minderjährige Kinder 113
Familiennachzug 29, 60, 102, 104, 147
– Abschiebeverbote 106
– allgemeine Voraussetzungen 103
– Beteiligung der Ausländerbehörde 110
– Dokumente 109
– Ehegattennachzug 103
– Einkommens- und Wohnverhältnisse 104
– Elternnachzug 107
– Familienbegriff 102

XVI. Stichwortverzeichnis

– fristwahrende Anzeige 104, 110
– Grundsatz 102
– subsidiär Schutzberechtigte 105
– Übersicht 108
– Verfahren 108
– Verfahrenskosten 110
– zu Flüchtlingen und Asylberechtigten 104
– Zuständigkeit im Verfahren 108
Familienschutz 113
Familientrennung 40
Familienzusammenführung
– durch Dublin-III-VO 173
Fiktion des Nichtbetreibens 156
Fiktionsbescheinigung 32, 47, 94
Fiktionswirkung 32
Fingerabdrücke 156
Fluchtalternative
– inländische 75
Flüchtigsein 184, 185
Flüchtling 33
Flüchtlingsanerkennung 25, 47, 77, 107
– Ausschlussgründe 77
– Checkliste 80
Flüchtlingseigenschaft 90
Flüchtlingspass 188
– Erteilung 97
– Inhalt 97
Flüchtlingsstatus 24, 59
Flughafenverfahren 269
Flugschein 156
Folgeantrag 133, 158, 260
Folter 81, 82, 86
Formale Asylantragstellung 137
Forschung 29
FreizügG/EU 26

Freizügigkeit 25, 142
Frist 106, 190, 247, 248
– bei Folgeantrag 262
– beim Zweitantrag 191
– für (Wieder-)Aufnahmegesuch 178
– Überstellung 181
Fristablauf 163, 248, 249
– bei Einlegung von Rechtsmitteln 183
Fristwahrende Anzeige 104
Furcht
– begründete 62
– Bewertungsmaßstab 62

Gelber Umschlag 181
Geldleistungsprinzip 219
Genfer Flüchtlingskonvention 50
Genitalverstümmelung 75, 115, 197
Gerichtsbescheid 251
Geschäftsleute 26
Geschäftsunfähigkeit 132
Geschäftsverteilungsplan 245
Geschlechtsspezifische Verfolgung 68, 147
Gesetzlicher Vertreter 204
Gesetz zur Bekämpfung von Kinderehen 54
Gesetz zur besseren Durchsetzung der Ausreisepflicht 55
Gesetz zur erleichterten Ausweisung/Ausschluss von der Flüchtlingsanerkennung 54
Gesetz zur Verbesserung der Unterbringung ausländischer Kinder und Jugendlicher 53
Gestatteter Aufenthalt 140
Gesundheitliche Extremgefahr 88
Gesundheitsversorgung 89

XVI. Stichwortverzeichnis

Gewalt 66
Gewissen 72
Glaubensabfall 70
Glaubenswechsel 65, 214
Glaubhaftigkeit 205
– Kriterien 205, 209
– Unglaubhaftigkeit 208
Grauer Pass 97
Grenzbehörde 139
Grenzübertritt 143
– illegaler 171
Griechenland 171, 175
Grundgesetz 50
Grundsätzliche Bedeutung 255
Gruppe 71

Haft 135
Haftstrafe 46
Härtefallverfahren 42
Hartz-IV 25
Herkunftsstaat 24, 162
Hochschulreife 227
Hunger 88

Identität 28, 156
Identitätsklärung 154, 226
Identitätstäuschung 45
Illegale Einreise 153, 174
Informatorische Anhörung 251
Innerstaatlicher Konflikt 83
Insulin 197
Integration 120
Integrationsgesetz 2016 54, 162, 225
Integrationskurse 220
Israel 26
Italien 171

Japan 26

Kanada 26
Kastensystem 72
Kernfamilie 102
Kinderehen 112
Kindergeld 25
Kindeswohl 173
Kindeswohlgefährdung 40
Kirchenasyl 185
Klage 34, 35, 36, 118, 234, 238, 246, 254
– aufschiebende Wirkung 35, 47
Klageantrag 246, 263
Klagebegründung 249, 250
Klageerhebung 247
Klagefrist 233, 247
Klassenfahrten 143
Klimafolgen 88
Kölner Silvesternacht 2015/2016 77
Königsteiner Schlüssel 136
Konversion 65, 214
Körperliche Durchsuchung 156

Laissez-Passer 41, 166
Lebensgemeinschaft 104
Lebensunterhalt 28, 107
– Sicherung 26
Lebensverhältnisse
– Checkliste zu den Bedingungen im Transitland 186
Leiharbeit 226
Leistungen für Anerkannte 221
Leistungskürzungen 152, 154, 220
Lichtbilder 156
Lohndumping 225
Luftweg 60

Malta 171
Medizinische Leistungen 219

XVI. Stichwortverzeichnis

Medizinische Versorgung 89
Meldung des Flüchtigseins 184, 186
Menschenrechte 172
Milizen 75
Minderjährigenehen 112
Mitwirkungspflichten 152
Mobilität 142, 224
Mündliche Verhandlung 236, 251, 255

Nachfluchtgründe 64
– Bewertung 66
– Exilpolitik 65
– Konversion 65
– selbstgeschaffene 264
– subjektive 64
Nachreichen von Erklärungen und Dokumenten 199
Nationale Abschiebungsverbote 90, 108, 240
Nationalität 67
Naturkatastrophen 88
Neue Beweismittel
– bei Folgeantrag 262
Nichterscheinen bei einer Anhörung 157
Niederlassungserlaubnis 30, 31, 122
Niederschrift Teil 1 138
No cherry picking 169
Non-Refoulement 61, 93
No refugee in orbit 169

Obhut 268
Offensichtlichkeitsentscheidung 149
Offensichtlich unbegründet 234, 236, 254, 268
Öffentliche Leistungen 25, 55

– Bezug 33, 39
One chance only 169

Pass 166
– Durchsuchung 156
Passbeschaffung
– Zumutbarkeit 95
Passlosigkeit 40, 41
Passpflicht 95
Passüberlassungspflicht 154
Personalien des Asylsuchenden 141
Personen aus sicheren Herkunftsstaaten 138, 149, 224, 227, 266, 267
Persönliche Antragstellung 134
Persönliches Erscheinen 155, 160
Petition 42
Politische Überzeugung 68
Polit-Malus 67
Polizeibehörde 139
Postzustellung 247
Primäre Migration 189
Protokoll 203, 252
Psychotherapien 220

Qualifikationsrichtlinie 2011 50, 63

Räumliche Beschränkung 142
Reaktorunfälle 88
Rechtsanwalt 24, 215, 233
Rechtsbehelfsbelehrung 231
Rechtsdienstleistungsgesetz 205
Rechtsfreie Räume 185
Rechtsmittel 34, 35, 246, 253, 256
Rechtsmittelbelehrung 244, 245, 247, 254
Rechtsschutz 244

XVI. Stichwortverzeichnis

Refugee in orbit 182
Reiseausweis
– für Ausländer 97, 109
– für Flüchtlinge 96, 117
Reisepass 28
Reiseunfähigkeit 40
Religion 67
Religionsbetätigung 69
Religionsfreiheit 70
Religionsübertritt 214
Rentenversicherung 121
Rentenzeiten 121
Residenzpflicht 99
– Verstoß 157
Restart 158, 159
Richter 245, 252, 253
Rückführung 169
Rücknahme 78, 116, 118, 144, 157
– unbefristete Aufenthaltserlaubnis 122
Rücknahmefiktion 144, 152, 153, 156, 157
Rückreise 153, 155, 157

Sachleistungsprinzip 218, 219
Sachverständige 251
Schengenvisum 145
Schriftliche Antragstellung 135, 139
– durch einen Vormund 133
Schriftliche Begründung 140
Schule 29
Schülersammellisten 143
Schutzantrag
– Inhalt 59
Schutzstatus
– Folgen und Unterschiede 60
– Überblick 59
Schwangerschaft 40

Seehafen 60
Sekundärmigration 187, 188
Selbsteintritt 172, 177
Selbsteintrittspflicht 176
Selbstständige Tätigkeit 27
Sichere Herkunftsstaaten 43, 52, 142, 266, 267
Sicherheitsabfrage 94
Sofort vollziehbar 254
Somalia 74, 238
Sonderbeauftragte für UMF 200
Sonstiger Staat 189
Souveränitätsklausel 172
Soziale Gruppe 68, 71
Soziale Leistungen 218
Sozialhilfe 25, 187
Sprachkurs 29
Staatsangehörigkeit 156, 166
Statusverbesserung 146
Stellvertretung
– bei Asylantragstellung 132
Strafen 152
Straftat 77, 153
Studienaufenthalt 228
Studienfinanzierung 228
Studienleistungen 35
Studium 28, 31, 35, 47, 95, 224, 227, 228
Subsidiärer Schutz 33, 59, 80, 81, 82, 90, 108
– Familiennachzug 81
– Reiseausweis 98
– Reisen 98
Subsidiaritätsprinzip 228
Syrien 239
Syrische Staatsangehörige 79
Systemische Mängel 176

Take back 178
Take charge 178

XVI. Stichwortverzeichnis

Taliban 76, 84, 213
Tatsachen
– Vortrag 196
Technik der Befragung 212
Termin
– zur persönlichen Antragstellung 135
Titelerteilungssperre 146, 148
Todesstrafe 81
Tonaufnahmen 156
Tourist 26
Transfer 219, 225
Transitstaat
– Verhältnisse 188
Türkische Staatsangehörige 27

Übergang der Zuständigkeit 165
Überschwemmungen 88
Übersetzung
– Korrektur 202
Überstellung 34, 181, 183, 184
Überstellungsfrist 165, 181, 183
– drittschützender Charakter 182
– Verlängerung der 184, 185
Unbegleitete Minderjährige 139, 267
– Dublin-Verfahren 172
– OU-Ablehnung 236
– Rechte im Verfahren 268
Ungarn 171
Unglaubhaftigkeit 199
Unmenschliche oder erniedrigende Behandlung 82
Unzulässige Asylanträge 162
Urkundenüberlassungspflicht 154
Urkundsbeamten 248
Urlaub 27, 33
Urteil 253

USA 26

Verelendung 88
Verfahrensduldung 41
Verfahrensrichtlinie-EU 50
Verfolgung
– familiäre 75
– Nationalität 67
– nichtstaatliche 75
– politische Überzeugung 67, 70, 72
– rassistische 67, 69
– religiöse 67, 69, 72
– Sicherheit vor 76
– soziale Gruppe 68, 71, 73
– Willkür 73
Verfolgungsfurcht 62
Verfolgungsgefahr 66
Verfolgungsgründe 61, 67
Verfolgungshandlungen 66
– Nachweis 195
Verordnung (EU) Nr. 604/2013 166
Verpflichtungsbescheid 257
Versorgungslage 197
Verspätetes Vorbringen 152, 198, 199
Versteinerungstheorie 173
Verteilung 137, 138
Verteilungsverfahren 136
Verteilungswünsche 138
Vertrauensanwalt 110
Verwaltungsgerichte 226, 244, 245, 246
Verwaltungsgerichtsordnung 35
Visa-Verordnung 26
Visum 24, 26, 162
– Beantragung 28
– Touristenvisum 28
Visumfreie Einreise 26

XVI. Stichwortverzeichnis

– Drittstaatsangehörige 27
Visumverfahren 108
Volljährigkeit 132
Vollziehbarkeit 143
– sofortige 36
Voraufenthaltszeiten 141
Vorrangprüfung 225
Vorverfolgung 62
– zeitlicher Zusammenhang 63
Vorwirkung des Flüchtlingsschutzes 140

Wahlrecht 123
Wahrheitspflicht 252
Widerruf 116, 117
– Bescheid 118
– Folgen 118
– Gründe 118
– unbefristete Aufenthaltserlaubnis 122
– Verfahren 118
– Wirkung 78
Widerspruch 34, 35, 36
Wiederaufgreifensgründe 190
Wiederaufnahme 159
Wiederaufnahmegesuch
– nach Dublin-III-VO 177
Wiederaufnahmegründe 163, 260, 261
Wiedereinreise 143
Wohnpflicht 218, 224
– in der Erstaufnahmeeinrichtung 138, 140
Wohnsitzbeschränkung 99

– alte Rechtslage 101
– Ausnahmen 101
– Bundesland 100
– Erscheinungsformen 100
– Ort 100
– Verletzung 101
– Zweck 99
Wohnsitznahme 142
– Verbot 100

Zentrale in Nürnberg 134
Zeuge 251, 252
Zulassung der Berufung 246, 253
Zuständigkeit
– Asylanträge 131
– aufgrund Visumerteilung 174
– Dublin-III-VO 171, 175
– Übergang 177
Zuständigkeitsentscheidung 172
Zuständigkeitsregelung 164
Zuständigkeitssystem 164
Zustellung 231, 247
– des Dublin-Bescheids 181
Zustellungsfiktion 152
Zustimmungsfiktion
– im Dublin-Verfahren 179
Zustimmung zur Beschäftigung 226
Zuweisungsentscheidung 138
Zweitantrag 163, 190, 191
– Prüfungsschema 190
– unzulässiger 190